排外與中國政治

廖 光 生 著

U0085493

三 民 書 局 印 行

© 排外與中國政治

作　者　廖光生

發行人　劉振強

出版者　三民書局股份有限公司

印刷所　三民書局股份有限公司

地址／臺北市重慶南路一段六十一號

郵撥／〇〇〇九九九八一五號

初　版　中華民國七十七年五月

編　號　S 57069

基本定價　肆元肆角肆分

行政院新聞局登記證局版臺業字第〇二〇〇號

謹以本書

紀念

先嚴，先慈

金　序

　　廖光生博士告訴我，他的《排外與中國政治》將發行臺灣版，囑我寫一序言。廖光生博士是我在香港中文大學的多年同事，也是我所敬重的一位學者。他的《排外與中國政治》自在香港出版後，引起了很大的迴響。我能爲這本大著向臺灣讀者界作一介紹是非常快意的事。

　　《排外與中國政治》是廖博士英文原著 *Antiforeignism and Modernization in China 1860-1980* 的中譯本，其實，更確切的說，是他根據英文版改寫的，因爲中文版不止是翻譯，還做了許多補充，並且增加了十二章「開放政策與排外」及後記。這本書之所以引起這許多迴響，不但是由於本書題材的吸引力，更由於這是第一本對中國近代排外現象作有系統的生動而深入的分析。

　　排外是人類歷史中一個普遍的現象，它與近代的民族主義幾乎可說是共生物。而過去一百多年中，排外現象更是與中國政治結下不解之緣。從十九世紀六十年代至二十世紀八十年代，中國的排外與現代化運動的消長有着千絲萬縷的關係。作者在導言中說：「一部中國近代史，旣是一部帝國主義侵華史，又是一部中國人的禦外史，任何關於中國政治或對外政策的研究，都離不開對中國的排外情緒的探討。」誠然，作者把近代中國的政治與對外的政策之研究，以排外作爲一探討的焦點，確是極有心思與見地的策略。不錯，如作者所指出，排

外早有一般性的理論探討，國內政治與對外行爲的關係之研究也大不乏人，在西方文獻中，對這個課題甚至有跨文化與跨國的研究，更有甚者，卽使特別就中國國內政治與對外政策之間的聯繫亦曾有人論及，但是，在廖光生博士之前，關於中國國內政治與對外行爲之間的聯繫，最多不過是一些初步的認識，而在本書中，中國的國內政治與對外行爲的具體關係，才在政治體制與環境因素的交互影響的分析中，得到集中性的系統處理。作者的業師，密西根大學教授艾倫·惠亭 (Allen S. Whiting) 認爲，在過去一百二十年長時期中，中國排外現象的了解是學術研究中的一個巨大空白，而這個巨大空白則由此書填補了。這樣的稱譽是不算誇大的。廖光生博士本書對於中國近代的排外行爲的分析不但使我們對中國排外行爲（指一種集體性的對外國的敵對性反應）有了深一層的認識，也對中國近代史的發展性將更多了一個理解的新角度。

本書之研究主題是排外，作者開宗明義卽說明排外與懼外 (Xenophobia) 不同。排外是「對外國的排斥反應」，懼外則「僅是對外國人的畏懼」。「排外是人民中間對外國的一種集體性情緒，在外來壓迫和入侵同排外情緒之間，存在着明確的聯繫。」（頁10）。全書除第一章論「排外的概念及理論」及第十三章爲「結論」外，作者對於中國的排外的研究分爲四卷。

卷一論「早期現代化之失敗及排外之興起」。作者提出中國自十九世紀中葉之後受西方勢力之侵逼，一敗再敗，排外心理之產生毋寧是自然的。但大規模之排外則到十九世紀後期才開始顯現，這是人民眼見政府之無能，不足禦外自保，便自己起來反抗在華的外國人，而傳教士也自然成爲最易受攻擊的目標。作者說：「反教並不是中日甲午戰爭之後排外運動的重心，外來入侵才是民衆仇外的根源。」「排

外與其說是文化和社會運動，不如說是一場源於愛國主義和民族主義的政治運動。」（頁59）在此時期，慈禧之利用義和團排外，是在以「夷」制「夷」政策之後利用的以「民」制「夷」的手法，其結果如作者所說是「一場愚蠢的賭博」（頁58）。在這裏，廖博士強調地指出，「中國的排外多半是一種對外來威脅的政治反應，而非中國政治文化所固有的。」他說：「以往有人誤解排外爲中國政治文化之一重要組成部份。其實，中國人在感情上對外國的敵視是在列強不斷侵略中國之後才形成的。」（頁288-289）

卷二「爲國家的獨立平等而反帝」。這是論一九〇〇年到一九四五年這段時期中的排反，作者認爲二十世紀這段時期的排外與十九世紀末期的排外在本質上有別。前者與民族主義相輔相成，而後者則受種族、文化衝突所激發。前者在尋求民族利益，是爭取民族獨立平等的一部份，而後者則主要以驅逐外人爲鬥爭方向（頁90-91）在這個時期中，排外已取得理論的基礎，此卽國民黨之反帝國主義政策，先反西方帝國主義，後反日本帝國主義。作者認爲國民黨領導了二十世紀初期的反帝運動，反帝成爲國民黨政綱中外交政策的目標。他指出國民黨的領導人蔣介石在一九四五年完成了孫中山奮鬥的生平願望，卽廢除了不平等條約；租界、治外法權和固定關稅等（頁118）。廖博士對於排外現象之分析是很冷靜的，他了解排外兼具建設性與破壞性，整個說來，他毋寧認爲情緒性的排外是不可取的，特別是他認定排外是有害於現代化的（頁294），也對於文化大革命時期極左派的極端性的排外，尤予以嚴厲的批判，但他也肯定「排外是一種謀求國家利益的積極手段，是一個擺脫外國干涉中國之積極運動。」（頁11）

卷三「化『反帝』爲政治力量」。本卷作者討論了一九四九年到一九七〇年這段時期中中共的排外特質。這是本書所花篇幅最多的，

也是作者費力最大的，在資料收集與分析論證上也最具經驗性格。在本卷中，排外與中國內部政治的關係得到了詳盡的討論。一九四九年後反帝理論成爲中共意識型態的重要部份。這種意識又因北京感到來自美國之威脅而加烈，並使反帝成爲「反美帝」運動而升級，到了六○年代與蘇聯交惡後，才又發展出反蘇修、反社帝的排外。這一時期的排外的特性是一方面它成了加緊內部控制的藉口，另一方面，它又成爲權力鬥爭中的重要政治工具（頁 149）。作者指出，中國羣眾排外示威是由黨及政府動員組織的。排外的敵意來自黨政領導層更多於羣眾的自發（頁 175）。一九六三年中共與蘇聯反目後，毛派通過宣傳機器，把對蘇修的譴責用來加強對劉（少奇）鄧（小平）「走資派」的攻擊，排外成爲政治上摧毀內部敵人的有力武器（頁 238）。排外在中共手裏事實上已變爲達致多目標的手段。排外中之「反美帝」與其對第三世界的「統一戰線」的建立即緊不可分；排外亦甚至可以用來爲促進生產之動員。作者在「排外示威與生產動員」的「一項實證調查」（頁 170）中發現，在一九六○年至一九六二年期間，當工業動員程度處於高水平時，羣眾排外示威也相應升級，亦即排外示威隨著生產動員而升級，廖博士認爲自中共完全控制了全國政治機器之後，有時便以「應用對外敵意來解決內部問題」。他更指出，在統治危機時期，中共領導便轉而求助於排外，利用排外來爭取國內的支持。排外成爲動員羣眾的有力工具（頁 292）。

　　卷四「現代化與排外」。這是指一九七一年到一九八七年這段時期中中共在排外上的降級與退潮。自一九七○年中共加入聯合國；一九七二年中共與美國簽訂上海聯合公報之後，中共在排外示威上急劇減少。一九七○年有二百六十多次，到一九七一年降爲二十七次，一九七五年周恩來提出以經濟發展實現現代化之後，北京的「反帝」

的聲音更爲減弱，至一九七七年，羣衆集體排外幾乎絕跡。作者認爲中共排外之退潮，固然與美國北京交好之事實有關，而中共現代化政策也是導致排外思想低落的重要因素（頁 265）。一九七九年中共十一屆三中全會推行開放政策，發展「四個現代化」，更一改以往之孤立政策，積極吸取西方科技、外資。以是，「以往由黨公開領導的排外運動，在開放政策之下已不合時宜了。」不過，作者認爲「在內政困境之際」，尤其「當內部緊張，而領導階層意見不一致時」（頁286），還是可能再出現排外事件的。廖博士相信，「只有將統治危機和排外控制在低水平上，中國的現代化才可能達到預想的目標。」（頁295）。

　　上面簡單的陳述，當然不能充分展示廖光生博士「排外與中國政治」大著的豐富的內涵。值得再次提出的是，他的分析以排外這個概念徹上徹下貫穿過去一百二十年中國的政治，確是做了前人所未做的工作。他所提出的一些假設、論斷都是極富啟發性的。毫無疑問，廖博士書中的某些觀點與論證之方法及結果不必一定都能爲歷史學者與社會科學者所同意，但是我們不能不承認作者在這方面是作了很有意義的開荒性的研究，他爲我們對中國近代政治的理解提供了一個新的角度。這都是我所欣賞與欽佩的。

金耀基

一九八八年三月三日

中文版序

　　香港中文大學政治與行政學系廖光生博士，積多年的研究，完成了這本體大思精的專著《排外與中國政治》。本書先出英文版，由香港中文大學出版社在一九八四年初版，報刊書評反應甚佳，一九八六年再版；作者用中文加以重寫增訂，現在即將出中文版，由香港明報機構印行。英文版的「前言」是艾倫・S・惠亭教授（Dr. Allen S. Whiting）寫的。二十多年前他在美國的當代中國問題專家之中名列前茅；後來惠亭博士被政府網羅，成為國務院的中國問題首席專家；文革期間曾以「美國總領事館副總領事」身份在香港駐紮兩三年，對大陸變局進行近距離觀察。後來他擔任密西根大學教授，廖光生正是他的得意門生。廖光生博士是在文革時期首次訪問香港，在大學服務中心致力他自己的研究工作。那時期筆者擔任友聯研究所所長，常有機會與他交換意見。一九七四年他重臨香江，在中文大學任教；十餘年來筆者也常有機會向他請教。惠亭博士在英文版前言中，對本書有清楚的評介，推崇備至。其實如把他那篇前言譯出作為中文版的前言，就很適當；但作者卻決定換一篇前言，並且把這任務交給筆者。受寵若驚之餘，筆者只得遵命。

　　本書英文版書名是（*Antiforeignism and Modernization in China 1860-1980*），即是《中國的排外與現代化（一八六〇至一九八〇）》；中文版書名改為《排外與中國政治》。這樣一改，雖然

簡潔一些，但對主題的時期性就不如英文版書名清楚。事實上中文版所涵蓋的時期，應該算是「一八六○至一九八七」，也就是從「英法聯軍入北京」的最大震盪，直到今年「胡耀邦辭職事件」的最新震盪。這一百二十多年，是中國「現代化」的坎坷歷程；而正如作者在「導言」第一段所說：「一部中國近代史，既是一部帝國主義侵華史，又是一部中國人的禦外史。任何關於中國政治或對外政策的研究，都離不開對中國的排外情緒的探討。」

當然，任何國家都有——或至少都會有——排外情緒；而中國的排外情緒也不是到近代才開始有的。《左傳》有一句名言：「非我族類，其心必異。」充分顯示對「外族、外國」的不信任心理。韓愈《原道》有幾句話：「孔子之作《春秋》也，諸侯用夷禮則夷之，進於中國則中國之。《經》曰：『夷狄之有君，不如諸夏之亡。』《詩》曰：『戎狄是膺，荆舒是懲。』今也，舉夷狄之法而加之先王之敎之上；幾何其不胥而爲夷也！」這更充分顯示對夷狄的排斥心理。可是，作爲中華民族的基礎的漢族，在民族性上是相當寬厚的；而作爲漢族文化的主流的儒家和道家思想，在氣質上也是相當和平容忍的。一般來說，中國的當政者和老百姓沒有興趣侵略外國，也並不排斥以和平方式前來的外國人和外國事物。例如佛敎傳入中國，大爲昌盛；雖然有韓愈那種衛道之士痛心疾首主張「人其人、火其書、廬其居」，朝野人士大部分仍然並未加以排斥。

從周朝到清朝中葉，亞洲大陸上各個外族對以漢族爲主體的「中國」，曾有多次衝擊；但他們的威脅大體上還是中國所能應付得了的。雖然漢朝的匈奴成爲相當嚴重的邊患，晉代的五胡之亂更搞得中國一塌糊塗，卻並沒有動搖中國的國本。宋代有遼金的侵略，使漢族的王朝大受威脅；隨後蒙古人席捲大陸，宋朝終於亡了國，首次由外族統

治中國。漢族的政治統治，經過明朝的復興時期，到滿清入關時再度亡國；雖然清朝是異族統治中國，本質上仍是中國。然而，到清朝中葉，從海上來了碧眼藍睛、船堅砲利的歐洲人，形成了中國前所未見的新的「外患」，而「排外」問題在本質上也與以前完全不同了。

遼、金、蒙古、滿清等族，雖然也曾以「異族、外國」的姿態威脅中國，但他們的精神文明和物質文明，遠遜於中原地區；他們的人種基本上與漢族同屬黃種人，即是人類學上所謂蒙古人種；而他們的政治野心是「入主中原」，即是把他們原有的國家併入中國，把首都遷到中國的大城，由他們的首領做中國皇帝。所以他們相當容易地、並且相當願意地在「中國」這個民族洪爐中被同化，「進於中國則『中國之』」。可是從歐洲來的新「夷狄」則基本上是另一回事。他們的精神文明與中國相比，孰優孰劣，可能是見仁見智的問題，但中國人至少得承認他們也有悠久傳統，而且有較旺盛的活力。至於他們的物質文明，則顯然比中國發達，洋鎗洋砲就是最有力的證據。他們的人種是與中國各民族有顯著差異的白種人，即是人類學上所謂高加索人種。而他們的政治野心是把中國變成像印度那樣的一個殖民地；他們並不打算把他們原有的國家併入中國，或把首都遷來中國，而「中國皇帝」的頭銜只不過被當作可以鑲到他們首領的皇冠上的一顆珍珠。

中國朝野人士如何對付「西洋鬼子」以及後來積極參加侵華的「東洋鬼子」，構成清朝中葉以來「中國近代史」的一條主脈，也構成廖光生博士這本書的主題。他基本上是採取史學家的筆法，夾敘夾議，檢討中國過去一百二十多年的排外努力、現代化進程以及內政外交的相互作用；但他也採取政治學家的眼光，用現代政治學的觀念來分析事態的發展。他所選擇的這個主題，既重要、也複雜；而且，它涉及許多微妙的、顯似矛盾的綜合情緒，不能用囫圇吞棗方式處理。

例如，「排外情緒」與「懼外情緒、媚外情緒」的相生相剋；「排外」立場與「西化」主張的交互推移；五十年代中共政權一方面對美國強烈排拒，一方面向蘇聯無條件「一邊倒」。

全書討論的範圍包括晚清、民國和中共政權這三大時期，籠統說來是十九世紀後半葉、二十世紀前半葉和二十世紀後半葉；但內容偏重中共政權成立後的三十多年。除了導言和結論兩部分之外，全書十三章；其中第一章是對「排外的概念及理論」的比較抽象的研討，其他十二章之中只有四章討論晚清和民國時期，卻有八章討論中共政權各階段各方面的排外情緒及政策。這種重點配置自是很有道理的。

中國這一百多年的排外情緒，是很複雜的課題，但作者把它理出清楚的頭緒。例如他指出：排外並不是中國政治文化的固有的重要組成部分，而是由外來侵略所激發的民族主義的反應表現；但一九四九年以後則排外成為當時中共意識形態的一個重要部分，用來動員群眾、爭取支持；而到政權比較穩定、需要認真從事現代化工作時，當政者就不再操縱鼓動排外情緒。但他警告說：「現代化無論在何時何地發展，都會引起社會變遷、挫敗和政治參與的要求；中國亦難例外。而這些後果難免又引起新的排外、新的統治危機。」而他全書的最後一句話是：「因此，除非建立一種可以控制統治危機和排外的政治制度，中國的現代化的發展可能再遭受到嚴重的阻礙。」這不是一個泛泛的對「政治體制改革」的呼籲，而是從深刻研究中得到的一個客觀結論。

對本書的主題，筆者個人的了解遠不及廖光生博士之精深；在這裏只不過以一個讀者的地位，向其他讀者略作評介而已。

徐 東 濱

一九八七年五月一日於香港

自　序

　　香港中文大學出版社一九八四年出版拙作 *Antiforeignism and Modernization in China* 後不久，卽告售罄。一九八六年再由中文大學出版社出第二版。一九八七年六月由香港明報出版社出中文版，至今已印二版。日本東京亞洲經濟研究所亦計劃今年把它譯成日文出版。

　　作者研究中國政治多年，總覺得中國人對外國的認識頗欠客觀。中國許多領導人常把一百多年來的積弱歸咎於帝國主義，而忽略了西方國家對中國發展之正面作用。帝國主義的侵略固然是令中國人排外的主因，但許多排外事件皆與內政有關。領導人常故意刺激排外情緒以減低內政壓力。排外雖可以在短期內收安內之功效，但鎖國政策造成盲目自大，閉門造車，禍害無窮。作者謹希望本書的一些意見可以幫助國人正視世界，矯正偏見，意識到中國要長期穩定地發展，成爲現代化的國家，不可不摒棄排外、拒外或媚外的心態。

　　本書除了改寫與翻譯英文版以外，並做了若干補充。增寫第十二章〈開放政策與排外〉及後記。本書得以順利出版應歸功於一些朋友與同事的鼓勵與支持，特別是中文大學出版社社長詹德隆先生及明報副總編輯麥中成先生的支持。本書翻譯、出版亦曾得多方協助，其中以方良柱先生、徐澤榮先生、熊景明女士與黃燕霞小姐幫助最大；更

難得徐東濱先生與金耀基教授在百忙之中撥空撰寫序言，使本書增加
不少光彩。幾年來，承蒙香港中文大學社會研究所與聯合書院學生工
讀計劃資助研究，在此一併致謝。最後感謝內人廖紀寬雅二十幾年來
之支持與鼓勵。

一九八八年四月十日

香港中文大學

排外與中國政治　目次

卷二　為國家的獨立平等而反帝

卷三　化「反帝」爲政治力量

導　言

　　排外情緒是國內政治與國際關係兩者的共同產物。備受外國侵略而內政又長期不穩定的國家，產生排外情緒完全不足為奇。一般說來，因對本國與外國之間不平等關係不滿而產生的排外情緒，會因時間及國內政局發展或國際形勢變化而沖淡，長期持續的排外則通常與內政不安有密切關係。政治制度尚未健全的國家，常常會發生排外情緒。排外情緒是兩面性的，一方面是受國與國之間的關係衝擊，另一方面則受國內政治影響。因此研究排外情緒，必須兩者兼顧。

　　百餘年來中國對外政策的核心是防衛，它主要是對付西方列強與日本的侵略。中國外交政策的目標，從清朝至國民黨到共產黨，一直沒有根本的改變。從毛澤東時代到鄧小平時代，也沒有重大改變。中國對外政策的重點，就是中華民族如何對付西方列強的問題。它既不只是某一個人的觀念，也不是一羣政客和謀士的決策。從屢次被入侵而受到威脅，可看到中國既無有效的對外政策，又未建立起保衛自己的實力。一部中國近代史，既是一部帝國主義侵華史，又是一部中國人民的禦外史。任何關於中國政治或對外政策的研究，都離不開對中國的排外情緒的探討。

　　抵禦外來入侵需要兩個基本條件：一是靠動員內部國防資源如軍事、經濟、社會、政治力量的現代化而獲得的內部實力。直至八十年代，中國仍然在謀求內部資源的改善。鄧小平積極發展四個現代化，

表明中國仍然在向其十九世紀末葉所追求的現代化目標努力。

　　另一個條件是尋求能夠動員外國支持以抵禦外來入侵的外交政策。這並非一紙文件或幾項基本原則就完事了，而是需要對西方文化、社會和政治發展有深切的了解，其難度並不亞於內部資源的動員和現代化本身。十九世紀中葉，中國被迫睜眼環視其疆界以外，它看到了一套大異於己的文化、社會價值觀念。屢經戰敗之後，中國自然愈發敵視外國。中國人發現，不了解西方國家的話，便無法形成一項在理論和實踐上都行得通的對外政策。但中國近代史卻表明，中國人尚未能成功地解決這一問題。在接受西方新思想時，中國人的感情排斥過於強烈。這一傾向在一九四九年以後仍無變化，且於文化革命中登峯造極。「五四」運動和「五・卅」事件中爆發的羣眾性排外行動所激發出來的感情因素，導致了反帝情緒的加強，而排外情緒的過熱又妨礙了中國人理智地處理外交事務。

　　西方帝國主義對中國的衝擊是巨大的。分析起來，西方對中國構成的威脅可分為三個方面：軍事技術和軍火工業、生產機械與洋貨、文化與哲學。中國對這些威脅的反應因階層而異。在西方軍事技術和堅船利砲威脅下，首當其衝的是政府和政府官吏，中國高官的安全和政治領導權受到直接的威脅。沉緬於儒家學說和紮根於中國傳統的知識分子和士紳，則面臨西方政治文化和哲學的挑戰。他們支持政府和政府官吏，直至政府放棄堅決對抗西方的立場。其次便是商人、勞工和農民。他們是消費者，是中國社會的大多數。在受到外來資本的壓制，感受到外來商品的競爭優勢之後，他們便起而反抗外國的壓力。

　　政府和政府官吏企圖以武力抵禦西方的威脅。解決的辦法就是引進西方軍事技術。而知識分子開始時排斥西方思想，以中國文化和傳統來捍衞他們在中國社會中的主導地位。消費者和中下層則站在商人

一邊抵制洋貨。

　　一系列戰敗使政府和政府官員在西方軍事威脅面前屈膝投降。知識分子在意識到政府無力保護本國利益之後，便對中國文化和傳統感到幻滅，繼而與消費者一起，掀起抵制洋貨的羣眾運動。

　　從十九世紀中葉至二十世紀八十年代，在中國有兩種保衞國家的力量。一是知識分子和政府的力量；另外是未受政府緊密控制的羣眾力量。前者以傑出的學者和官吏爲代表，他們力圖深入了解西方。謀求某種組織化、制度化的對策來抵禦「帝國主義」。通過西方化來實現現代化一度是自強禦夷的主要對策。此種對策的失敗，便引出了第二股力量：非組織化的羣眾，即工、農、學、商的排外情緒。這些人主要來自社會中下階層，同統治階層和政府並無緊密聯繫。目睹政府不能够再保衞他們的生命和財產，他們便起而自己保衞自己。這便是以抵禦外侮爲目的的羣眾運動的起源。

　　抵禦外侮的興起，始於十九世紀末年，並持續到二十世紀。在軍閥時期，羣眾反帝力量集合在孫中山的民族主義旗幟下。孫中山去世後，這股反帝的力量支持了蔣介石的北伐。抗戰時期，這股反帝力量始而支持蔣的領導，至戰爭後期，則轉而擁護共產黨的「反帝」戰線。內戰爆發後，中共將它納入自身思想體系，繼續對它加以有效利用。一九四九年以後，反帝情緒更在很大程度上受政府當局的領導和操縱。羣眾性排外思潮的高漲，恰恰阻礙了現代化。

　　「帝國主義」在中文中是一個外來詞。它來自蘇俄。在列寧的《帝國主義是資本主義的最高階段》（一九一六）一文發表前，中國知識分子使用「列強」這一概念來描述西方國家的侵略和優勢的武力。「列強」一詞，反映了中國人民對國家蒙辱和受挫強烈而又深沉的感受。這一民族感受，不但反映了中國政府屢敗於西方國家的歷史事

實，而且反映了中華民族的生存受到的威脅。「列強」一詞，還反映了中國自古以來的驕傲連同它對外國人傳統的優越感一併喪失，標誌著中西關係新時期的到來。

列寧的帝國主義理論，指出了資本主義國家的發展同西方國家對外侵略擴張有關。它為中國知識分子和革命者的反西方情緒提供了理論基礎。「帝國主義」一詞，在反西方的知識分子和革命者中間，逐步取代了「列強」一詞，而在一九四九年後的中國政治中，反帝更進而發展成最常見的政治性和社會性口號。反帝成了無所不包的概念，泛濫於意識形態、國內政治和對外政策領域。

本書將探討十九世紀中葉以來中國排外的沿革，追溯「帝國主義」和「反帝」思想概念的起源，並探討自一九四九年以來中國國內政治同「反帝」之間的關係。中共一度強烈譴責「美帝國主義」。「反美帝」成為其思想體系的一個內在部分，並對中國國內政治和對外政策產生巨大影響。六十年代中以來，蘇修社會帝國主義也成了猛烈譴責的對象。隨著五十年代後期左傾主義的興起，左傾路線與排外思潮互相呼應，北京深陷其中，直至毛澤東去世後才得以解脫。此後，反帝便在戰術——如果不是戰略——上發生了巨大變化。本書旨在探討中國國內政治同對外政策之間關係，即內政同排外之間關係。與本書主題有關的歷史人物和事件可謂汗牛充棟。不過從本書的目的出發，只能提供一個綱要，以免徵引過多導致篇幅過長和主次不分。

本書凡四卷十三章。第一章討論排外的概念、性質，排外與反帝，國內政治與排外的關係以及排外的一般理論。卷一包括第二和第三章，是關於十九世紀時中國人謀求抵禦外侮的戰略和排外的興起的簡要回顧。自強運動於十九世紀後四十年中成了抵禦外侮的主要對策之後，清廷興辦了一大批防禦項目。以後的再次戰敗既導致了排外並

且引發統治危機。第三章特別探討反傳教活動同以後排外的發展之間的關係。二者密切相關，但又不盡相同。多數反傳教活動發生在地方層次，且多受到地方士紳的支持。在某些場合，更是由士紳親自發動的。

卷二包括第四和第五章。第四章探討民族主義和反帝運動的興起。二十世紀初期，排外已形成席捲全國之勢。此時正值礦權、路權等民族權益和外資威脅形成社會與全國性問題。作爲對列強威脅到中國存亡問題的回應，排外便於國內政治和對外關係領域中形成全國性的運動。自十九世紀九十年代初起，排外便以「反帝」一詞來表述。

第五章探討了反帝對於國民黨的發展的意義。孫中山、蔣介石和其他重要領袖人物均極力支持反帝運動。反帝是國民黨的政綱要點。國民黨誓要達到反帝的目標，包括廢除不平等條約、租界、固定關稅以及控制外國在華投資等。對於國民黨領導人來說，國民政府於一九四三年同美、英達成協議，後者放棄根據不平等條約而獲得的特權時，其反帝目標即已達到。此後，國民黨轉向以恢復傳統文化和道德的方法來動員羣衆。

卷三共分五章，即第六至第十章，是本書的重點所在。這五章的基本論點是：「反帝」或「反美帝」是一種重要的思想動員手段，是中共手中強大的政治武器。第六章探討了反帝思想和毛澤東「紙老虎」理論的發展，還探討了「反美帝」如何被中共概念化。透過五十年代排外思潮的發展及對國內政治的影響作一些初步分析。其特殊意義在於這一思潮關乎到目前中國政治的發展。

第七第八章探討了北京當局於一九六〇年至一九六二年時期，出於對內對外的需要，如何操縱排外的問題。第七章比較具體地探討了「反美帝」同生產動員之間的關係，第八章探討了「反美帝」同中國

對第三世界統一戰線政策之間的關係。其重點在於它們證實了高度動員羣眾之時，排外亦趨升級的論點。

第九章和第十章探討了排外同文革期間（一九六七年至一九六九年）國內政治的關係。第九章證實了左傾主義強大之時，排外亦趨升級的假定。第十章探討了毛派如何利用對蘇聯修正主義的譴責，如何將之與對「中國赫魯曉夫」、前國家主席劉少奇的貶辱聯繫起來。此章肯定了權力鬥爭尖銳之時，排外亦會趨升級的說法。

卷四包括第十一至第十三章。第十一章探討了一九七一年以來排外的衰落。指出排外衰落的原因同中共意識形態和整個社會的變化有關。此外，中美友好、中國加入聯合國，以及最重要的：美國東亞戰略的轉變等，均對這一趨勢起了推動作用。一九七七年以後，中國全面推行四個現代化計畫，排外的衰落更加明顯。上述一系列的事態發展迫使北京將它的反帝思想限制在爭取國家平等和獨立自主的意義範疇之內。第十二章主要在探討一九八〇年以來排外情緒的變化。除了討論開放政策與思想的變化以外，它研究反對精神污染、反日運動與排外的關係。雖然北京強調友好外交，但仍可隨時利用排外解決內部問題。

第十三章總結了本書的論點，並提出了一些關於中國的排外以及排外同國內政治之間關係的理論。最後，該章亦通過探討排外和統治危機的發展，提出了關於現代化同革命之間的關係的理論。

第 一 章

排外的概念及理論

　　由於每個國家皆有其歷史、文化的背景及本身的政治及經濟的利
益，各國之間存在文化上的隔膜及利益上的衝突是很自然的。因此國
與國之間常有利害之爭，人民與人民之間亦常有互相排斥的現象❶。
排外在人類歷史發展的過程幾乎是不可避免的，但是排外惡性膨脹則
會影響到政治、外交，產生一些很嚴重的後果，有莫大的害處。這樣
重要的課題必須深入研究、小心探討。如果視若無睹，或加以隱蔽，
就像放置定時炸彈，勢必殃及國家民族，危及世界和平。

　　回首既往百年，大家可以從中國應付外來侵略的歷史中，看到現
代化和排外的重要性。本世紀初以來，有關中國政治的討論，均圍繞
這一問題。現代化的過程和排外的趨向，都可追溯到十九世紀中葉中
國頻頻被西方列強擊敗的時候。百餘年來中國的政治領袖們對此未敢
或忘。十九世紀六十年代中，要把武裝力量現代化的自強運動，正標
誌著中國對西方壓力的初期反應。同治中興期間，中國曾設立了若干
項制度設施以促進西方知識在中國的傳播❷。當時中國的反應是建立

❶ Bruce Russett and Harvey Starr, *World Politics*: *The Menu for Choice*, San Francisco, W. H. Freeman and Company, 1981, pp. 42-46.

❷ 參閱 Mary C. Wright, *The Last Stand of Chinese Conservatism*: *The Tung-chih Restoration, 1862-1874*, Stanford, Calif.: Stanford University Press, 1957, pp. 196-221.

在理性分析的基礎上的，認為西方的優勢主要在於船堅砲利，如果中國也學西方加強防務之軍事設施，就可以抵禦任何外侮。這一現代化政策的主要人物是曾國藩和李鴻章。不幸的是，一八九四年的中日甲午戰爭證明了這一早期的現代化的努力失敗了。

由於現代化的失敗，加上西方列強和日本的軍事侵略、經濟剝削和政治壓迫，中國人產生了排外情緒。連同在二十世紀初發展起來的民族主義，反帝不但成了上下通行的口號，而且成了一股重要的國內政治力量。儘管受到「五・四」運動時期自由主義者的強烈敦促，歷屆中國政府皆因面對著國內分裂，而不能全心全意地從事現代化。二十世紀之前十年代至四十年代，反帝情緒高漲，以致無論是國民黨還是共產黨都將反帝列入自己的政綱❸。一九四九年以後，北京政府將反帝納入其政治思想體系，又以社會主義建設來取代現代化。反帝思想在動員羣眾方面扮演了重大角色，並成了中共思想體系中不可缺少的一部分。

現代化在中國意味著 利用西方技術 和武器發展 中國的實力 和財富。「中學為體，西學為用」便是推進當時中國現代化的政策。清廷無意學習西方的文化和價值觀念，更不用說西方的政治制度了❹。但西方對中國傳統和文化的連續衝擊必然要帶來中國社會價值觀念體系的改變。普及教育、大眾傳播和西方文化的引進，為社會演變帶來了極大的動力，並令人民醒悟到外來入侵的危險。當此類社會演變招致

❸　參閱 Donald A. Jordan, "China's Vulnerability to Japanese Imperialism: The Anti-Japanese Boycott of 1931-1932", in *China at the Crossroads*: *Nationalists and Communists, 1927-1949* (ed.), F. Gibert Chan, Boulder, Colorado: Westview Press, 1980, pp. 91-118.

❹　Marius B. Jansen, *Japan and China*: *From War to Peace, 1894-1972*, Chicago: Rand McNally College Publishing Company, 1975, pp. 10-17.

了思想和價值觀念體系的改變時，西方民主思想便開始在中國傳播。改革派與革命派均相信，要發展現代化必須改變政制。外來侵略威脅著中國的生死存亡，中國政府卻無力保衞國家免受其害。在這種情況下，產生了兩項發展。其一，人民意識到政府無力保衞他們，他們必須起來自己保衞自己。這一覺醒必然導致強烈的排外情緒。這一項發展又勢必導致另一問題：統治危機。中國政府屢戰屢敗，不可避免地，人民便對政府失去了信心❺。自從外國人和外國軍隊獲准在中國居住和駐紮以後，這兩種發展就愈發劇烈了。

　　從十九世紀六十年代至二十世紀之初，現代化通過改進教育和交通，在一定程度上促進了中國的發展。另一方面，當政府屢次蒙受外國之辱，激起了排外即導致統治危機❻。自強運動失敗之後，排外加劇，統治危機隨之加重。不斷的外來威脅令排外和統治危機始終保持在高水平上。例如一九一一年、一九四九年和一九六七年等動亂中，都出現了強烈的排外和嚴重的統治危機。這一現象如不加以遏止，可能將導致再一次革命（見表 1-1）。

一、排外的概念

　　本書所用的「排外」是一個一般性的術語，指的是對外國的敵對性反應。它是對外國事物的抗拒或是對外國人、他國文化的排斥。在不違反法律的範圍之內，個人對外國事物的喜好或嫌惡都是個人自由，無所謂是非。就像與外國人結婚、穿外國衣服一樣是個人的選

---

❺　Theda Skocpol, *States and Social Revolutions*, New York: Cambridge University Press, 1979, pp. 74-79.

❻　同上註。

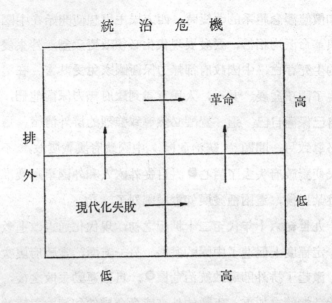

統　治　危　機

表 1-1　現代化失敗與革命

擇。　但是如果社會上有許多人公開渲染排斥外國事物，釀成羣眾運動，那就會造成社會與政治問題。本書所討論的排外並非指個人的排外，而是指集體性的排外。在中國政治中，不同的時期，曾用不同的詞語或口號來表達排外。最經常見到的是「反帝」，包括「反英帝」、「反日帝」、「反美帝」和「反蘇修」等等。此類口號出自不同時期的具體目標。排外在中國是通過新聞媒介、集會、示威和抵制活動中的強烈敵意表現出來的。

　　二十世紀中國的排外是對抗外來壓迫和入侵。它與懼外（Xeno-phobia）的不同之處在於：前者是對外國的排斥反應，後者僅是對外國人的畏懼。排外是人民中間對外國的一種集體性情緒。在外來壓迫和入侵同排外情緒之間，存在著明確的聯繫。

　　本書所研究的時期中，中國的排外有著三個重要含義：其一，它

牽涉到外國在中國造成的不平等， 包括領土租借、 關稅限制、 不平等條約以及所有那些被外國通過戰爭或軍事威脅而獲致的政治經濟利益。中國人強烈譴責這些行為是外國對中國的侵略、壓迫和剝削。其二，排外含有強烈的鬥爭意識。它意味著與外國鬥爭以廢除外國人強加給中國的不平等。換言之，中國的排外包含有通過與外國人或外國鬥爭來改變現狀的意味。其三，中國的排外是有積極目的的，它謀求的是國家的平等和獨立。 所以， 排外是一種謀求國家利益的積極手段，是一個擺脫外國干涉中國的積極運動。

排外思潮是一種因外國造成的經濟、政治和軍事壓迫而招致的羣眾性的情緒。它的重心不在保護文化或傳統，而在保護國家的利益；它根源於對國家的共同依附感，並非因文化變遷而起。文化變遷指的是一個傳統社會同先進社會接觸導致傳統文化的改變。毫無疑問，自十九世紀中葉以來，中國曾因與西方接觸的增加而產生了一些文化和種族衝突。但中國的排外主要並非因文化變遷而起，因它並非旨在保存中國傳統和文化的本土主義運動。排外的政治性多於文化性或宗教性。只有受到民族主義的推動，文化或宗教的衝突才能發展成為強烈的全國性排外思潮。

二十世紀中國的排外帶有強烈的政治和經濟的性質。 由於它與「不平等」和「改變現狀」密切相關，排外隨政治或經濟的原因或起或落。如果不是民族主義或意識形態不斷注入活力，或沒有政府的操縱，排外思潮通常不能够持續太久。一俟政治或經濟衝突得到解決排外便迅速下降。這與單純的文化衝突與宗教衝突不同。可見，排外在中國業已持續達百餘年之久，此乃由於西方的不斷入侵、威脅和中國領導階層對之加以操縱所致。

二、排外的性質

從百多年來的中國歷史，可以簡單將排外的性質分為五點：

一、排外是一種情緒，它不是理性的。排外是由民族情緒刺激而發的。參與排外運動的人常以為他們是愛國的，但是由於情緒上的衝動以為「愛國無罪」，故常超過愛國的理性基礎。由於排外的力量在於情緒的衝擊，所以排外事件常釀成為難以控制的事件。

二、排外的擴散性很強。由於排外是情緒性的，所以很容易吸引羣眾，因此排外事件很容易擴大。在中國，排外的擴散性很嚴重，因為排外有歷史的支柱。近百年來中國人把它的貧窮及衰弱歸罪於帝國主義的剝削及壓迫。從孫中山、蔣介石、毛澤東至鄧小平都是一樣。排外本來不一定與反對帝國主義相關，但是反對帝國主義已成為中國排外的最大歷史依據。所以中國的排外常以反帝為藉口。

三、排外是一種潛伏的意識，它不是一種思想或主義。排外除了民族意識以外，其本身的內涵很空洞，每次排外事件都有不同藉口及涵義。因此排外本身沒有一套有系統的思維，亦沒有清楚的思想體系。所以國民黨可以運用，共產黨亦可以運用。排外是非主義的，它沒有意識形態的建設性的提綱，所以排外的利用性很大，常被利用成政治力量。換句話說，排外最多是達成某種目的的手段而已，所以它是間歇性的，事件性的，而不是一套理性的思想或學說。

四、排外的誘惑性很大，利用排外常可獲得目前的政治利益。排外的害處很多，例如它導致社會閉塞、文化孤立、科技落伍、經濟落後、國家衰弱等。它們雖然都是很嚴重的，但都是長期後才可顯出其惡果。換言之，利用排外可收短期的政治利益，而其破壞性是長期

的。對政客來說排外的建設性是即時的而其破壞性是不明顯、無須即時付出代價的。所以政客面對威脅時，很難避免利用排外去達成其政治目的，因為排外對政客的誘惑性實在很大。

五、排外具有不可終止性。排外事件皆兼具建設性及破壞性。由於它是由民族情緒而發，擴散性很強，利用性很大，所以常成為有權勢者的工具。慈禧太后曾利用它，袁世凱也利用它。一九四九年以前，國民黨與共產黨皆曾用排外擴大勢力；一九四九年以後，北京政府經常宣傳反帝，利用統一戰線爭取第三世界反美。國內政治上排外導致反右，愈走愈左，造成極左思潮的禍害。政治不穩定時，政客皆喜歡利用排外達成其政治目的，排外事件屢見不鮮，層出無窮，不可終止。

三、排外與反帝的關係

自十九世紀中葉以後，中國常有排外運動，例如義和團、反教運動、抵制外貨運動、反帝運動等。這些運動都吸引廣大的社會羣眾支持，產生許多示威遊行。有的甚至導致殺傷外國人或燒毀外國人的財產，釀成國際事件。排外運動常與民族情緒結合成為反對外敵的民族運動之一。但是有些排外運動是被利用的，是因國內政治原因而被發起的。

排外運動是中國近代史上中國人反對列強壓迫侵略而產生的一種反抗形式，當時中國人民對西洋認識既籠統又模糊。把列強及所有西方國家稱為西洋，排外變成與所有西方國家對抗。由於當時中國缺乏思想上的武器對抗列強，排外情緒則是最能激發民族情緒對抗列強的有力武器。但是因為它的籠統性及缺乏理論的引導，所以常一發不可

收拾。二十世紀初以後，中國人對西方國家的認識不斷增加，反對帝國主義的理論漸漸成立。國民黨與共產黨皆以反對帝國主義爲重要政綱之一。反對帝國主義漸漸替代了排外意識。嚴格講，反對帝國主義不等於排外，但是在歷史上它與反對外國侵略有密切的關係，因爲反帝與排外運動的民族感情是一致的❼。只不過反帝把排外情緒局限於反對帝國主義的壓迫剝削、侵略的範圍。一九四九年以後理論上可把兩者區分，但從羣眾運動的角度，「反帝」是排外運動的一部分，排外運動是一般的說法，反帝運動是政治上的說法，兩者不可截然分開。

按中共的說法，反帝運動是針對帝國主義，它不反對對方的人民。例如反「美帝」並不反對美國人民。但是從現實的國際政治看，國家與人民是不能截然分開的，前者是後者的總稱。反對某一個國家的政策，必造成外交問題，導致兩國人民不能來往，甚至交戰。反帝的後果必導致與某一個國家人民的敵對。北京認爲反對帝國主義是一項政策，但是在羣眾運動層次上，反帝的示威遊行必須利用歷史的排外情緒發動羣眾。其實，現在中共官方與學者到目前仍未把這兩件事清楚的分開，例如他們稱反教運動或義和團運動爲反帝運動。其實，反教與義和團運動並沒有思想或理論的基礎。因此硬要把排外與反帝分開，從歷史的觀點看來是很困難的。唯一可以分的是排外目標比較大而且模糊，反帝則常針對某一個國家。

❼ 朱東安、張海鵬、劉建一：〈應當如何看待義和團的排外主義〉，《近代史研究》，北京中國社會科學出版社，一九八一年第二期（五月）頁一四五至一六三。

四、國內政治與排外

中國數千年來的封建政體雖然在一九一一年結束，但是數十年來政治上仍有許多問題。很明顯，中國政治的最大弱點是人治。由於長期封建思想的影響，中國政治制度尚未健全，領導者常可以左右立法與行政，使政府無法制度化。這種以領導者為中心的政府日久漸趨向權力一元化及個人化，往往使政治制度更加脆弱。

雖然經過一九四九年及許多政治大變化，北京政府至今尚未能突破這種政治上的桎梏。共產黨壟斷中國政治權力，實行一黨專政。其政府組成缺乏分權與制衡的制度，所以領導者的權力隨時間日益增長。不但可以超越政黨之上，而且可以超越法律，甚至國家之上。為了保持自己的權力，領導者無時無刻都不會放鬆權力，壓制反對派或持不同政見者。

從對外關係看來，一個人治國家的政治領袖同時掌握了對外關係的令符，會使對外關係與國內政治關係更加密切。一個政治領袖同時是國內政治與對外政策的決策人，在國內政治安定之時，如面對外面壓力，則政治領袖必須動員一切政治、經濟、社會力量全力以赴保護國家利益，這是很正常的現象。如果國內政治不安時，領導者常可用「安內攘外」的政策鞏固自己的權力。如果與外國關係緊張，政治領袖則更易動員國內力量支持他對抗外國。這些情況都導致政治領袖權力的擴大。所以如果政治領袖的地位在國內受到威脅，他可以利用傳播媒介或官僚組織誇大與外國的糾紛，造成緊張局勢，動員國內力量支持他。在這種情形下，排外是壓制國內反對派的有效武器。

另一方面，在人治的制度下，政客常可用與排外有關的罪名打擊

其政敵而影響政治安定。文革期間，四人幫即用「裏通外國，反黨賣國」、「裏通外國，要搞政變」打擊朱德、彭德懷、葉劍英、陳毅、徐向前等老幹部❽。由於排外是對付國內敵人的有效武器，政客常可以用它打倒政敵，鞏固自己的權力，這將使國內政治更不安定。雖然排外會產生許多的害處，但其害處都是長期才可發現的，不是即時的，所以領導者或政客擁有很大權力，而面對國內太大壓力時，很難免不利用排外這手段。

五、排外的一般理論

在探討排外與中國政治之前，對一些有關國內政治和對外關係的理論作一概括性了解是不無裨益的。例如，用傳統的歸罪論，以挫敗感（frustration）來解釋敵對情緒的產生。這一理論的基本論點是：因達成目標遇到障礙而產生挫敗感，如果挫敗感受到社會道德觀念支持，便會發展成敵意（hostility）。此敵意會轉移目標到第三者，即所謂的替罪羔羊（scapegoats）身上❾。

斯塔格納（Stagner）提出過這樣的理論：民族主義情緒愈強，則由挫敗經驗或由他國威脅招致的敵意愈強❿。普魯依特（Pruitt）

---

❽ 嚴家其、高皋編著《中國「文革」十年史（上冊）》，香港大公報出版，一九八六年，頁二三○至二三五；二四五。

❾ 參閱 L. Berkowitz, "Aggression Cues in Aggressive Behavior and Hostility Catharsis", *Psychological Review*, no. 71, 1964, pp. 104-122.
並參閱 L. Berkowitz, *Aggression: A Social Psychological Analysis*, New York: McGraw-Hill Book Co., 1962.

❿ R. Stagner, "Nationalism", in P. L. Harriman (ed.) *The Encyclopedia of Psychology*, New York: Philosophical Library, 1946.

和斯奈德（Snyder）也提出：敵意與挫敗感和受威脅成正比例[11]。他們提出：對挑釁的反應，是個人所感受挫敗的正函數。換言之，對挫敗感受愈大，其產生之敵意愈強。在國際政治中，挑釁行為可能從一個國家轉換到另一個國家。上述理論乃根據社會心理學對人的概念來解釋決策者的行為，即決策者也是人，其行為也與其他人無異。對於針對外國的羣眾性抗議或羣眾性敵對情緒的探討，上述理論為關於國際行為與國內政治之間的聯繫提供了一些頗有意義的見解。在一個外來消息不受政府嚴密控制的國家，人民對國際政治的發展有着相當的了解。外部入侵這類挑釁行為，會在該國激起基於愛國熱情或民族主義的羣眾性抗議。如此，社會心理學理論對探討羣眾性排外抗議來說是重要的。但是，對於像一九四九年後的中國這樣一個大眾傳播媒介受到黨和政府控制的國家來說，若無政府同意，外來消息則不會公之於眾。在這種情況下，政府在民眾對外國態度中所扮演的角色，就遠遠比那些消息傳播受控制較少的西方國家政府為重。

國內政治與對外行為之間的聯繫可視為國際政治和比較政治這兩個領域的匯合點。聯繫的概念乃由現代政治體系的基本結構衍生出來。國內制度設施是聯繫國內政治與對外政策的樞紐。政府同時是國內和國際政治的主角。如詹姆斯・羅森瑙（James Rosenau）所言，於國內政治體系中居高位者，亦於國際中任要角。他們具有雙重責任，一方面制定國內政策，另一方面制定對外政策[12]。

依附決策分析法的學者曾呼籲大家重視那些運轉於政府內部且為

---

[11] Dean G. Pruitt and Richard G. Snyder (ed.), *Theory and Research of the Causes of War*, N.J.: Prentice-Hall, Inc., 1969, p. 29.

[12] James N. Rosenau (ed.), *Linkage Politics*, New York: Free Press, 1969, p. 13.

對外政策之重要因素，如動機、角色、組織等⑬。有的學者則強調文化、歷史、社會、經濟、地理的特點與對外行為之間的聯繫⑭。關於國內政治與對外行為之間的聯繫主要在於對內與對外政策均由同一羣決策者制訂，因此，對外行為既是國內因素的產物，又是外來因素的反應。

現在人們對內外政治聯繫的問題尚未有足夠的認識。如羅森瑙所言，國內和國際政治緊緊纏結，這一普遍定理已被不勝枚舉的事實所證實。儘管有大量的證據，但有關資料卻從未被有系統地整理分析過，而且缺乏足以說明國內與國際體系之間的動態聯繫的理論⑮。

歷史為國內政治與對外行為之間聯繫所提供的證據是不清楚的。例如，對外衝突既可激發亦可消弭內部不和。布魯克（Brook）在其關於抗議美國捲入對外戰爭運動所作的研究中，著重指出：捲入對外戰爭一貫招致激烈的國內爭議⑯。另一方面，有若干歷史個案卻表明了恰恰相反的效果。例如，日本於一九三五年至一九三六年期間佔領東北一事招致了中國的強烈反日情緒，促成了國共和談。在這類情況

---

⑬ Richard Snyder, H.W. Bruck, and Burton Sapin, "The Decision-Making Approach to the Study of International Politics", in James N. Rosenau (ed.), *International Politics and Foreign Policy*, New York: Free Press, 1969, pp. 199-206. Also see David Braybrooke and Charles E. Lindblom, "Types of Decision-Making", in Rosenau, *op. cit.*, pp. 207-216.

⑭ For example, Klaus Knorr, *The War Potential of Nations*, Princeton: Princeton University Press, 1956; and Bruce M. Russett, *International Regions and the International System: A Study in Political Ecology*, Chicago: Rand McNally, 1967.

⑮ *Linkage Politics*, 同上註，頁四至五。

⑯ Robin Brooks, "Domestic Violence and America's Wars: An Historical Interpretation", in H.D. Graham and T.B. Gurr (ed.) *Violence in America*, Washington: U.S. Government Printing Office, 1969, pp. 407-424.

裹，對外戰爭似乎抑制了國內衝突[17]。

　　國內政治對於對外行為的影響也是同樣可左可右的。若干個案表明國內情勢乃對外衝突的根源。例如，伯納德‧K‧戈登（Bernard. K. Gordon）在關於印尼與馬來西亞一九六二年至一九六五年期間衝突所作的研究中發現，印尼對馬來西亞敵對態度與印尼國內的紛爭有密切聯繫[18]。另舉一例，中國一九○○年同八國列強的衝突也被認為是國內排外運動的產物。清廷支持國內排外行動招致了八國聯軍的進犯[19]。

　　然而，另外一類歷史個案卻表明，國內因素亦可抑制對外衝突。例子有：　俄國一九一七年發生革命後，　提早退出第一次世界大戰；南北戰爭期間，美國對法國接管墨西哥一事無力干涉[20]。在此類情況裹，嚴重的國內問題又足以中斷或抑制對外衝突。

　　最後，　又有若干個案表明　對外衝突純粹因　國際上的互相行動而起。阿根廷與智利於一九六七年至一九六八年間的衝突以及一九六二年的古巴導彈危機便是兩個極好的例子[21]。由此觀之，支持上述不同

[17] Franz Schurmann and Orville Schell, *Republic China*, New York: Vintage, 1967, pp. 148-149.

[18] Bernard K. Gordon, *The Dimensions of Conflict in Southeast Asia*, New Jersey: Prentice-Hall, 1966, pp. 86-96.

[19] Edmund O. Clubb, *The 20th Century China*, 2nd edition, New York: Columbia University Press, 1972, pp. 24-33.

[20] Merle Fainsod, *How Russia is Ruled*, Cambridge: Harvard University Press, 1963, pp. 90-91; Thomas A. Bailey, *A Diplomatic History of the American People*, New York: Meredith Corporation, 1969, pp. 348-359.

[21] Robert N. Burr, "Argentina and Chile", in Steven L. Spiegel and Kenneth N. Waltz (ed.) *Conflict in World Politics*, Cambridge: Winthrop, 1971, pp. 155-197; Ole R. Holstoi and et. al., "Measuring Affect and Action in International Reaction Model: Empirical Materials from the 1962 Cuban Crisis", in *International Politics and Foreign Policy, op. cit.*, pp. 679-696.

論點和論據各自存在。這些理論是：（1）對外和對內衝突相互促進，兩者成正比例；（2）對外和對內衝突相互抑制，兩者成反比例；（3）對外和對內衝突互不影響，彼此毫無相關。對眾多的歷史個案作一粗略了解，卽可得知國內政治同對外衝突的聯繫乃隨國內和對外衝突的性質而異。這樣就排除了關於二者聯繫的過分簡單化的概論。大部分跨文化的定量研究表明：國內和對外衝突之間鮮有聯繫。索羅金（Sorokin）於其時間序列分析中發現，國內政治與對外衝突之間的聯繫是微乎其微的❷。拉梅爾（Rummel）所作的跨國關係分析表明，國內衝突和對外衝突是互不相干的❷。

雷蒙德‧坦特（Raymond Tanter）的跨國研究同樣認爲，在國內和對外衝突行爲之間無甚聯繫。不過，坦特認爲兩者事實上也許有因果關係，但卻會被其他現象，如國家決策者的個人特性等掩蓋了❷。

科舍（Coser）在《社會衝突之功用》（一九五六）一書中假設，就國內和對外衝突之間聯繫而言，社會政治結構嚴密的國家，會比較社會政治結構鬆散的國家表現得緊密和直接，因爲前者往往更需要搞些替罪羔羊、政治迫害、樹立外敵之類的事❷。喬納森‧威肯菲特（Jonathan Wilkenfeld）重複坦特未經證實的假設，卽領導人之個性也許牽涉了國內和對外衝突行爲之間的聯繫。威肯菲特將國家分爲

❷ P. A. Sorokin, *Social and Cultural Dynamics*, vol. III. New York: American Book, 1937.

❷ R. J. Rummel, "Dimension of Foreign and Domestic Conflict Behavior: A Review of Empirical Findings", in D. G. Pruitt and R. C. Snyder (ed.) *Theory and Research on the Causes of War*, New Jersey: Prentice-Hall, 1969, pp. 219-228.

❷ Raymond Tanter, "Dimensions of Conflict Within and Between Nations, 1958-60", *Journal of Conflict Resolution*, vol. 10, March 1966, pp. 48-64.

❷ Lewis Coser, *The Functions of Social Conflict*, New York: The Free Press, Fifth Printing, 1969, pp. 87-94.

三類：個人獨裁、寡頭集權和多元政制。其結論是：把政治體系的類型分類之後，比較強硬的類型（個人獨裁類和寡頭集權）與靈活的類型（多元政制），前者的國內政治和對外衝突之間的關係較緊密❷。

威肯菲特的發現證實了政治結構對對外行爲有著重要影響。在他的研究中，中國是被劃入寡頭集權類的國家。他得出的上述結論卽等於表明了，中國的內部衝突看來與其對外衝突行爲相關。不過，這種包括許多國家之綜合性的研究，並不一定能闡明我們要探討的特殊現象。爲著探討國內政治與對外行爲之間的具體關係，我們必須集中對於政治體制和環境因素的研究。

六、探討的主要問題

中國的國際行爲有兩個特點值得特別注意：其一是中國在言語上表示出來敵意。自二十世紀初始，中國一貫強烈地譴責那些被視爲敵人或對手的國家。頻頻對「英帝」和「美帝」口誅筆伐。四十年代後期，對「美帝」的攻擊充斥了中國各大報的版面。六十年代初期，由於中印邊境衝突，言語性敵意又延及印度，中國開始塑造「印度反動派」的形象。同時日本當局由於其親美的外交政策，也被指責爲「反動派」以及「美帝的幫兇」。至六十年代中期，蘇聯也被列入敵對名單，中國指責它是「修正主義」。文化革命中，蘇聯被冠之以「社會帝國主義」，日本被冠之以「反動的軍國主義」。各種報紙和黨主要的雜誌如《北京周報》、《紅旗》、《世界知識》等的大幅版面均不

---

❷　Jonathan Wilkenfeld, "Domestic and Foreign Conflict Behavior of Nations", in William D. Coplin (ed.) *A Multi-Method Introduction to International Politics*, Chicago: Markham, 1971, pp. 109-204.

斷地刊登對外國目標的攻擊。

　　另一項值得注意的中國國際行爲是許多羣眾排外示威。自二十世紀初始，譴責外國的羣眾性示威和集會愈來愈多。這類運動有時僅局限於幾個大城市。示威的次數自一九四九年後大爲增加，而且不再局限於幾個大城市，擴展及全國。示威運動是由中央政府組織，或至少是受中央政府批准的。概念上，從這些羣眾性排外運動可看出中國動員羣眾敵視外敵的能力。此一中國國際行爲是值得進一步研究的。

　　許多的國內因素對中國對外政策發展有著重大影響；諸如地理、歷史傳統、懼外（Xenophobia）、意識形態、國家利益等等。無可懷疑，上述因素構成中國對外行爲的基本原則❷。中國國內政治與對外政策之間的密切聯繫已有人論及。如達特（V. P. Dutt）曾指出：

> 國內與國際政策之間一直有著密切聯繫；兩者不可分割。以北京爲例，二者的相互作用是如此明顯，以致對外政策的變化直接與其國內情勢的變化相關連❷。

　　現在人們關於中國國內政治與對外行爲之間的聯繫頂多不過有一些初步的認識。迄今爲止，這一課題仍未被認眞探究過。由於缺乏這方面的研究，學者和專家難以對中國的國際行爲的眞正動機作出解釋和評價。

　　本書將探討中國自十九世紀末直至一九四九年內外兩種因素如何

---

❷ Allen S. Whiting, "Foreign Policy of Communist China", in Roy C. Macridis (ed.) *Foreign Policy in World Politics*, Fourth edition, New Jersey: Prentice-Hall, 1972, pp. 291-306. Also see R. G. Boyd, *Communist China's Foreign Policy*, New York: Praeger, 1962, pp. 53-64.

❷ Vidya Prakash Dutt, *China and the World: An Analysis of Communist China's Foreign Policy*, New York: Praeger, 1966, p. 1.

導致排外的發展。此外，本書還將探討一九六〇年至一九六二年期間排外生產動員之間的聯繫，以及一九六七年至一九六九年期間奪權運動與中國的國際行爲之間的關係。這兩個時期內中國高層均嚴重分裂。六十年代初，自然災害令中國大部分地區農業歉收。高層領導在如何解決經濟困難的問題上發生分裂。各階層人民均被動員起來幫助農業生產，以克服困難。工人、學生、敎員、士兵均被號召參加生產勞動。一九六七年至一九六九年二月，中國再次捲入國內政治鬥爭之中而無暇他顧。毛派著手在全國進行動員以爭取支持，打倒他們的國內敵人。本書將詳細描述在這兩個時期中所發生的嚴重的統治危機。

對外關係方面，一九六〇年至一九六二年期間，曾發生了臺灣海峽危機和中印邊境衝突。北京對美日兩國政府均進行聲討，表示出極端的仇視。一九六七年至一九六九年二月期間，中蘇關係空前緊張，且發生了邊界流血衝突。在這一時期中儘管陷於國內政治動亂，中國仍強烈反對美國插足越南戰爭。

中國現代歷史上對外敵意與內部動員同時發生的現象，使我們推測到其間有著某種聯繫。不過，這種聯繫的具體性質尚不清楚。是國內動員招致了對外敵意，還是後者影響前者？未有定論。一九六〇年至一九六二年和一九六七年至一九六九年間，中國上層在國內政策問題上均發生過嚴重分裂。從以上各個時期的內爭看來，似乎國外問題是被利用來達致某種國內的目的，而並非後者服務於前者。如羅斯克蘭斯（Rosecrance）所言：

> 一個在國家內部變遷中掙扎的社會是不大理會國際因素的……在這種情況下，後顧之憂通常使政府無法去全力應付國外的形勢。在多數場合，對外政策不過是爲內部事務服務的工具，極

少有爲適應國際環境而制定國內計畫的事，只有國內穩定下來才會產生對外的影響力[29]。

我們可以預期，在統治危機時期，領導層可能利用國際爭端來達到國內目的。

恩斯特・哈斯（Ernst Haas）和艾倫・惠亭（Allen S. Whiting）在他們合著《國際關係之動力》（一九五六年）一書中指出，謀求自我保存的團體爲了保衞自身免受內部敵人的攻擊，有可能被迫採取衝突性的對外政策。他們解釋道：

> 上層人物內部處於極度緊張對立之時，聯合一致對外的政策對統治集團常常是有用的策略，它可以將嚴重分裂的國家團結起來。這一策略對統治集團屢試不爽。害怕因尖銳的思想對立、集團間的衝突而喪失其職位的上層人士……會試圖轉移國內不滿階層的注意力，把他們的怨恨轉向國外目標[30]。

換句話說，兩位作者指出，對外衝突或緊張關係可能是國內統治危機的產物。但是，他們並不認爲上層人士自保的鬥爭一定會導致戰爭。毋寧說，他們認爲，一旦上層人物對國內局勢感到較爲安全後，他們便可能中止其衝突性的對外政策。根據上述關於國內動員與對外關係的理論以及上述的討論，中國傳播以及反外羣眾運動中表示出的仇外行爲，皆可從國內方面的原因加以解釋。

---

[29] Richard N. Rosecrance, *Action and Reaction in World Politics*, Boston: Little, Brown and Company, 1963, pp. 298-299.

[30] Ernst Haas and Allen S. Whiting, *Dynamics of International Relations*, New York: McGraw-Hill, 1956, p. 63.

卷　一

早期現代化之失敗
及排外之興起

第 二 章

尋求抵禦外侮的方法

　　儘管中國悠久的文化和政治背景足令儒林之士引以自豪，但十九世紀中葉中國士大夫和政治家應付起外交事務來，往往無所適從。中國士大夫和政府官員對西歐工業的迅速發展不甚了了。一般士大夫和官員把外國人看成野蠻人，這個觀點妨礙了他們了解西方的文化和文明。第一次鴉片戰爭（一八三九年至一八四二年）之後，中國人苦苦尋求擺脫西方步步進逼的辦法。鴉片戰爭後的百年史，便是一部同西洋人鬥爭的歷史。英國人的砲火在戰爭中顯示出摧毀性的威力，令中國當局不得不承認英國人的軍事優勢。朝廷因無力禦敵於國門之外而被迫簽訂不平等條約，在中國近代史上還是第一次。中英南京條約在中西方關係史上是一個重大的轉折點。至十九世紀中期，美國、法國、比利時、瑞典、挪威和俄國均與中國簽訂類似的條約，且均獲得了同英國在南京條約中獲得的「最惠國條款」。在南京條約以及以後的各款中外不平等條約中，中國正式同意外國人在廣州、廈門、福州、寧波和上海等五個通商口岸經商。領事館官員可在通商口岸駐紮。於是，外國人便在這些城市裏紛紛出現了。雖然鴉片戰爭令清廷蒙受了一次來自「外夷」的空前恥辱，但此時上至朝廷官府，下至士大夫，仍對中國的文化歷史傳統自鳴得意。一八四二年至一八五九年間，中

國一直沒有採取有系統的措施來抵禦洋人。中國人與外國人的接觸此時僅囿於通商口岸。西方對中國社會的影響尚未擴張到其他地區。

中國自秦漢到明朝的發展，一直表現了中國人對其四周夷狄的歧視和優越感。中國人依照儒家的世界秩序觀念，稱自己的國家爲「中國」，認爲它代表著一種較高的文明，在世界的層級結構中佔有中央的最高地位。日本人、朝鮮人、蒙古人、突厥人、西藏人和越南人等均被視爲文明程度較低的民族❶。因此，中國沒有多少在平等的基礎上處理國際關係的經驗，在中國官員和士大夫看來，朝貢制度體現了當時的世界秩序。

一、早期抵禦洋人戰略的探討

經過鴉片戰爭，一些中國官員和士大夫著實認識到了西洋軍力和技術的優越。沿海各省人民，在經受了英、法前後兩度入侵和目睹了朝廷無力禦敵之後，自然擔心西洋人的進一步侵略。在負責軍事的官員和士大夫之中首先展開了如何對付西洋人的討論；因爲那些在北京當權的人，如道光皇帝、倭仁等，在如何對付「外夷」的問題上已處在進退兩難的境地。在看到了西洋人的威脅之後，清廷便開始冥思苦索禦敵之計。清朝的文官武將只受過儒家經典的訓練，對科學技術認識甚少，所以難怪他們沒有足夠的能力和知識來處理這樣危險的問題。這場討論並不只是保守派強硬路線同務實派靈活政策之爭的問題，爭論的核心在於用甚麼方法來抵禦那咄咄逼人的威脅。

以夷制夷

❶ John King Fairbank, *The United States and China*, third edition, Harvard University Press, 1971, pp. 137-138.

　　魏源是少數幾位比較充分領會中國於十九世紀四十年代所面臨的緊迫危險的士大夫之一。他的《海國圖誌》被認為是尋求抵禦「外夷」入侵政策的最早的著作之一。該書寫於一八四二年，即鴉片戰爭後不久。魏源明確指出海防在中國與西洋人的關係中至為重要❷。像他的許多同時代人一樣，魏源深信中國不至亡國。儘管局面正處在動盪之中，他的主張帶有的理性和現實的色彩濃於感情和理想的色彩。與許多士大夫相反，魏源頗為通曉世界地理和當時的西方發展。他強調認識西方形勢及其發展，學習西方技術，尤其是造船術和軍火製造術❸。魏源一方面認為，認識外國和外國人對於外交是至為重要，另一方面他又認為中國的存亡在於中國是否能抵禦「外夷」。於是，最重要的著眼點便是富國強兵，尤其是加強海防。魏源建議清廷以「以夷制夷」作為維護中國利益的一項積極的對外政策❹。例如，他建議中國應該聯俄、法、美以制英國。魏源於十九世紀中葉關於對外政策的主張，表現了開明派的觀點。他同保守派即那些頑固拒絕平等對待「外夷」的文祥等人形成對比❺。

以貿易來抵禦「外夷」勢力的擴張

　　眾所周知，十九世紀中葉西洋人初闖中國，其動機在於對華貿易可賺取巨額利潤。十九世紀中，歐洲正在經歷工業革命。商業活動為

---

❷　王家儉：《魏源對西方的認識及其海防思想》，臺北臺灣大學，一九六四年，頁五九至九○。

❸　Hao Yenping and Wang Erhmin, "Changing Chinese Views of Western Relations, 1840-1895" in *The Cambridge History of China*, edited by John K. Fairbank and Kwang-ching Liu, 1980, vol. 11 (Late Qing, 1800-1911, part 2), London, New York: Cambridge University Press, p. 148.

❹　Wolfgang Franke, *China and the West*, Translated by R. A. Wilson, New York: Harper Torchbooks, 1967, pp. 95-96.

❺　王家儉，同註❷，頁四二至四六。

國家發展的重要部分。然而此時中國仍處於農業經濟時代。中國的經濟思想受儒家重農主義支配，將從商列作社會最低等的行業。鴉片戰爭一方面說明中國同英國和其他歐洲國家在對待經濟事務的態度方面迥然相異。另一方面說明清廷於十九世紀中葉時仍未充分明瞭來自歐洲國家的逐漸逼近的威脅❻。

要改變儒家對商業的觀念並不是一件容易的事。鴉片戰爭過後二十年，在師夷之長技與強兵方面，並沒有實質性進展，而貿易方面的情形就更差。不過，從一八六〇年開始，一直到一八八〇年，中國的士大夫爲改善中國的防禦系統而全力進行自強運動。隨自強運動的興起，在士大夫中間逐漸展開有關商務的討論。八十年代中對於商業之重要性的認識已有改善，關於「商戰」的討論日益增多❼。文官中，鄭觀應對於推進貿易以抵禦西方入侵的重要意義有著充分的認識。

鄭觀應曾在一西方公司中工作達二十年之久，以後又曾掌管清廷的電報局。由於對歐洲式的商業組織有著親身了解，鄭觀應深知貿易對於國家發展的重要意義。在八十年代中有關貿易問題的著作中，他所著的《盛世危言》是最爲重要的一本先驅者論著。根據鄭觀應的分析，西洋人待貿易有如戰爭：士紳、農人與工人皆支援貿易的發展；使節因貿易而派駐海外；領事館因貿易而四處設立；軍隊因貿易而駐紮異疆❽。國家對貿易加以保護，不僅有益民生，而且有利發展經濟。鄭觀應又進一步指出貿易是在從事一場「看不見的戰爭」，「軍事戰

---

❻ Teng Ssu-yu and John K. Fairbank, *China's Response to the West*, Cambridge, Mass.: Cambridge University Press, 1961, p. 19.

❼ "Changing Chinese Views of Western Relations", 同註❸，頁一五〇。

❽ 王爾敏：《中國近代思想史論》，臺北華世出版社，一九七七年，頁二四一至二四二。

爭的準備應立足於發展這樣一場看不見的戰爭之上」。因此，他敦促政府通過訓練和教育發展技術來支持「商戰」❾。九十年代中，其他官員士大夫如盛宣懷、譚嗣同、嚴復等亦曾表述過類似的主張。事實上，中國想通過發展貿易來與西方爭一短長已爲時晚矣。西方強加在中國的不平等條約，已構成中國經濟發展的嚴重障礙。

「商戰」思想的提出，在歷史上具有幾點重要意義。其一，它表明儘管中國曾數次敗於幾個大國之手，士大夫和士紳階級仍然相信清政府能夠保衞中國免受西方的進一步入侵。其二，它表明了發展對外貿易並不一定有違中國的利益。如果與外國發展平等貿易，對外貿易可以成爲強國富民的重要手段❿。其三，它反映了儘管西方強迫中國簽訂了多款不平等條約和侵佔了多處中國領土，但至十九世紀行將結束之時，中國人民仍然願意同西洋人進行和平競爭。它體現了中國人民的希望：他們可以通過理性的方式同西洋人交往。其四，「商戰」思想指出，發展對外貿易將加強中國的經濟和軍力，恢復中國的領土完整。綜上所述，「商戰」代表了對付「帝國主義」的一項理性的對外政策。發展貿易的目的，在於令中國富強和最後擺脫帝國主義的壓迫。

以民制「夷」

以民制「夷」是十九、二十世紀中國對外關係的一項重要發展。一八四二年以後，通商口岸一帶中國民眾對西洋人的敵意前所未有地高漲。在人民心目中，被打敗的是滿淸政府，而不是中國人民。排外既富煽動性又具感召力。人民堅信中國是正義的一方，英國人用鴉片

---

❾　同註❽，頁二四三至二四四。

❿　Key Ray Chong, "Cheng Kuan-ying (1840-1920)—A Source of Sun Yat-sen's Nationalist Ideology?", *Journal of Asian Studies*, Vol. XXⅧ, No. 2, February 1969, p. 250.

來毒害中國人，騙取他們的銀錢和財富❹。 政府便利用人民的仇外示威來加強其對抗西洋人的力量。

十九世紀四十年代的排外熱潮使人民團結起來，期望朝廷能夠制止外國的求索。 例如， 一八四八年， 香港總督喬治·邦漢（George Bonham）請求准許進入廣州城。 耆英已發出了准許狀， 但這時發生了十萬民團抗議邦漢入城的遊行示威事件，令廣東巡撫徐廣縉不得不重視反英的大眾輿論。此次示威聲勢之浩大，令英國只好讓步，將進城一事無限延期❷。 徐廣縉的策略便是利用排外情緒以制止英國的要求。 它反映了兩種情況： 其一，官員們相信人民當時堅定支持政府，且相信在政府對抗洋人之時，民心可以利用。其二則是耆英和徐廣縉兩人的錯誤見解：洋人懼怕中國人民❸。以後別的官員也沿襲了這一見解，主張利用人民排外情緒來制止外國入侵。

利用民眾情緒來對付外國， 在中國社會和政府來說 都是件新鮮事。這是個危險的策略，因為當人民情緒過於強烈之時，其行為通常便難以控制。以民制「夷」會以災難告終。出於仇恨洋人情緒而殺害傳教士的事件發生了許多次。這類事件多次引發了外交糾紛，並導致了外國政府愈來愈強的壓力❹。 在中國近代史上，最早的羣眾運動就是排外活動。羣眾運動以後發展為延安的「羣眾路線」，並繼續到一九四九年以後。政府以民制「夷」的做法，於一九〇〇年義和團暴動中達到高峯。慈禧太后慫恿了這次運動，她企圖操縱憤怒的民眾來制「夷」。義和團運動的災難性結局，迫使羣眾運動轉入地下， 從此以

---

❹ Tong Tekang, *United States Diplomacy in China*, 1844-1860, Seattle: University of Washington Press, 1964, p. 95.
❷ 同上註。
❸ "Changing Chinese Views of Western Relations", 同註❸，頁一五一。
❹ 參閱第三章。

後，羣眾運動只能以秘密會社的形式出現。

應當指出，晚清以後，羣眾排外運動已形成了一股強大政治力量。排外運動後來對中國政治發展有深遠的影響。它與「五四」運動、國民黨的興起、共產政權的產生等皆有重要的關係。排外和羣眾排外運動，對中國民族主義的誕生，起了重要作用，其重要程度也許較先前的估計爲高[15]。

二、對付內亂和外患：總理衙門的設立

自一八六〇年簽訂了北京條約以後，清朝政府與英法兩國政府的關係有所改進。英法聯軍的遠征令皇室大爲震驚，並迫使皇帝及其近親近臣逃遁到北方的熱河。英法聯軍在火燒圓明園和洗劫皇宮中表現出來的暴行以及西式武器破壞性的厲害，令清朝統治當局受到自從開國（一六四四年）以來從未有過的震撼。像一八三九年的鴉片戰爭一樣，清朝政府再次乏力抵禦外侮，這次甚至無力固守京城。北京陷落後不久，和約便由英法聯軍司令和恭親王共同簽訂。這就是一八六〇年的北京條約。

從歷史上看，北京條約是清朝政府和西方國家簽署的一項最重要的文件。當時任何人都未能預見到北京條約對此後中西關係的影響。實質上，北京條約進一步確定了一八五八年天津條約。十一個新口岸開闢爲外貿商埠，包括天津、上海和長江沿岸的幾個內地港口。北京放棄了它先前始終堅持的朝貢關係，西方使節進駐北京[16]。另一重要條款便是法國爭取到的傳教機構有權擁有地產的規定。此項規定帶來

---

[15]　參閱第三、四章。
[16]　傅啓學：《中國外交史》，臺北商務印書館，一九七二年，頁八一至八二。

許多後患。後來許多西方國家取得最惠國條款後亦獲得這些特權。

　　專司對外事務的總理衙門遲至一八六一年，即鴉片戰爭過後二十年始設立。設立總理衙門反映出清朝政府認識到外事往來制度化愈來愈重要。此一時期，清廷處在極度內憂外患之中。太平軍和捻軍的叛亂急速擴展，對朝廷命運構成重大威脅。清政府面臨著嚴重的政治動亂，軍費又告罄。在這種情況下，恭親王、桂良、文祥等三位常司對外事務的官員，便建議朝廷設立總理衙門。在其奏摺中，他們認為目前內亂甚於外患，暫時與各國相處無事仍為上策❼。很清楚，內亂是促使考慮設立總理衙門的重要因素。恭親王及其同僚制訂了一項短期的對外政策：「若就目前之計，按照條約，不使稍有侵越，外敦信睦，而隱示羈縻。數年間，即係偶有要求，尚不能遽為大害。❽」事實上，這一建議清楚地說明了中國於此後數十年中的對外政策基本態度。設立總理衙門是處理對外事務中的一項防衞性措施。

三、太平天國事件和列強

　　咸豐帝死後，清朝政府的對外政策便由頑強抵抗改為合作安撫，這便進一步鞏固了一八六〇年後重新建立的清政府和列強之間的關係。六十年代初，清朝政府正疲於征戰以撲滅太平天國叛亂。經恭親王建議，清政府歡迎西方各國提供幫助以鎮壓太平軍❾。顯然，太平

❼ Masataka Banno, *China and the West, 1858-1861: The Origin of the Tsungli Yamen*, Cambridge, Mass.: Harvard University Press, 1964, p. 220.

❽ 同上註，頁二二一。

❾ S. Y. Teng, *The Taiping Rebellion and the Western Powers*, Taipei: Rainbow-Bridge Book Co., 1968, pp. 284-316.

天國叛亂令清朝政府與西方各國產生前所未有的友好關係。關於是否應接受西方國家的援助一事，有不同意見，儘管如此，贊同利用西方軍火和軍隊的人愈來愈多。

太平叛軍於 一八六〇年 至一八六二年 間對上海發動了 一連串攻擊。從此之後，清朝政府與西方國家之間利益顯然更趨協調。太平軍的攻擊導使西方國家爲保護其自身利益而進行干涉，此舉正好支持了北京新採取的安撫政策。因此，在與太平叛軍作戰的時期，中國政府與西方國家建立某種基本信任。這爲雙方的進一步合作打下了基礎。在同時面對內部政治動亂和外部威脅之時，清朝政府選擇的次序是攘外必先安內。如恭親王奏摺所言：「臣等就今日之勢而論之，髮捻交乘，心腹之害也；俄國壤地相接，有蠶食上國之志，肘腋之憂也；英國志在通商，暴虐無人理，不爲限制則無以自立，肢體之患也。故滅髮捻爲先，治俄次之，治英又次之。❷」

基於此種分析，清廷決定著手謀求其武器裝備的西化，以應付鎮壓叛亂的燃眉之需並配合抵禦外侮的長遠之計。

四、中國早期的現代化：自強運動

中國的工業化和武器裝備的西化始於自強運動。自強運動始於一八六〇年第二次鴉片戰爭之後，一八九四年中日甲午戰爭中方的失敗標誌其結束。自強運動體現了中國意欲通過西方化來建立其軍事實力的決心。英國、法國和其他西方國家在第二次鴉片戰爭後仍將繼續推進其在華的商業利益。鑒於西方列強握有優勢的軍事力量，清廷根本

---

❷　《籌辦夷務始末》，卷七十一，頁一八。見蔣廷黻編《近代中國外交史資料紀要》，上海商務出版社，一九三一年，卷一，頁三二四。

沒有機會制止它們。在外患和內亂交虐的情況之下，無庸置疑，必須加強國家的軍事實力。

　　從廣義上說，自強運動是一場軍事改革，它包括：改編新組之湘、淮兩軍爲國家軍隊、重建團練系統、縮編軍隊、武器現代化等等。這些改革爲同治中興（一八六二年至一八七四年）的重要部分，其中除了武器現代化之外，別的主要是內部改革。中國軍隊的西化主要就是軍備的現代化。它不僅涉及西方技術，而且關係到與列強的政治關係。太平天國叛亂和其他政治動亂，已令恭親王和文祥進一步確信：全面改善軍備，對平叛和禦外來說都是必不可少的㉑。自強運動僅只是一個開始。在以後百餘年中，軍事現代化始終是首要的策劃項目。興辦造船廠和兵工廠敲響了現代化的鑼鼓。自強運動一般可分爲以下三個階段。

第一階段　一八六一年至一八七二年

　　第一階段（一八六一年至一八七二年）從同治年代到一八七二年。這一階段最重要的發展是一八六五年開辦的江南製造總局。該項目主要策劃者是曾國藩和李鴻章。他們說服清廷，必須開辦一個一流的兵工廠以製造新式武器和工具。江南製造總局體現了近代史早期中國政府爲使本國技術現代化而向西方學習的決心。製造局附設一翻譯署從事大量翻譯工作。數年之內，它便譯出了百餘種數、理、化著作㉒。

　　另一發展是開辦福州船政局。興建工作始於一八六六年，由左宗棠領導。在一法國總顧問日意格（Prosper de Vaisseau Giguel）的幫助下，左宗棠從法國進口鋼材、機床和引擎，從香港和緬甸進口木材

㉑　S. Y. Teng 同註⑲，頁三八六至三八七。

㉒　郭廷以：《近代中國史綱》，香港中文大學出版社，一九七四年，頁二一〇至二一二。

和其他物資。船廠開辦時有工人二千六百名，其中有歐洲人七十五名。至一八七四年，船廠已組裝了十五艘艦船，全部是軍用的。除了生產爲陸、海軍所需的重武器之外，船廠還開辦了某些訓練課程，如工程、英、法語文、航海術等。後來，又開辦了化學、冶金、數學等一類自然科學課程[23]。

江南製造總局和福州船政局是這一階段的兩大項目。其他項目還有分別於一八五一年和一八七〇年開辦的金陵機器局和天津機器局。兩個機器局都是李鴻章倡議開辦的。一八七一年，大沽要塞用西方砲械改裝。在雲南、福建、甘肅、廣東等省還開辦了一些機器廠[24]。顯而易見，在引進西方科學知識和製造西式軍備方面，中國已邁出了重要的幾步。

第二階段　一八七二年至一八八四年

至一八七二年，清政府財政狀況的惡化已令軍事工業的發展難以繼續下去。於此期間，因支付平亂、戰爭賠償、軍事工業費用，清廷的國庫已告枯竭。此外，如鹽、地稅等歲入來源，又因戰爭和戰亂的破壞而劇減。顯然，自強運動必須與經濟發展雙管齊下，平衡發展，才能持續。若無強有力的經濟後盾，自強運動很快就會被迫中斷。此時，重點轉到了於第一階段中建立起來的那些與軍事工業有關的工廠企業之上。由於缺乏發展這些工業所需的計劃、專門知識、技術和資

---

[23]　張國輝：《洋務運動與中國近代企業》，中國社會科學出版社，北京，一九七九年十二月，頁一八四至二一六。

[24]　王爾敏：《清季兵工業興起》，臺北市中央研究院近代史研究所，一九六三年，頁一〇六至一一二。

本，政府派出數批留學生到美國受訓[25]。同時，爲了應付時下之需，又從西方招募了一批工程技術人員和顧問。同先前純粹官辦的軍事工業不同，這一階段的與軍事工業有關的企業乃是由官商合辦。實際上，它們是由政府官員經營、商人出資的企業。

一八七二年，李鴻章請求開辦中國輪船招商局。依李鴻章之見，發展海上運輸業將有助於中國商人與那些充斥於中國沿海的西方商船競爭。平時，商船可用於拓展貿易；戰時，商船可用於運載兵員彈藥。這樣，發展海上運載工具對貿易和防務都有好處[26]。李鴻章這一發展海上運輸業的思想，事實上類似鄭觀應所建議的同西方國家進行商戰的想法。中國輪船招商局擴展迅速，它於一八七二年開辦時，只有商船三艘，至一八七七年已有商船三十艘[27]。

採礦業亦是這一階段發展起來的重要企業。李鴻章一方面計畫減少軍事工業物資依賴外國進口，另一方面爲經濟廣闢財源[28]。經李鴻章建議，開平礦務局遂於一八七七年開辦。開辦後煤產量逐年上升。開平礦務局成了自強運動這一階段中較爲重要的企業之一。七十年代和八十年代，一大批礦場陸續在雲南、廣西、安徽、貴州、河北、湖北、熱河、江西、江蘇、臺灣和東北等地開辦[29]。在這些採礦業開辦

---

[25] Y. C. Wang, *Chinese Intellectuals and the West: 1872-1949*, Chapel Hill: The University of North Carolina Press, 1966, pp. 42-43.

[26] 牟安世：《洋務運動》，上海人民出版社，一九五六年，頁九一至九二。

[27] 參閱 Albert Feuerwerker, *China's Early Industrialization*, Cambridge, Mass.: Harvard University Press, 1958, pp. 96-98.

[28] Liu Kwangching, "Li Hongzhang in Chihli: The Emergence of a Policy, 1870-1875", in *Approaches to Modern Chinese History*, edited by Albert Feuerwerker, Rhoads Murphay, Mary C. Wright, Berkeley, Calif: University of California Press, 1967, pp. 97-98.

[29] 張國輝，同註[28]，頁四二。

的初期，李鴻章的支持起了很大作用。它們靠使用西方機器、技術和西方工程技術人員和顧問維持發展。像海上運輸業一樣，採礦業也是商資官營的。

電訊業也被列為新式軍事企業之重要組成部門。七十年代中，中國的通訊主要依靠驛站傳遞。京滬兩地之間的郵遞，費時六日。第一個電報局於一八八〇年於天津開設，也是由李鴻章首倡。李鴻章認為，發展電訊業的重要原因，在於戰時便於動員軍隊❸。所以，電報電纜最初是在若干重要戰略城市天津、大沽、鎮江、蘇州、上海一線架設的。一八八二年，南京至上海的電纜完工，兩年後，又架設至漢口。一八八三年，上海、福州、香港線和廣州、九龍線也分別竣工。所有電訊設備均從外國購買。於是，至八十年代初期，沿海各重要城市均已接通電纜。商業通訊大大改善。政府的通訊效率得到了前所未有的提高。

另一項與軍事工業有關的重要建設，便是興建鐵路。七十年代以前，鐵路在中國尚鮮為人知。鐵路的出現同英國公司有密切關係。為了減輕陸上運輸費用，英國商人熱衷於鐵路的建造。英國人曾於六十、七十年代在北京、上海附近建造了兩條短程鐵路。當時中國居民堅決反對修建這兩條鐵路，甚至將它們拆毀❶。但李鴻章於一八八〇年照舊主張興建鐵路。他認為鐵路可以大大縮短兩地之間的距離，動亂發生時，火車可及時把軍隊和官員運去平叛❸。在經濟上，鐵路可改善全國的糧食和貨物運輸。這樣既可降低糧食的價格、改善供應，

---

❸　牟安世，同註❷，頁一〇一。

❶　H. B. Morse, *The International Relations of the Chinese Empire*, vol. 3, Reprint, Taipei: Book World Co., 1960, p. 76。

❸　牟安世，同註❷，頁一〇八。

又可促進國內貿易和採礦業的發展❸。儘管李鴻章再三鼓吹，清廷內部對他的築路建議卻反應冷淡。第一條鐵路於一八八一年竣工，是通向開平礦場的運煤鐵路。它連接唐山和胥各莊，全長十一公里。但從此之後，因無朝廷支持，建造鐵路一事只得擱置。

於自強運動第二階段開辦的企業，原本是計畫用來支持軍事工業和發展經濟的。李鴻章和支持自強運動的人所共同面對的難題，便是缺乏有能力管理這些企業的企業家。如上所述，中國的士大夫是經儒家經典訓練出來的，罕有具現代工業知識者。因此，不得不聘請一大批西方工程技術人員來管理這些新建企業❸。然而，各企業的最高負責人卻是由政府委派。這些官員在通過此類企業進一步發展中國官員和西洋人之間的相互了解和合作中，扮演了重要角色。

官商合辦的企業並不是理想的經營之道。由於政府資本短缺，企業得由商家出資。對他們來說，這些企業是投資，但專司經營的官員卻沒有多少利潤觀點。此外，由於開辦此類企業是用來支持軍事工業的，其市場僅局限於政府擁有的工業之中。再者，此類工廠的物資、設備和機床都是以高價從外國購入的。所有這些因素加在一起，令此類企業從開辦伊始便無法盈利❸，所以它們以後的發展不順利便不足為奇了。

第三階段 一八八五年至一八九四年

這一階段始於中法戰爭之後。雖然此時自強運動開展達二十五年之久，中國仍再次敗於法國之手。福州船廠組裝的船艦，半數以上被法國海軍在中國港口內擊沈。陸戰方面，清軍無法與優勢的法軍匹

---

❸ 同上註。

❸ 牟安世，同註❸，頁一一五。

❸ 錢漢昇：《漢冶萍公司史略》，一八九〇～一九二六，香港中文大學出版社，一九七二年，頁二三七至二四五。

敵。越南淪為法國的殖民地。清朝政府再次受挫蒙恥。於是，對自強運動的懷疑論調增高了。愈來愈多的人敦促政府應更多的改善國內事務。儘管呼聲愈來愈高，清朝政府仍然認為國防現代化，尤其是武器的現代化是當務之急。魏源曾提出海防是國防的關鍵。中法戰爭，令人愈發清楚地看到：若無強大海軍，中國便無法抵禦外侮。於是，建設一支勝任海防的艦隊便成了這一階段的最受重視的項目㊱。

中法之戰證實中國製造的武器彈藥質量不如法國。同時中國製造的船艦也是過時了的。於是，李鴻章決定向西方購買陸海軍裝備。一八八八年組成北洋艦隊便是推行此項政策最令人注目的措施。幾乎所有的船艦都是從外國購買來的。十二艘購自英國，五艘買自德國，只有五艘是中國自造的㊲。北洋艦隊是自強運動所有項目中最為昂貴的一項。當時，北洋艦隊是睥睨亞洲的海上雄師。

不止是擴充海軍，興建鐵路此時也為一般人接受了。經李鴻章建議，天津鐵路公司於一八八七年成立。這也是一間官商合辦的公司。然而，由於未能籌到足夠的資金，於是只有向外國公司借款㊳。鐵路公司於此階段建造了幾條重要鐵路，如京津鐵路、唐山——山海關鐵路、基隆——新竹鐵路（在臺灣）等。李鴻章和張之洞費了九牛二虎之力才排除了余聯沅、洪良品等保守派的異議，從商家與外國公司籌措資金。儘管如此，此一階段修成的鐵路，全長僅四百公里左右。

鋼鐵工業亦得益於此一階段的發展。一八九〇年，湖廣總督張之

㊱　參閱 John L. Rawlinson, *China's Struggle for Naval Development, 1839-1895*, Cambridge, Mass.: Harvard University Press, 1967, pp. 129-153。

㊲　同上註。

㊳　李恩涵: "China's Struggle for a Native Financed Railway System", 《近代史研究所集刊》，臺北中央研究院，一九七六年，頁四四七至五三一。

洞建議開辦大冶礦務局和漢陽兵工廠。鋼鐵是軍事工業和鐵路的支柱。張之洞認為，在湖北興辦鐵礦開採業和兵工廠，一來可以減少西方鋼材進口，並且又能確保軍事工業鋼材供應。這是一項巨大的工程，每年耗銀五百萬[39]。大冶礦務局是中國第一間鋼鐵綜合企業。開始這只是一間官有公司，但後來由於財政壓力，又重組為私有公司。興辦鋼鐵工業極耗錢財，但無礙它能促進其他多種工業的發展。

自強運動於第三階段中的規模顯然遠遠超過第二階段。北洋艦隊、大冶礦務局和漢陽兵工廠不但體現了以自強運動促進中國防務體系現代化之不屈不撓的努力，而且代表了清朝政府繼續推動自強運動的決心。這一建設還證明了：清朝政府仍然具有一些動員力量和資源分配的能力。

五、自強運動的失敗

中日甲午戰爭爆發前，中國看來已擁有大部分現代國防所需的工業。在過往三十五年之中，清朝政府已改變了許多人原先關於科學技術的基本看法和態度。對付西方的戰略已在自強運動中清楚地表現出來。毫無疑問，洋務派的目的是師夷之長技以制夷。但李鴻章和張之洞對現代化的理解只停留在表面層次上。有人認為因帝國主義入侵和內政叛亂，他們無暇全力以赴去興辦種種新型工業，只得採取急功近利的做法。此說大有商榷的餘地。持此論點者也許可以列舉諸如清廷決策之難、六十年代中的叛亂、西方各國和日本的貪婪要求等事實作為論據。但是，六十年代中葉之後，叛亂已平，中國官員卻仍舊將西

---

[39] 錢漢昇，同註[35]，頁一五至二〇。

方知識和技術視爲可移植到中國知識本體上的附屬物❹。日本的現代化同樣始於六十年代中葉，結果證明遠較中國成功。這一對照令人感到有進一步檢討自強運動的癥結的必要。

首先，從整個運動的發展看來，過分依賴西方設備和技術的弊病十分突出。雖然清朝政府在三十五年間派遣數批留學生到歐美受訓，但在在進行推動第二、三階段的項目時，卻過度依賴向西方購買裝備、武器、彈藥和從外國聘請顧問。創建北洋艦隊、興辦大冶採礦工程、漢陽兵工廠以及建造鐵路等無不如此。所有這些事實都說明了中國尚未能獨立自主。它的現代化仍受西方列強牽制。在這種情況下，中國缺乏實力以抵抗外國的侵略。

其次，整個自強運動過於受政府機構的支配。軍事工業由政府擁有，與軍事有關的工業是商資官辦。除此以外，連紡織廠和機器製造廠這類工業，也一樣要麼是政府擁有的，要麼是官商合辦的。當此類企業因經營不善和資本短缺而產生虧空時，其弱點就暴露出來了。負責經營的政府官員是否有能力經營這些工廠和公司，令人懷疑❹。政府實際上成了發展的障礙。這就令人們不知所措，不知該向甚麼方向發展下去。

再次，由於偏重於由政府去推動發展工業與企業，其發展的幅度是有限的。在文化方面，整個社會仍以儒家思想爲根基。大多數人從來未接觸過現代知識。最能幹的人所受的訓練，並不是自然科學、工程學和商學。除非被迫，人們不會去問津這些學科。所以，從一開

---

❹　Joseph R. Levenson, "The Intellectual Revolution in China", in Albert Feuerwerker (ed.) *Modern China*, N. J.: Prentice-Hall, Inc., 1964, pp. 154-162。

❹　參閱 Albert Feuerwerker, 同註㉗, 頁一四五至一五〇, 二四二至二五〇。

始，中國的商人就無法與外國人競爭。在七十年代和八十年代中，關於貿易和「商戰」的討論愈來愈多。但是，由於資金短缺、組織不善和政府支持不力，中國的商人和公司頻頻破產㊷。在一八九四年中日甲午戰爭之前，受過現代教育而又能幹的人寥若晨星。政府的現代化努力，僅局限於防務系統，並沒有觸動社會和政治制度。直至一九一一年垮臺之前，清朝政府一直無法解決這些嚴重問題。

小　　結

中國在中日甲午戰爭中敗於日本之手。這一無情的事實表明：國防現代化並不足以抵禦那些在軍事和經濟上均勝於中國的外敵。數以百萬計的金錢在興辦軍事工業和與軍事有關的企業上，在創建海軍上花掉了。曾幾何時，亞洲各國和中國自己，都已相信中國業已達致自強。但這一美夢在一八九四年破碎了。中國再次被一帝國主義國家擊敗。而這個帝國主義國家日本恰恰是一向受中國藐視的蕞爾小國。於是，人民對自強運動的信心崩潰了。政府官員仍繼續向西方購買軍備，但已時過景遷成舊夢，人民開始尋找另一條抵禦帝國主義的道路——一場政治改革抑或一場革命。

㊷　參閱張國輝，同註㉓，頁三三九至三六六。

第 三 章

反傳教運動和排外
（一八六〇年至一九〇〇年）

　　中國大規模的排外至十九世紀後期才開始。中國人藐視次等文化的傳統態度，在清兵入關很久之前業已形成。中國人的文化優越感不會輕易被西方的槍炮驅走。兩次鴉片戰爭均令清朝政府敗北，使它不得不承認西方武器裝備的優越。但這兩次戰敗僅對廣州、上海和其他沿海地區有較大影響，並未從根本上衝擊中國文化和社會。一八六〇年以前，中國允許西方人在通商口岸一帶居留和活動，他們與其他地方的中國人沒有多少接觸。在這一時期，中西文化衝突尚不明顯。說中國人在英法聯軍入侵後即仇視西洋人，並無多少根據。

　　一八六〇年以前，傳教士在中國的人數很少，從而不可能同中國人發生太多的衝突。傳教士僅限於在通商口岸一帶從事傳教活動❶。作為英法聯軍遠征的戰果之一，清政府對兩國讓步，允許兩國傳教士深入中國內地，並可在百姓中開展傳教活動。在中法條約中，中國正式在法律上承認基督教在中國的地位。該條約保證中國人有信奉基督教的權利，又宣布廢除所有先前頒發的反基督教的文告。清朝政府給

---

❶　Jerome Ch'en, *China and the West*, London: Hutchison & Co., 1979, p. 92。

予法國傳教士在中國自由傳道傳教的權利❷。 法國傳教士亦被允許在中國購置並擁有土地、房屋。其他國家傳教士通過最惠國條款亦享有這一特權。一八六〇年簽訂的條約將中國內地向外國人開放，導致了基督教傳教運動在中國迅速的發展。例如，一八七〇年，即於簽訂北京條約後十年，中國的天主教教徒人數估計已增至四十萬❸。 但是，基督教在中國後來引起許多糾紛， 它對排外情緒起了火上加油的作用。

一、 基督教與儒家

晚清時期的中國文化傳統乃深深植根於儒家思想。經過兩漢時期與道、法兩家的競爭，隋唐時期（公元五八一年至九〇六年）與佛教各派的鬥爭，至兩宋時期（公元九六〇年至一二七九年），儒家思想已取得正統的地位。儒家思想在文化、道德的大部分重要領域裏居於支配的地位。儘管如此，佛教仍廣為流傳且被羣眾普遍接受。佛教逐漸發展，經歷數百年之久。最重要的是，佛教從未引起過嚴重的羣眾抵制❹。 基督教與佛教的發展成對比，它於第二次鴉片戰爭後大量傳入中國，是帝國主義侵華的成果。基督教傳教士受外國軍隊的保護，這些都是在不平等條約下發展起來的。於是，從一開頭，基督教就代表著西方政治、文化的優越感。於是基督教和中國文化之間就難免發生衝突。

---

❷ 郭廷以: 《近代中國史論》，香港中文大學，一九七九年，頁一四七至一四八。

❸ Paul A. Cohen, *China and Christianity*, Cambridge, Mass.: Harvard University Press, 1963, p. 70.

❹ 參閱 Arthur Wright, *Buddhism in Chinese History*, New York: Atheneum, 1965。

　　在討論基督教和儒家思想之間的衝突之前，應當注意到基督教是一種出世的宗教，而儒家思想只是種入世的思想體系。儒家思想偏重於人類社會及其道德信條。而基督教則一如其他宗教，偏重於死後靈魂得救。在這一點上儒家沒有相應的具體信仰❺。但是儒家思想有某種反宗教的傳統。儒家學者自孔子始，就不贊成討論「怪力亂神」。這亦是唐朝時期儒、佛之爭的根源❻。然而，基督教和儒家思想的敵對，主要是來自文化、社會和政治方面的衝突，而並非僅僅來自宗教問題。

　　首先，儒家看不起基督教。視外邦文化、習俗爲異端是儒家一貫的態度。華夷之別，卽文明同野蠻之別，正統同異端之別。千餘年來，儒家一直竭力維護其在中國的正統地位。所以至晚清時期，面對著基督教不斷擴張和信教者與日俱增的局面，儒家便感到掃除異端的神聖責任已落到了他們的肩上。儒家學者和官員爲此發表了大量文章，擧行了許多活動來抵擋基督教的發展❼。

　　其次，基督教和儒家之間的衝突亦起於對文化活動領導權的爭奪。千百年來，儒家就一直代表著中國文化、知識發展的主流，且一直在中國社會居領導地位。傳教士雖然主要從事傳教，但通過同中國百姓的接觸，他們同時又可以對中國人的生活發生巨大影響。不可避免地，傳教士便在社會活動和教育方面，扮演了同儒家相似的角色。這自然引起了儒家的妒忌及不友好反應❽。

　　再次，社會習俗問題是基督教和儒家發生衝突的另一根源。例

❺　Julia Ching, *Confucianism and Christianity*, Tokyo: Kodansha International, 1977, pp. 7-10.

❻　Arthur Wright, *op. cit.*, pp. 86-107.

❼　呂實強：《中國官紳反教的原因》，臺北文景書局，一九七三年，頁一九五至二〇〇。

❽　**Paul A. Cohen**, 同註❸，頁七七至一〇七。

如，基督教禁止崇拜祖先一事便常遭到許多儒家學者的譴責。千百年來，儒家均將崇拜祖先尊爲至要的社會習俗。它被視爲中國文化傳統中最重要的社會習俗之一，體現了「三綱五常」的訓規。儒家反對基督教的另一重要原因，乃是由基督教信奉「在上帝面前人人平等」而起。在儒家社會階層結構中，各式人等循其社會角色而有不同社會地位，如君臣、父子、夫妻等等⑨。這種社會秩序是社會關係的基礎，是天經地義之道，絕不能擅加改變。所以，晚清時的儒家認爲他們不僅在維護文化傳統，而且在維護中國社會本身，維護天道⑩。

這些衝突的根源不僅存在於基督教和儒家之間，而且存在於儒家與佛教及其他宗教之間。任何一種新的宗教或文化來到中國後，都必然會遇上儒家的強烈反對。不同的是十九世紀後期傳入中國的基督教在中國社會上引起的是強烈的排外情緒⑪。爲了探討排外的根源，有必要考察一下基督教在中國的發展以及中國民眾，尤其是中國士紳對此的反應。

二、士紳與反教活動

從廣義上說，士紳指的是一種社會階層，它在中國社會中扮演重要的政治和行政角色。大部分士紳均佔有一定的土地。士紳階層強烈認同儒家傳統和價值觀念⑫。像儒家學者一樣，他們也是社會文化遺產的衛道士。一些士紳通過科甲正途獲取功名，另一些則通過捐納得

---

⑨　呂實強：〈晚清中國知識分子對基督教義的批評〉，《歷史學報》，臺北師範大學，一九七四年，卷二，頁一四九至一五〇。

⑩　Paul A. Cohen, 同註③，頁 103, n. 24

⑪　參閱蔣廷黻，《近代中國外交史資料輯要》卷二，頁七〇至一〇四。

⑫　Chang Chung-li, *The Chinese Gentry*, Seattle: University of Washington Press, 1955, pp. 6-8.

到官衙。他們代表了地方上的文化領導。而最爲重要的是，他們是受
儒家薰陶教育的。許多士紳參與地方事務和文化活動，他們是社會中
極具影響的人物⓭。

　　除了因基督教和儒家之爭引起的衝突外，傳教士在傳教、辦學、
諮詢方面的活動，也對士紳的社會地位構成極大的威脅。傳教士沒有到
來之前，管理教育和文化事務是士紳的特權。傳教士向人民傳教，是
對士紳的凌辱，因爲他們自認是中國文化和價值觀念的衞道士。傳教
士教育民眾卽是觸犯士紳，因爲教育是他們的領地，是他們文化領導地
位的象徵。傳教士爲民眾提供諮詢也是冒犯士紳之舉，它傷害了儒家
的自尊心。傳教士幫助人民，在許多方面都構成對士紳的威脅，因爲他
們是社會上層領導分子⓮。　因此士紳所扮演的角色必然會與傳教士的
活動發生衝突。憑藉其對政府之影響力，士紳可影響地方和省級官員，
憑藉其在社會中根深蒂固的關係，士紳又可以動員羣眾反對傳教士⓯。

　　在不平等條約的保護下，傳教士深入在中國內地傳教，這是對地
方士紳的一大挑釁，但是他們對此無能爲力。眼見中國一再被西方國
家打敗，士紳之中便產生了對外國人極度的反感⓰。在基督教傳教運
動的推動下，傳教士深入到中國內地各處設立大小教堂和修道院。在
一般中國民眾看來，這些傳教士的活動代表了外國勢力的擴張，而他
們對此的反應是矛盾的。傳教士開辦大型幼稚園、學校和醫院來協助
哺養兒童、推進教育和改善人民健康⓱。　毫無疑問，那些受過傳教士

⓭　同上註，頁五〇至七〇。
⓮　呂實強：《中國官紳反教的原因》，同註❼，頁一五一至一七三。
⓯　Fei Hsiao-tung, *China's Gentry*, First Phoenix Edition,
　　Chicago: The University of Chicago Press, 1968, pp. 17-32.
⓰　Sasaki Masaya, *Shinmatsu no Haigai Undo* (Antiforeign
　　Movement during the Late Qing Period), Toyko: Gen Nan
　　Do Book Store, 1968, pp. 125-127.
⓱　Jerome Ch'en, 同註❶，頁一二二至一三七。

幫助的中國人便自然會對他們產生感激之情，因而相當可能皈依基督教而成爲教徒。但是，在士紳眼中，傳教士的此類活動，全是對他們自身文化和社會地位的挑戰，而且是破壞他們文化遺產的一種威脅。

十九世紀六十年代中，反基督教文學作品開始在江西、湖南、貴州等許多省份流傳[18]。反教事件常常是由此類廣爲流傳的、煽動性的作品誘發起來的。不少反教事件造成兩方的死傷，教堂的產業亦在事件中受毀[19]。由於背後有本國武力支持，各國傳教士便向中國政府提出予以保護的要求。地方官員被迫受理此類事件，並懲治肇事者和兇手，而無法顧及士紳對反教者的同情。這便進一步激怒了士紳。

周漢事件便是一例。周漢是湖南省府長沙的一名官員。一八九〇至一八九九年間，他出版了三十三本反教小册子。這些小册子在湖南、湖北和長江一帶各省廣爲流傳[20]。一八九一年後，由於這一帶的反教事件不斷增加，周漢的小册子便引起了各國領事的注意。作了一番調查後，美國領事安德魯斯（H. W. Andrews）、俄國領事索羅斯基（N. Shoorsky）、法國副領事多特萊默（J. Dautremer）以及比利時副領事尼克拉森（M. Niclassen）聯合起來向湖南總督提出抗議。但是周漢背後卻有湖南士紳的有力支持。據張之洞估計，湘、鄂兩省的民眾，十有八九支持周漢[21]。

地方官對懲治周漢一事猶豫不決。但英國公使華爾深（John Walsham）、德國大使馮布蘭特（M. Von Brandt）堅決要求總理衙

[18] Paul A. Cohen, 同註[3]，頁三〇三，註二〇四。

[19] 郭廷以，同註[2]，頁二一五。並參閱「教務檔」，臺北中央研究院，近代史研究所，卷三。

[20] 呂實強：〈周漢反教案〉，《近代史研究集刊》，臺北中央研究院，一九七一年，卷二，頁四一八至四一九。

[21] 同上註。

門逮捕周漢。在西方各國的壓力下，張之洞只得執行總理衙門的命令
❷，於一八九二年解除了周漢的官職。大批士紳對政府解職周漢表示
憤怒❷。相反，傳教士卻認爲周漢應受到更嚴厲的懲治。事實上，周
漢並沒有因解職而終止其反教寫作。中日甲午戰爭之後他仍從事反教
寫作。

　　一八六〇年至一八八四年間排外的特點是大多數事件實際上互不
關聯，獨立發生，直接因地方上民眾對基督教的抵制而起。六十年代
在湘、贛兩省和七十年代在津、寧兩地發生的反教事件便屬這類性質
的事件。沒有甚麼證據說明它們同甚麼政治目的有關係❷。至八十年
代開始的最初兩年，反教事件的數目和程度都有所降低，衝突和仇視
有所緩和❷。但隨著西方列強和日本在中國的利益日益增長，一八八
四年中法戰爭之後，反教運動又重新擴大起來。

　　至九十年代初，發生了重要的轉折。排外宣傳開始擴大，且不再
是上述那樣的獨立事件了。排外作品流傳範圍日益擴大，對排外事件
的爆發顯然有著重要的影響。九十年代，對基督教的仇視已成爲愈來
愈普遍的現象，一件小事便足以點燃怒火。例如，一八九一年，長江
流域有九個縣的反教事件數目劇增，包括破壞和拆除教堂以及毆打和
殺害傳教士❷。反教小冊子在這一帶廣爲流傳，它們譴責基督教爲謬
誤，號召人民起來將所有外國人驅逐出中國❷。大量排外事件隨之發

---

❷　同上註，頁四二七。

❷　Sasaki Masaya, *Shinmatsu no Haigai Undo, op. cit.*, pp. 146-147.

❷　參閱 H. B. Morse, *The International Relations of the Chinese Empire, op. cit.*, Vol. 2 (1861-1893), pp. 220-260.

❷　參閱 Chronology in H. B. Morse, *op. cit.*, Vol. 2, pp. 23-35.

❷　同上註，頁一二四至一三七。

❷　同上註。

生。結果，幾個西方大國先後派遣了二十餘艘兵艦遊弋長江，以保護居住沿岸各地的西洋人。早在十九世紀九十年代，反敎情緒便已導致了排外運動的大規模發展[28]。

清朝政府的態度是促成排外發展的關鍵。如果政府不予同情，排外活動的發展便不可能從六十年代一直延續到九十年代。從簽訂北京條約起，政府便對准許傳敎士在中國傳敎的條款持矛盾的態度。部分原因是該項傳敎權乃來自象徵清朝政府之恥辱的不平等條約[29]。省級官員不得不時對傳敎士殷勤一番；由於責任所在，還得對他們加以保護。但是，這樣遷就傳敎士會使他們得罪上司、同事及其他政府官員。在鄉村，官員如失去民心，便與士紳對立。於是官員們發現，在保護傳敎士和撲滅反敎事件問題上，他們乃處於進退維谷的境地。此種狀況從六十年代持續到九十年代。官員在執行條約中的保護傳敎士條款時左右爲難，一八六二年的南昌敎案便是一例[30]。在南昌敎案中，曾有某些士紳煽動民心，但總督沈葆禎聽任煽動性傳單流傳。當局勢惡化，公共秩序受到嚴重危害時，沈葆禎只得採取兩項步驟。他一方面警告士紳和民眾切勿引起騷亂；同時他又試圖與士紳中較有影響力的人達成諒解。事件爆發之後，沈葆禎並沒有懲治任何人，或逮捕任何人[31]。

這種曖昧態度一直延續到九十年代[32]。反傳敎運動的排外一直持

---

[28] Li Chien-nung, *The Political History of China, 1840-1928*, trans. and ed. by S. Y. Teng and Jeremy Ingalls, Stanford, Calif.: Stanford University Press, paperback edition, 1967, pp. 174-176.

[29] 呂實強：〈義和團變亂前夕四川省的一個反敎運動〉，《近代史研究集刊》，臺北中央研究院，一九六九年，頁一一八至一二三。

[30] Paul A. Cohen，同註[3]，頁九三至九四。

[31] 同上註。

[32] 《周漢反敎案》，同註[20]，頁四二六至四二九。

續了四十年。其間清朝政府和地方官曾一貫姑息排外情緒。慈禧太后於一九〇〇年決定利用排外情緒強烈的義和團驅逐外國人就是一個不足為奇的例子。

三、反傳教運動對中國政治的影響

晚清時期政治的核心在於強調保衞國家免受列強征服。兩次鴉片戰爭的失敗，令士紳和官員起而反抗西洋人。官員在軍事方面推行武器的現代化以保衞國家。士紳在文化方面助長排外情緒以維護儒家的文化和傳統。結果產生了對西方文化知識的抗拒態度。具有諷刺意味的是，官員和士紳的做法是互相矛盾的。中日甲午戰爭中已證實，光有武器現代化是不足以驅走外敵的。中國需要令其文化、社會和政治制度現代化。堅決保護傳統觀念會阻礙現代化發展。從這一觀點看問題，排外情緒無疑延誤了中國的現代化，削弱了中國用以制止外來入侵的力量[33]。排外的出現和發展對中國此後的政治發展有著巨大的影響。

首先，反教情緒為士紳和民眾的聯合反教提供了共同的基礎。在反教活動中，士紳從民眾方面得到支持。秘密社團在多次反教事件中扮演了重要角色[34]。從一八六〇年至一九〇〇年，士紳和民眾在組織排外活動中取得了經驗。因此，義和團之排外行動便可在短期內動員起來，而這種排外情緒證明是巨大政治力量的泉源。排外情緒成為動員力量，作為以後反帝之主要手段。

其次，儘管傳統的儒家思想強調和平，排外的發展卻促使士紳接

---

[33] 廖光生：〈中國現代化與排外的發展〉，《抖擻半月刊》，香港一九八〇年，三十九期，頁一至五。

[34] Paul A. Varg, *Missionaries, Chinese and Diplomats*, New Jersey: Princeton University Press, 1958, p. 33.

受暴力作爲反對外國的手段。儒家思想主張人道主義和人與人之間的和睦。然而，自六十年代始，由於士紳的反教鼓動而釀成的流血事件和破壞行動，不在少數。換句話說，士紳在同外國人關係方面，放棄了儒家的原則。於是演成以暴力的方式反對帝國主義。由於接受了暴力作爲政治解決的手段，所以士紳後來在支持孫中山革命運動時就減少了思想上的障礙。

第三，反教運動乃建築在維護中國傳統文化免受外國影響的基礎上。隨著反傳教運動的發展，民族意識得以逐漸形成。民族主義在反傳教運動中已初露端倪。早期的民族主義是建立在維護傳統文化和排外的基礎上的。西方國家壓迫愈深，民族主義發展愈甚。二十世紀的頭十年，列強的利益在中國不斷擴張，促成了此後中國民族主義的進一步發展。反教運動對民族主義的發展起了催化作用[35]。

四、排外的擴大：中日甲午戰爭後的反教情緒

在中國人眼中，日本只是中國文化的領受者，其地位在中國之下。一八五三年，美國軍艦抵日，日本被迫同美國簽訂了日美條約。然而，在明治維新後的六十年代和七十年代，日本便實行其現代化政策並逐漸成爲統一的國家。它開始傾力吸收西方文化和學習西方科技知識。在七十年代初期，它開始採取擴張政策。一八七四年，日本軍隊入侵臺灣。一年後，又擴張其勢力至朝鮮。朝鮮當時是中國的一個朝貢國。至八十年代，日本便同中國爭奪朝鮮半島的控制權，一八九四年爆發了中日甲午戰爭[36]。數月之內，李鴻章的北洋艦隊便全軍覆

---

[35] 葉嘉熾：〈宗教與中國民族主義〉，《中國現代史專題研究報告》，臺北，卷二，頁二九三至二九四。

[36] 郭廷以，同註❷，頁二二四至二二七。

沒，遼東半島被日本軍隊攻佔。中國於一八九四年三月戰敗求和。

　　一八九五年中國被日本打敗，影響巨大。在政治上，它說明了中國為武器現代化所做的巨大努力，並不能抵禦外侮，驅逐入侵之敵人。從一八六〇年至一八九四年近三十五年的自強運動徒然無功。此外，一八九四年一役的失敗，又顯示出清朝政府無法勝任保衞國家的責任。人民認識到，他們再不能夠指望清政府來保衞自己的國家。他們喪失了對政府的信心。而士大夫對中國敗於一個歷史上一貫弱於中國的小國日本尤感震驚。此後，他們便起而組織各種救國運動。康有為和梁啟超則大力鼓吹維新[37]。但是，在「百日維新」被慈禧太后發動的政變推倒後，他們的努力便告失敗。另一運動便是孫中山領導的革命運動，其後來聲勢超過了維新運動。但在一九一一年以前，這一運動在中國國內並沒獲得多大成功。

　　中日甲午戰爭後的一項重要發展，就是一八九五年和一八九六年兩年反教事件次數增加。最大的兩次事件是一八九五年五月的四川成都事件和八月的福建古田事件。前者針對法、英、美傳教士；後者針對英、美傳教士。成都事件尤其引人注目[38]。據報導，因為英、法、美三國在中日甲午戰爭中未助中國一臂之力，成都民眾對這三國的傳教士發洩不滿。成都事件激起了十個縣相繼發生反教事件。結果，數月之內，三十餘間新教教堂和四十餘間天主教堂被毀[39]。

　　一八九七年至一八九八年兩年間，俄國佔領了旅順、大連，德國佔領了青島。不久，英國又佔領了威海衞，法國佔領了廣州灣[40]。中國處在被瓜分的危機中。隨著外國壓迫的加深，反教事件的數目迅速

---

[37]　同上註，頁三七四至三八三。
[38]　呂實強：〈晚清時期基督教在四川省的傳教活動及川人的反應〉，《歷史研究》，臺北師範大學，四期，一九七六，頁二六五至三〇二。
[39]　同上註。
[40]　郭廷以，同註[3]，頁二八七至二九八。

增加。例如，羣眾反教事件在四川省三十七個縣中相繼發生。這些事件的發動者是一個名叫余棟臣的煤礦礦工。他的追隨者一度曾達一萬人之眾。他們行動有如軍隊，且與官府對抗。在一八九八年五月至一八九九年三月之間，他們不斷地燒毀或破壞教堂。一八九八年九月，川東地方政府計畫重組和裝備余棟臣的追隨者，把他們編入地方警衛部隊。余棟臣派出代表和川東區副指揮官進行談判。在談判進行時，余棟臣的手下綁架了該副指揮官，談判遂告失敗。川東區的指揮官於是決定勦滅余棟臣。政府兵同余棟臣交戰，從十月中打到十二月中，結果余棟臣兵敗被捕。事後，清政府同法國主教達成協議，賠償一百二十萬兩銀子作修復教堂之用❹。余棟臣事件是當時最大的一次反教事件。余棟臣不僅得到士紳的支持，而且得到民眾的支持。這次事件之大是反教史上前所未有的。

顯然，自一八九五年中日甲午戰爭之後，反教事件大為增加。排外民眾之襲擊教堂，並不僅僅出於宗教上的原因，而且還出於他們的愛國信念，即向外國人復仇以恢復民族的自尊心，例如，在對抗官兵時，余棟臣曾發布告說，他的部下是為國為民而戰的正義的士兵，他的反教是為了掃除異端和維護神聖的習俗，他的目的是報國雪恥❷。反教事件是民眾針對外國壓迫產生的情緒上的反應。

與此同時，周漢的反教作品於中日甲午戰爭後再度流傳。據一英國領事的記載報導，周漢的書在五個省內翻印、在七個省內流傳❸。

---

❹ 呂實強：〈義和團變亂前四川省的一個反教運動〉，同註❸。

❷ 參閱 Guy Puyraimond, "The Ko-lao Hui and the Antiforeign Incidents of 1981", in Jean Chesneaux (ed.) *Popular Movement & Secret Societies in China, 1840-1950*, Stanford, Calif.: Stanford University Press, 1972, pp. 113-124.

❸ Great Britain, Foreign Office, China, Embassy and Consular Archives, Correspondence, F.O. 228: 1096.

在看到德佔膠州、俄佔旅順以及西方各國的壓力愈來愈大時，周漢發布一公開檄文，大聲疾呼民眾起來驅逐洋人、掃除異教。呼籲所有忠義之人應做好滅洋的準備❹。這表明他不僅反傳教士，而且反所有的外國人。由於他宣稱他的工作旨在拯救國家及其傳統文化，他便成了義和團暴動前民眾心目中的反外英雄。雖然周漢被政府逮捕了，但他成千上萬册的小册子在民眾中流傳不息。

「瓜分中國」的狂潮令清朝政府喪失了相當多的領土控制權。至一八九四年，大多數中國沿海重要港口已落入西方各國手中。內、外蒙古和新疆落入俄國勢力範圍，山東是德國的，長江流域諸省和西藏是英國的，福建是日本的，雲南、廣西、廣東和四川是德國的勢力範圍。在此種情況下，清朝政府已成癱瘓❺，它的領土和人民任由外國宰割。政府保衞國家的努力並未成功。武器現代化計畫全盤失敗了。唯一的替代辦法就是利用人民。以民制「夷」成了最後一招。

五、義和團事件和以民制「夷」（一九〇〇年）

至一九〇〇年，排外的熱潮正在不斷上昇之中。許多工人、士紳與士大夫，都對外國的進一步侵略深感憂慮。許多地區動蕩不安，因此維新運動已注定行不通。中國許多地方已落入外國的控制，清朝政府已成了跛腳鴨。儘管反教事件仍然不斷的發生，但是排外的敵意已明顯地從針對基督教轉向針對外國侵略❻。當時迫在眉睫的問題，是國家的命運，卽中國能否避免被外國瓜分。如歷史業已證實的，針對

---

❹　同上註。

❺　傅啟學：《中國外交史》，臺北商務印書館，一九七二年，卷一，頁一五一至一五八。

外來入侵的理性反應，如武器現代化和維新運動等，均不能有效地制止外來侵略。

排外活動席捲中國，而其中尤以義和團運動的出現最引人注目。義和團是從當時的大刀會發展而來的，它本來是秘密會社。十九世紀末年，大刀會正處在興盛階段。大刀會的成員皆稱他們有神靈附體，刀槍不入。結果，有些對基督教心懷敵意的人便越來越多地加入大刀會。考慮到國家的命運危在旦夕，大刀會提出了「扶清滅洋」的口號，並重新命名爲義和團。義和團在山東一帶焚毀教堂和殺害傳教士的行爲，引起西方各國的抗議，結果，被山東總督袁世凱出面制止❹。

然而，慈禧太后卻接受了她幕僚的建議，決定利用義和團來對付洋人。她相信這是一洗國家恥辱的機會❸。清廷不顧內部異議，決定向所有與中國有關的外國宣戰。結果，暴動到處發生，大批教堂教士被焚被殺。公使館區也受到襲擊。外國駐京大使館受到騷擾❹。結果導致了八國聯軍進犯京、津。數十萬之眾的義和團潰散了，北京和天津被外國軍隊佔領。以民制「夷」只是一個幻想。利用人民來阻嚇洋人證明只是一場愚蠢的賭博。

---

❹ 作者很不贊成那些攻擊「文化帝國主義」的議論以及那些認爲反教刺激中國民族主義的看法。因爲此時中國人反外主要是反對外來侵略，反教只是片面與次要的事件。參閱 Arthur Schlesinger, Jr. "The Missionary Enterprise and Theories of Imperialism", in John K. Fairbank (ed.) *The Missionary Enterprise in China and America*, Cambridge, Mass.: Harvard University Press, 1974, pp. 365-366.

❹ 傅啟學；《中國外交史》卷一，同註❻，頁一六六。

❸ 同上註。

❹ 參閱 Paul A. Varg, *op. cit.*, pp. 47-48.

小　　結

　　十九世紀末期排外在中國的興起，其主要原因在於中國人民對外來威脅的醒覺，而不在於傳教運動的刺激❺⓪。人民眼見政府於過去四十年中所作的防衞努力全盤失敗，便自己起來反抗在華的外國人。傳教士自然成了最易遭受攻擊的目標。顯然，反敎並不是中日甲午戰爭之後的排外運動的重心，外來入侵才是民眾仇外的根源。此時反敎事件與排外事件很難分開。反敎情緒逐漸被中國與西方的政治、經濟和軍事衝突所代替❺①。排外與其說是文化和社會運動，不如說是一場源於愛國主義和民族主義的政治運動。排外運動從分散零星的事件發展成為一個有數以千計民眾參與的羣眾性運動，從一種文化的爭端發展成一種重要的政治力量。這一政治力量影響了以後幾十年的中國政治發展。

---

❺⓪　作者此看法與 Paul Cohen 的論點不同。後者認為外國傳敎士是導致十九世紀中國排外激昂的主要因素。參閱 *China and Christianity, op. cit.*

❺①　John E. Schrecker, *Imperialism and Chinese Nationalism,* Cambridge Mass.: Harvard University Press, 1971, p. 92. 該書作者認為改革派主要是因民族主義的理由而反對西方，而保守派則因文化的原因敵視基督敎及其傳敎士。

卷　二

為國家的獨立

平等而反帝

第 四 章

二十世紀初期的排外和民族主義

（一九〇〇～一九〇九）

　　義和團事件代表了清朝政府制「夷」的最後一次大規模的嘗試。之後，清朝政府便再無那麼大的勇氣對抗外國，只好屈從外國壓迫。從此西方國家就常被稱爲「列強」而不是「外夷」了，這意味著承認西方的優勢。然而，人民卻沒有停止反抗外來侵略，儘管八國聯軍後人心慌亂，排外情緒並沒有消失。

　　在許多大城市和省份裏，對待傳教士的態度已有所改善。儘管如此，反傳教事件仍在某些地區繼續發生。一大批傳教士主要從事教育工作，爲中國青少年開辦了數以百計的學校。一九〇五年，新教教會經營的學校總數已達二千五百八十五所，學生總數達五十七萬二千六百八十三人❶。西方知識在京、滬等各大城市的青年中廣爲傳授。教會辦學一事所受到的阻力此時已較上世紀末時爲少。西方教育的吸引力，無疑與一九〇五年後廢除科舉制度有關。

　　這一時期，中國人民屢次掀起要求從帝國主義手中收回權益的運動。以前的排外旨在摒除外國勢力。直到義和團事件，各起反傳教事件的目的仍僅僅在於排斥外國的東西，從沒提出過甚麼建設性主張。義和團暴動之後，隨著對西方認識的加深，對中國眼前危險的覺醒，

---

❶　H. B. Morse, *The International Relations of The Chinese Empire, op. cit.*, Vol. 3, 1894-1911, p. 413.

中國人民開始積極謀求維護和恢復國家權益。他們強烈要求收回路、礦兩權和廢除西方列強對中國海關的監管權。更爲重要的，是他們要求廢除不平等條約和治外法權。排外此時已發展爲民族主義。強烈而明確的民族復興的主張充分體現了中國的民族主義。

一、早期民族主義和「拒俄運動」
（一九〇〇至一九〇五年）

　　民族主義首先自歐洲興起。在人民有著共同語言、文化和歷史的地方，民族的概念便自然地產生了。民族主義本質上是個人對民族、地域和社會的一種歸依感。自民族國家成爲最普遍的政治組織始，民族主義便發展起來了。例如，一八七〇年以前，操德語的人民分屬奧地利和普魯士兩國。而於一八七〇年後，由於民族主義的興起，德語民族得以統一。至二十世紀初，民族主義的含意漸漸有所改變。它與民族自決有著密切的聯繫。例如，挪威於一九〇五年從瑞典中分立出來；捷克、匈牙利和奧地利又相繼從奧匈帝國中分立出來，成爲獨立國家❷。一九〇〇年至一九〇五年，東南亞大部分地區還是歐洲國家的殖民地，中國也仍然處在西方列強的控制之下，但中國人民已開始反抗。

　　在西洋人到來之前，中國就已經有種族中心式的民族主義。種族中心主義的基礎乃由文化和歷史因素構成。清初的一些中國學者如黃宗羲（一六一〇年至一六九五年）、顧炎武（一六一三年至一六八二年）皆曾反對過滿人的異族統治。黃、顧二人不滿清初的政治壓迫，試圖喚起中國人民反對異族征服的民族感情❸。排滿情緒當然受到了嚴厲

❷ John G. Stoessinger, *The Might of Nations*, New York: Random House, Fifth edition, 1975, pp. 80-82.

❸ S.Y. Teng and John K. Fairbank, *China's Response to the West: A Documentary Survey, 1839-1923*, Cambridge, Mass.: Harvard University Press, 1961, pp. 7-11.

鎮壓，至十八世紀後期便已平息。而二十世紀的中國民族主義，就像
歐洲國家和二次大戰後發展中國家的民族主義一樣，乃由巨大的外部
壓力激發而起。二十世紀初梁啓超認爲，中國人有深厚的文化主義，
卻無像歐洲人那樣的民族主義。中國人視中國爲世界（天下）而非國
家。他進一步指出，正是由於中國人總是把中國當成世界而不是一個
國家，這種觀念妨礙了愛國主義在中國的發展❹。列文森氏（Joseph
Levenson）描述了梁啓超關於民族主義的觀點，他說：

> 他（梁啓超）於一九〇〇年寫道，歐洲和日本誣稱中國爲沒有
> 愛國主義的民族。而中國愛國主義病狀正是中國積弱的根本原
> 因。中國之所以欠缺民族主義，乃由於人民的効忠對象一貫是
> 朝廷而非國家，以及中國人不曾意識到，世界上除了華夏民族
> 外還有各大小民族平等存在❺。

　　梁漱溟對中國的民族主義也持相同看法。他認爲傳統中國是一個
具有強烈種族、文化意識而非民族國家意識的社會。依他之見，傳統
中國的政府特徵是統而不治，基本上不履行現代國家的職能❻。顯
然，中國的民族主義是在中國人認清了現實和其他西方民族的可畏之
後才發展起來的。外國武力的出現，十九世紀後期和二十世紀初期與
西方國家和日本不斷發生的衝突，事實上都起了促成中國民族主義發
展的作用。因此，挑釁的意識便成了中國民族主義的要素。「拒俄運

---

❹ 梁啓超：〈新民說〉，《飲冰室全集》，香港天行出版社，一九七四
　　年，頁一至七。

❺ Joseph R. Levenson, *Liang Ch'i ch'ao and the Mind of
　　Modern China*, Berkeley: University of California Press,
　　1970, p. 111.

❻ 梁漱溟：《中國文化要義》，正中書局，一九七五年，第八版，頁一
　　六三至一六八。

動」、「聯合抵制美貨」、「收回利權運動」都是具體的證明。

　　民族主義在中國的發展可以從「拒俄」運動中清楚看到。義和團暴動時， 八國組成聯軍出兵干涉 。 俄國趁聯軍入侵末期出兵滿洲，實際上佔領了大半個滿洲。中國在滿洲的領土主權受到俄國的嚴重侵犯。一九○一年二月，俄國要求與中國訂立條約， 欲將滿洲、蒙古和新疆三地劃入其勢力範圍❼。 俄國的貪婪要求震動了中國與其他聯軍國家❽。 針對俄國出兵，上海的士紳和商人首先舉行集會，並散發傳單，抗議俄國的入侵和訂約要求❾。 抗議運動敦促中國政府拒絕俄國進一步擴大其在華利益的要求，抵抗俄國對滿洲的侵佔。「拒俄會」紛紛在北京、上海、天津、杭州、蘇州等大城市成立，以後又發展到華中、華東各省以及東北、蒙古和新疆❿。 東京、舊金山、香港和新加坡等地的華僑也紛紛組會以示支持。

　　一九○一年六月以後， 運動漸漸減弱，然而一九○三年四月俄國政府企圖拖延撤兵時，運動又再次在全國掀起高潮⓫。 學生發起了多次抗議俄國侵略的運動。「愛國會」在上海、北京以及華中、華東各省相繼成立⓬。 中國當局對運動加以抑制，唯恐其演成革命運動。雖然如此，拒俄運動仍斷斷續續持續到一九○五年初。中國人民醒悟到民族正處於危亡之際，顯然激發了民族主義精神。因此，中國民族主

❼　傅啟學：《中國外交史》，臺北商務印書館， 一九七二年，卷一， 頁一八六至一八八。

❽　A. Whitney Criswold, *The Far Eastern Policy of the United States*, New Haven: Yale University Press, 1964, Fourth printing, p. 83.

❾　《拒俄運動》，北京中國社會科學出版社，一九七九年，頁三。

❿　同上註，頁四至五七。

⓫　《吳玉章回憶錄》，北京中國青年出版社，一九七八年，頁一八至二一。

⓬　同上註，頁二八○至三一○。

義的萌芽與排外有著密切關係。正是拒俄運動令商人和學生動員起來投身全國的羣眾運動。這標誌着中國排外運動進入一個新階段，卽奮起維護民族利益的階段。

二、聯合抵制美貨運動（一九〇五年）

一九〇五年的聯合抵制美貨運動是民族主義意識發展的另一表現。此次抵制運動完全是政治性的，與反傳教沒有一點兒關係。聯合抵制美貨是中國民眾支持清朝政府要求華人移民美國不受限制的一種手段。

一八八〇年的《移民條約》作出限制華人移美的規定，該條約給予美國限制中國勞工的權力。一八八二年，美國國會通過《一八八二年限制移民法案》，其中規定禁止中國勞工入口十年。一八八八年的《斯科特法案》（The Scott Act）和一八九二年的《吉里爾法案》（The Geary Act）對華人移民又作了進一步的限制。一八八八年法案禁止暫時離美但有意返美的華人返美，一八九二年法案則規定所有在美居住的華人必須註冊登記⑬。這一明顯歧視華人的法令，引起華人的公開不滿。不過，在八十和九十年代，中國國內公眾還沒因此抗議。一八九四年，中美兩國政府再次簽訂一項條約。該條約規定十年之內不准任何華工移美。一九〇四年，該條約到期，中國政府不同意再續，並請求修約。這便是一九〇五年聯合抵制美貨運動的直接原因⑭。

---

⑬ C.F. Remer, *A Study of Chinese Boycott*, Baltimore: John Hopkins Press, 1933, pp. 29-30.

⑭ 同前註。

　　一九〇五年的聯合抵制美貨運動表明，中國人民對本國和諸大國之間的關係愈來愈關注。它是人民維護本國利益的一種創舉。它還表明了民族意識不斷擡頭，民眾的自信心，尤其是商人的自信心有所增強❺。自中日甲午戰爭之後，中國政府便鼓勵私人企業的發展。一九〇三年，又在北京設立商部，專司各類商業法規如註冊法、公司法、破產法等，並負責在各大工商行業中組織商會以發展商業❻。

　　這一時期中，民族工業迅速發展。例如，於一八九〇年，當年開辦的新廠僅達七個，但一八九五年和一九〇四年，則分別達十七個和二十三個❼。隨著民族工業的發展，商家和廠家的社會地位愈顯重要。他們有資本、有地位、有聲望。一九〇五年的聯合抵制美貨運動便顯示出了這一新興工商階級的力量❽。五月十日，上海總商會發起聯合抵制運動。廣州、天津、漢口、重慶、香港等地的地區商會紛紛響應❾。

　　工商界人士是這場聯合抵制運動的發起者，知識分子和學生則是熱心的響應者。他們舉行集會響應上海總商會的號召。報界在動員羣眾加以支持方面也扮演了重要角色。上海的中文報紙以大量篇幅報導了這次事件。其中以《申報》和《時報》最爲積極❿。聯合抵制美貨運動轟轟烈烈地進行了約一個月。雖然並不足以令全國的中美貿易癱瘓，但上海、廣州兩地的美商業務卻受到了嚴重打擊。大量庫存美

❺　H. B. Morse, *op. cit.*, Vol. 3, pp. 434-453.

❻　郭廷以：《近代中國史綱》，香港中文大學出版社，一九七九年，頁三七〇。

❼　Hou Chi-ming, *Foreign Investment and Economic Development in China*, Cambridge, Mass. : Harvard University Press, 1965, p. 135.

❽　張存武：《中美工約風潮》，臺北商務印書館，一九六五年，頁五一至五三。

❾　同上註。

❿　同上註。

貨不能進入這兩個城市㉑。

　　一九〇五年的聯合抵制美貨運動是中國羣眾對國際關係的一次重要反應。這場抵制運動和平地進行，在法律上得到國際社會的接受，同義和團事件截然不同。儘管這場聯合抵制運動在抵制中美貿易和改變美國禁止華工移美政策兩個方面均未告成功，但在這運動中，商人、知識分子、學生和各行各業人士均動員起來參與抵制運動，這標誌著中國對外關係的一大變化。一九〇五年以後，中國人民尤其是新興的工商階級以及地方士紳階級組織的全國性運動仍繼續發生。這些反對外國壓迫的鬥爭，在一十年代和二十年代中的收回路、礦兩權運動和抵制洋貨運動中繼續擴大。

三、收回權益運動

　　收回路、礦兩權的運動是中國民族主義在二十世紀初的另一項發展。在日俄戰爭中（一九〇四年至一九〇五年），日本戰勝。此事對中國人的心理產生了重大影響。在中國人看來，它推翻了白種人優於黃種人的神話，並表明一個現代化的亞洲國家同樣可以打敗歐洲國家。中國人的自信心大大增強；他們相信中國也能够像日本一樣，變成一個強大的國家。中國人於是有了一個新的方向，即仿效日本。在政治上建立君主立憲制；在經濟上，力圖擺脫外國對中國的經濟干涉。中國的民族主義由此愈形高漲。

　　一八九四年中日甲午戰爭之前，清廷不讓外國在中國投資礦業。但是，由於本國資金不足，外國壓力不斷增加，這一政策不得不予改

㉑　C.F. Remer, *A Study of Chinese Boycott, op. cit.*, pp. 36–38.

變。一八九八年,湖廣總督張之洞主張利用外資興辦鐵路和礦務,以保持各國在華勢力的均衡。他改變了早先曾認爲礦務乃盈利之源,不應向外國開放的說法㉒。 張之洞倡導的這一新政策得到李鴻章的支持, 不久又獲總理衙門批准。一八九八年, 鼓勵外國投資便成了中國的一項新的政策。其原因在於外國投資中國可幫助中國發展採礦業和鐵路建造業,有利於國計民生。於是乎, 一八九八年清廷批准了《礦務鐵路公共章程》㉓。外商首次得到合資採礦和築路的許可。 按照《礦務鐵路公共章程》的規定,外資股份不得超過公司全部股份的一半,且公司必須由中國人經營。這些規定的用意在於防止外商對中國公司的控制㉔。

但是, 中國政府對外資的約束在義和團事件之後卻削弱了。一方面, 由於庚子賠款的負擔, 清朝政府的財政狀況惡化; 另一方面, 列強進一步瓜分中國, 擴充其勢力範圍, 削弱了中央政府的路、礦控制權。結果, 至一九〇二年, 合資企業原先只能由中方經營和佔有多數股份的規定, 便通通廢除了㉕。 隨著這類限制的取消, 投資便成了各大國攫取中國路、礦兩權的一種手段。

二十世紀初, 法、英、德、俄、美等國在中國已先後獲取了不少大礦的採礦權㉖。 事實上, 各大國手上的許多大礦採礦權與其說是通過投資得到的, 還不如說是通過政治手段得到的。例如, 俄、德兩國分別在滿洲、山東, 法、英兩國共同在雲南攫取到的採礦權, 都是這些國家在中國擴張其勢力範圍之時, 通過外交和政治手段取得的㉗。

㉒ 李恩涵: 《晚清收回礦權運動》, 臺北中央研究院, 一九六三年, 頁三。

㉓ 同上註。

㉔ 同上註, 頁一六至一七。

㉕ 同上註, 頁一八。

㉖ 嚴中平等編: 《中國近代經濟史統計資料選集》, 北京科學出版社, 一九五五年, 頁一二六。

㉗ 張存武, 同註⑱, 頁五二至五三。

國內大多數大礦礦業均落入各大國之手。例如，開平煤礦於一九○一年被英國控制，中國最大的煤礦撫順煤礦以及最大的工業綜合企業漢冶萍煤鐵公司，分別於一九○五年、一九一三年由日本控制[28]。雖然中國政府和民眾力爭收回礦權，但至一九三○年，仍有九十餘個大礦處於外國控制之下。其中十八個屬於英國，十二個屬於法國，九個屬於德國，八個屬於俄國，三個屬於英國，四十二個屬於日本[29]。在中國人看來，各大國控制礦權已成了西方侵華的象徵。這不再是外國投資是否對中國有利的問題，而是中國能否抵禦外國勢力的問題。礦權問題成了二十世紀初民族意識發展及反帝熱潮中最令人關注的問題。

外資控制礦業的政治意義是多方面的。首先，它代表西方各國繼續通過政治壓力和憑藉武力優勢擴展其在華利益。不平等條約給予外國人的治外法權，令中國政府的職能嚴重喪失，招致了民眾對外國人的強烈怨恨。自一八四二年簽訂南京條約之後，中國政府逐步接受了西方國家強行要求的治外法權。義和團事件後，日、美、英、法、德、俄和其餘幾個歐洲國家便在中國有享治外法權[30]。如一些學者所指出的，當給與列強「治外法權」時，中國政府並沒有完全意識到它將來的嚴重性[31]。根據治外法權，中國政府無權對屬於列強的國民和商業公司行使司法審判權。中國官吏雖可以逮捕中國境內的外國人，但必須馬上遞解給當事人有關之領事館，由其進行審判。通商口岸的外國公司亦享有治外法權，因此完全不受中國政府的管轄[32]。至一九

[28]　同上註。

[29]　吳承明：《帝國主義在舊中國的投資》，北京中國史學社，一九五六年，頁三八。

[30]　Charles Denby, "Extraterritoriality in China" in *American Journal of International Law*, October 1924.

[31]　同上註。

[32]　Westel W. Willoughby, *Foreign Rights and Interests in China*, Baltimore: The John Hopkins Press, 1927, pp. 569-577.

一八年，在華享有治外法權的國家已達十五個。外國在華礦業公司只依條約國的公司法註冊，而不必遵守中國法律的規定。因此，它們實際上危害了中國的領土主權。

一九〇五年日俄戰爭之後，由於民族意識高漲，促使地方官府和士紳合作，重新提出從外國人手中收回礦權的要求。一九〇五年至一九一一年的收回利權運動的目的，在於通過和平手段來收回被外國奪去的路、礦兩權。湘、鄂、粵三省官員士紳於一九〇五年最早提出從美華發展公司手中購回粵漢鐵路路權。其後數年，收回對象便擴大到大多數鐵路，如京漢鐵路、滬甬鐵路等❸。有些路權通過修改原訂的契約完全收回了，有的則只是部分收回。不管是全部收回還是部分收回，中國政府和士紳都做了極大的努力來籌集款項賠償外國投資者❸。

同一時期中，收回礦權的運動也在冀、魯、陝、豫、皖、浙、川、滇、閩各省發生，針對所有外國在華礦權。外國礦權的擴張於是受阻。值得稱道的是，中國確實收回了部分礦權，特別是未開發礦的礦權。有的礦山外國人未能依照合約規定之期動工開採，於是中國便取消合約，從而收回礦權。如浙江的四個礦區、福建的三個礦區和四川的數處礦山便是如此收回的。另外一些礦山的礦權是在政府官員和地方士紳的再三要求下，與外商修改原訂合同後收回的❸。中方為收回礦權須對外商作出賠償。賠償額往往高於外商原有投資額。以此種方式收回的礦山計有安徽一處、陝西四處、雲南七處和山東五處❸。收回礦權的第三類形式，乃是收回那些外商因投資價值不大而自動放

---

❸ 宓汝成：《帝國主義與中國鐵路》，上海人民出版社，一九八〇年，頁二〇三至二二〇。

❸ 李恩涵：《晚清收回礦權運動》，頁六九。

❸ 同上註，頁二六六。

❸ 同上註，頁二六七。

棄的礦山。從德國手中收回山東礦權便是一例，不過仍須付賠償費[37]。在中國民眾看來，收回礦權，不論是有價值的礦權還是無價值的礦權，都既維護了民族自尊心，又符合國家自主的需要。

地方士紳階級顯然在收回礦權運動中起了重要作用。與一九〇〇年以前的反教運動不同，要求從外國所有者手中收回礦權的運動，是基於合法合理的理由。它並非不分青紅皂白地將所有外國在華礦業利益排斥出去，廢除所有的不平等條約。相反，它只是以已簽訂的合約為基礎，收回某些礦權。收回礦權運動主要根據國際法原則，它所使用的手段是和平的談判。具有民族主義意識的中國人，不論他是政府官員還是地方士紳，此時大部分均已放棄了十九世紀末期的那種情緒化的排外。這種排外不再構成中外關係中的破壞因素，在謀求民族利益之時，它並沒有採取暴力。代表本地利益的各省士紳階級常常直接與外國商人談判。當政府無能為力之際，士紳階級涉足中國政壇，有助於制止西方國家在中國的擴張。

一九一一年辛亥革命之後政局每況愈下。軍閥割據，窮兵黷武，國民黨未能統一中國。不斷加深的外來控制引起全國上下對外資的反對。反對外國的經濟、政治、軍事干涉，掀起了反帝運動。隨著各國列強意欲擴張在華勢力，民族主義的燎原之勢蔓延全國。

四、外國在華投資

儘管收回利權運動取得了初步的勝利，在二十世紀初外國在華投資卻不斷的大幅度增長。一八九五年中日甲午戰爭之前，外國在華投資額並不大，外國在華企業對中國經濟的影響也有限。但一八九五年

[37] 同上註。

後，外國獲得在通商口岸開辦和擁有工廠的權利。一八九七年，俄國動工修築中東鐵路。 一九〇七年， 大連開放通商， 日本投資劇增。外國投資象徵著外國經濟侵略，刺激了中國的民族主義，增強了排外情緒。民族主義和反帝運動應時而生。要了解列強對中國反帝運動之興起的影響，有必要對二十世紀初外國在華投資的情況作一扼要的研究。

外國在華投資情況可從外國資產估計額、商業投資額和外國貸款額三方面來考察。以下將扼要敍述外國投資的總貌，然後依次討論外國貸款和外國商業投資。關於二十世紀頭三十年外國在華投資總額，有幾本書曾加以估計。其中最全面、可信的是由雷默氏（C. F. Re-mer）所作出的估計。雷默氏界定外國投資爲住在中國或外國的外國人擁有的入息資源。該外國人可以是個人、也可以是公司或政府。根據這一定義，他的估計主要根據所有外國企業的資產額和外國政府的證券額作出的[38]。雷默氏所作的估計已被中外學者廣泛引用。

據雷默氏估計（見表4-1和4-2）: 一九〇二年，在外國投資總額中，英國佔三三％，俄國佔三一·三％，德國佔二〇·九％。一九一四年，英國仍佔首位。不過，此時德、俄、日、法四國的投資比例已經接近。最突出的變化是日本，其在華投資比重從一九〇二年的一％上升到一九一四年的一三·六％。至一九三一年，日本的投資比重已與英國接近，並成爲中國的最大債權國。而俄、美、法三國的比重相差不多。美、日投資增長迅速，日本投資增長達五〇〇％，而美國則達四〇〇％（見表4-2）。

---

[38] C.F. Remer, *Foreign Investment in China*, New York: Howard Fertig, 1968, pp. 62-69. Also see Wu Chengming, *op. cit.*, pp. 152-153.

表 4-1 外國在華投資 (一九〇二、一九一四、一九三一)

	1902		1914		1931	
	百萬美元	百分比	百萬美元	百分比	百萬美元	百分比
英　國	260.3	33.0	607.5	37.7	1,189.2	36.7
日　本	1.0	0.1	219.6	13.6	1,136.9	35.1
俄　國	246.5	31.3	269.3	16.7	273.2	8.4
美　國	19.7	2.5	49.3	3.1	196.8	6.1
法　國	91.1	11.6	171.4	10.7	192.4	5.9
德　國	164.3	20.9	263.6	16.4	87.0	2.7
比利時	4.4	0.6	22.9	1.4	89.0	2.7
荷　蘭					28.7	0.9
意大利					46.4	1.4
北　歐					2.9	0.1
其　他	0.6	0.0	6.7	0.4		
	787.9	100.0	1,610.3	100.0	3,242.5	100.0

資料來源: C. F. 雷默, ≪外國在華投資≫, 紐約, 1968(1933年初版)第七六頁。

表 4-2 外國在華投資比較 (一九〇二、一九一四、一九三一)
(以一九一四年為 100)

	1902	1914	1931
英　國	42.8	100	195.8
日　本	0.5	100	517.7
俄　國	91.5	100	101.4
美　國	40.0	100	399.0
法　國	53.2	100	112.3
德　國	62.3	100	33.0
總　計	48.9	100	201.4

資料來源: ≪外國在華投資≫, 上引書, 第七七頁。

外國貸款

外國貸款和直接商業投資也是外國投資中的兩個重要項目。一八九五年中日甲午戰爭之後，中國政府要支付戰爭賠款，加上國內開支的增加，因而面臨嚴重的財政困難。從一八九五年至一九一〇年，即清朝傾覆之前十餘年內，中國向各大國借款的總數達二億七千萬美元❸。為償還這些借款，關稅、鹽稅以及某些國內稅的徵收權便落入幾個列強大國之手，海關稅收全部歸外國人所有。辛亥革命後，財政問題仍未解決。據估計，一九一一年至一九二六年間的外國借款總數高達五億二千萬美元❹。此類借款全是各大國借給各軍閥的。這樣，貸款便成了各大國手中用以干涉中國財政、政治的重要政治武器。正如中國一馬克思主義經濟學家吳承明所指出的，中國於一九一二年至一九二七年這十六年中內戰連綿不斷，原因就在於諸大國對各軍閥的財政援助和軍事援助❹。

諸大國對中國的貸款形式有兩種，如表 4-3 所示，一種是軍事和財政貸款，一種是鐵路貸款。前種貸款中國政府用來支付國內開支，以及維持和改善軍事力量。在一九一一年傾覆之前，清政府大量地依賴從英、法、德三國借款。清政府以中國的關稅和鹽業稅作為償債擔保。每次和這些國家談判借貸之事時，清政府以及後來的軍閥政府都得對它們作出某些政治上的讓步。於是，在稅收抵押和重息之外，諸大國又從中國政府方面得到政治上的允諾。一九一一年之後，軍閥因財政困難而依賴諸大國的財政支持已眾所周知。每當軍閥之間爆發戰爭，求貸就愈加迫切❹。因而，每個軍閥都有他的外國同盟。例如段

---

❸　吳承明，同註❷，頁三六。
❹　同上註。
❹　同上註。
❹　胡繩：《帝國主義與中國政治》，北京人民出版社，一九七八年，第八版，頁一四七至一五二。

祺瑞受日本支持，馮玉祥受俄國支持。二十世紀頭二十年中，各有其
靠山的軍閥便形成了割據之勢。（參考表 4-3）

表 4-3 外國予華貸款（一九○二年至一九三六年）
（以百萬美元計）

	軍事與金融貸款	鐵路貸款	合　計
1902	246.8	37.6	284.4
1911	220.0	167.9	387.9
1914	383.5	192.5	576.9
1925	486.9	311.3	798.2
1930	540.5	356.6	897.1
1936	468.0	346.1	814.1

資料來源：吳承明《帝國主義在舊中國的投資》，北京，中國史學社，一九五
六，第七五頁。

　　鐵路貸款通常小於財政和軍事貸款。不過，鐵路貸款於一、二十
年代中亦大幅度增長。借方以鐵路盈利作為貸方利益和償還貸款的擔
保。這類貸款通常均用於修築鐵路。不過，也有某些鐵路貸款被用於
財政和軍事目的。列強經常利用鐵路貸款來擴張其勢力範圍[43]。它們
可以對物資供應、工程設計加以左右，甚至介入鐵路管理。

　　如表 4-4 所示，英、法、德三國是中國的三大貸款國。一九一四
年，英國貸款居於首位，但法、德貸款亦有極大增長。二十世紀頭十
年裏，各國競相借款給中國。美、日兩國更是競爭劇烈，至一九三○
年，日本貸款額已高達三億七千三百三十萬美元，約為一九一四年的
十倍。一躍成為中國的最大貸款國。美國貸款額則高達五千○八十萬
美元，約為一九一四年的七倍。相反的，英、法、德三國同一時期中

[43]　吳承明，同註[29]，頁七六。

的貸款額卻下降了，這反映了諸大國爲擴大各自在華經濟、政治利益的激烈競爭。

表 4-4　外國在華貸款（一九〇二年至一九三六年）

每年各國貸款數（以百萬美元計）

	1902	1914	1930	1936
英　國	109. 4	195. 7	162. 9	150. 1
美　國	4. 5	7. 3	50. 8	64. 4
法　國	61. 0	119. 9	102. 7	90. 9
德　國	78. 3	127. 1	93. 6	89. 4
日　本	—	37. 4	373. 3	258. 2
俄　國	26. 1	45. 1	—	—
其　他	5. 1	43. 5	113. 8	161. 1
總　計	284. 3	576. 0	897. 1	814. 1

資料來源: 吳承明，上引書，第七七頁。

外國的直接商業投資

　　外國的直接商業投資乃外國資本在不同企業中的投資。這類資金卽是由外國人引進中國的。一八九五年中日甲午戰爭之前，在華經營航運、造船和貿易的外國公司寥寥無幾。其中大多數設於通商口岸。由於甲午戰爭後清政府允許外國人在中國設廠，外資製造業和工廠的數目便大爲增加。結果，用於製造業的外國資本便大量湧入中國。

　　一九一〇年至一九三〇年間，列強的在華直接投資項目包括各式各樣的企業，如銀行、貿易、運輸、公用事業、鐵路、製造業等等。爲了對外國在華直接投資情況有一總括的了解，我們可以看一下六大國直接投資的資金分配。如表 4-5 所示，一九〇二年時，英國和俄國乃中國的最大投資者。英國於一九一四年升至首位，其投資額於此期

間迅速增長。另一引人注目的發展，便是日本投資額至一九一四年有迅速的增長，達二億一千萬美元，約佔六國總投資額的百分之二十。一九一四年至一九三一年間，英國仍居於首位。而於此期間，日本和美國的比重有大幅度增加。日本由一九一四年的百分之十九點四增至一九三一年的百分之三十六點九，美國則由百分之三點九增至百分之六點三。俄、德、法三國的比重則有所下降。（表 4-5）

表 4-5　各國在華直接投資數目及佔總數百分比

	1902		1914		1931	
	百萬美元	百分比	百萬美元	百分比	百萬美元	百分比
英　國	150.0	29.8	400.0	36.9	963.4	38.9
日　本	1.0	0.2	210.0	19.4	912.8	36.9
俄　國	220.1	43.7	236.5	21.8	273.2	11.1
美　國	17.5	3.5	42.0	3.9	155.1	6.3
法　國	29.6	5.9	60.0	5.5	95.0	3.8
德　國	85.0	16.9	136.0	12.5	75.0	3.0
	503.2	100.0	1,084.5	100.0	2,474.5	100.0

資料來源：《外國在華投資》，前引書，第九九頁。

　　根據雷默氏的分析，外國的投資爲早期中國工業提供了資本和技術，對中國經濟發展做出了貢獻。隨著現代組織管理形式的輸入，中國經濟踏入了發展工業的新時期。雷默氏認爲，外國資本在其間具有重要的意義。限於中國民眾的貧困，大部分資本須由國外引入㊹。一九六四年，美國華裔教授侯繼明提出，外國投資對中國經濟的現代化

㊹　C.F. Remer, *Foreign Investment in China, op. cit.*, pp. 685–689.

起了促進作用。他的論點之一，就是外國投資與中國經濟現代化之間最明顯的關係，在於它不僅引進了現代技術，而且爲中國現代經濟發展提供了資金[45]。依侯繼明之見，鐵路、煤礦和生鐵業的發展直至一九三七年仍依賴於外來資金。而在造船、鋸木等製造業以及發電廠方面，一九三三年外資工廠的產量佔全國總產量的一半以上。當然，中國當時經濟的發展並不單純是外國資本的產物。不過，外國資本爲中國工商業提供了資金，引進了現代商業組織管理方式和基本技術，對中國經濟發展的建設性的作用是不可否認的。

當時，外資企業的財政狀況總的來說要比中資企業強得多。其原因是它們的資本額較大，向國外借低息貸款的能力較強，經營管理較優等等。此外，外資企業還享有治外法權，不必向中國方面交納稅款或罰款。由於有了這一系列的優勢和特權，外資企業勢必威脅到中資企業的生存。在中國士紳和商人心目中，這些外資企業和外國投資成了對中資企業愈來愈嚴重的威脅。

隨著二十年代民族主義的興起，對外資企業的仇視便首先在商人和士紳階層中，隨後在工人中產生了[46]。對外資企業的仇視加劇了原有的排外情緒，表現出經濟上的反帝。於是，一九二〇年至一九三〇年這十年間的反帝情緒，便表現爲商人和士紳階層以反對外國投資爲中心的民族主義思潮。

外國投資對中國經濟的影響錯綜複雜。「五四」運動期間，它是受到抨擊的對象之一。像其他亞非國家那些譴責殖民主義的民族主義者一樣，中國的政治領導人物如孫中山、蔣介石等人也於一十和二十年代，批評此類外資企業具有剝削性和壓迫性。他們認爲這類企業嚴

---

[45] Hou Chi-ming, *op. cit.*, p. 127.

[46] 胡繩，同註[42]，頁一六三至一七〇。

重損害中國經濟[47]。 共產黨人則從另一角度抨擊外國投資。例如，毛澤東曾說外國工廠抑制了中國本國工業的發展。一九三九年，毛澤東在〈中國革命和中國共產黨〉一文中指出：

> 帝國主義列強根據不平等條約，控制了中國一切重要的通商口岸，並把許多通商口岸劃出一部分土地作爲它們直接管理的租界。它們控制了中國海關和對外貿易，控制了中國的交通事業（海上的、陸上的、內河的和空中的）。因此它們便能夠大量地推銷它們的商品，把中國變成它們的工業品的市場，同時又使中國的農業生產服從帝國主義的需要。
>
> 帝國主義列強還在中國經營了許多輕工業和重工業的企業，以便直接利用中國的原料和廉價的勞動力，並以此對中國的民族工業進行直接的經濟壓迫，直接地阻礙中國生產力的發展[48]。

共產黨學者也將二、三十年代的經濟停滯和民族經濟的衰弱歸咎於在華外資企業（見表 4-6）的作用。汪敬虞論述道：第一次世界大戰後，帝國主義國家重新恢復其在華侵略活動，擴展其在華企業，重新造成對中國民族工業巨大的壓迫，中國民族工業因此受到極大的削弱[49]。

學者們關於外資對中國經濟影響所持的不同看法，也許永遠無法取得一致。雷默氏和侯繼明的論點乃基於他們對中國經濟早期發展的評價。 外國資本和技術對於經濟現代化的重要意義 是不能輕易否認

---

[47] 〈民族主義第二講〉，《三民主義》，臺北正中書局，一九七四年，頁十五至二七。

[48] 〈中國革命和中國共產黨〉，《毛澤東選集》卷二，北京人民出版社，一九六九年，頁五九一至五九二。

[49] 汪敬虞編《中國近代工業史資料》第二輯，頁六五七。又參閱王栻著《維新運動》，上海人民出版社，一九八六年，頁一一二至一一三。

表 4-6　中國民族工業的衰退

	開廠數目	指　數	註册資本（以千元計）
1928	250	100	117,843
1929	180	72	64,023
1930	119	47.6	44,947
1931	113	45.2	27,691
1932	87	34.8	14,585

資料來源：吳承明，上引書，第七五頁。

的。不過，中國學者提出的問題是，西方人帶來的好處多還是壞處多。中國學者認為外國從中國取利，強調外國投資帶來的災難性後果。在某種程度上，外國投資確實對中國經濟產生了抑制效果。這種抑制關係的確存在於中外經濟關係之中，其原因乃是西方國家雄厚的財政資源。但最重要的原因，乃在於此種關係是受不平等條約保護的。因此，對外國投資的譴責便與對不平等條約的強烈不滿聯在一起，形成一股反帝的熱潮。

此一時期的反帝出現了政治排外和經濟排外兩個側面，這在十九世紀是不曾有過的。

二、三十年代外國投資受到來自各行各業的猛烈抨擊。「五四」運動期間，抗議的呼聲主要來自北京和上海等地的學生與知識分子，並得到工人的響應。譴責外資成了民族主義精神的一種表現形式[50]。二十年代中，國共兩黨都支持反外資的民族主義運動。兩黨的態度均帶有強烈的民族主義色彩。它們譴責外國資本對中國經濟與中國海關關稅的控制以及外國法律與不平等條約對外國企業的保護。此類抨擊

[50]　陳端志：《五四運動之史的評價》，上海生活書店，一九三五年，頁二二五至二四三。

基本上是「五四」運動反帝熱潮的延續。二、三十年代中，外資問題又再次成為一全國性問題，國共兩黨利用國人對這個問題的不滿發展各自的領導權[51]。

五、排外的抵制行動（一九〇八年至一九二六年）

從一九〇八年至一九二六年，中國一直沒有一個強有力的中央政府，它是近代史上的一個混亂時期。一九一一年後，一方面軍閥混戰，沒有一個軍閥擁有足夠的力量來限制外國投資的增長和外國的政治干涉；另一方面，日本在華的政治利益隨其在華的經濟投資的增加而擴大。在這種情況下，加上民族主義的興起，一股反不平等或反對外國「侵略」的政治力量在人民中出現了。沒有一個軍閥政府能有效地保護其人民，人民於是開始自己尋找同外國打交道的方式。如果說一九〇八年至一九二七年這二十年是中國人學習對付「帝國主義」的時期，那麼它也可以說是中國人學習行動起來反抗外國壓迫的時期[52]。排外的抵制行動便是這一時期反帝情緒的最為具體的表現。

如前所述，中國的士紳和商人已能够在一九〇一年組織拒俄運動。在一九〇五年組織抵制美國移民法案歧視中國移民。當日本進一步擴大其在華勢力之時，對日貨的杯葛愈見普遍。在一、二十年代發生過幾次大規模的抵制日貨事件。日本在中國巧取豪奪，中國人則表現出日益強烈的敵意。

一九〇八年的抵制日貨運動

---

[51] Chow Tse-tsung, *The May Fourth Movement*, Stanford University Press, paperback edition, 1967, pp. 356-357.

[52] 丁守和、殷敍彝：《從五四啟蒙運動到馬克思主義的傳播》，北京三聯書店，一九七九年，頁八八至一二九。

　　第一次抵制日貨運動發生在一九〇八年三月。事件的起因在於華南人民對日本人在處理「二辰丸事件」時表現出來的傲慢態度極爲不滿。「二辰丸」是一艘日本船，由於走私軍火而被中國官員捕獲。日本政府於事發後馬上宣佈中國扣押「二辰丸」爲非法，要求中國政府釋放該船並作出賠償，還要求對怠慢日本國旗一事作出道歉。中國政府對日本政府的要求作出讓步[53]。消息傳出，廣州城裏羣情激憤。同業公會和商人爲抗議日本政府的要求而宣佈聯合抵制日貨。一些商人當眾焚毀其庫存的日貨。廣州、香港兩地的日貨無法如期裝卸[54]。至五月，中國報紙盡是關於南方一帶抵制日貨運動的報導。此次運動來勢兇猛。遲至十一月，香港甚至因抵制日貨的爭端而發生了一次暴動。

　　此次抵制日貨的重要意義，在於表明了人民對對外關係愈來愈關切。當人民看到他們軟弱無能的政府在外國的壓力下讓步的時候，不由心中憤懣。當時，由於列強對中國政治、經濟利益的侵蝕，清朝政府已形同癱瘓，外債纍纍。在這種情況下，中央政府不願支持地方政府爲維護地方利益而與外國進行談判。一九〇八年的抵制日貨行動恰如一九〇五年的抵制美貨行動一樣，表明中國商人對中外關係極爲關注。

一九一五年的抵制日貨運動

　　如果說中國的民族主義於一九〇〇年至一九一一年期間仍是初潮的話，那麼它到一十、二十年代期間已處於高潮。清朝傾覆不久，中國便形成了軍閥割據局面。儘管缺乏一個強有力的中央政府，中國的

---

[53]　C. F. Remer, *A Study of Chinese Boycott, op. cit.*, p. 41.

[54]　〈抵制日貨之歷史及其經濟影響〉，《東方雜誌》，上海，一九二九年，卷二六，期三，頁五三。

民族主義仍在不斷發展並繼續喚起民眾的覺悟。其中一個重要的因素就是列強的侵略行為，尤其是日本的侵略行為。外來威脅激勵人民，喚起民族主義意識，繼而激起了熾熱的反帝運動。一九一五年的聯合抵制日貨運動便是一例。一九一五年初，日本政府向袁世凱遞交了「二十一條」，上海各大城市立即掀起了反「二十一條」運動。

「二十一條」的目的在於將滿洲和長江下游一帶置於日本控制之下。袁世凱受到日本極大的壓力。當日本向袁世凱發出最後通牒迫其讓步的時候，全國上下便爆發了一場轟轟烈烈的抵制日貨運動。這場運動北起安東、大連，南至福州、廣州，西起重慶，東至杭州、寧波，而以各大城市如京津滬等為重心。與抵制日貨運動一道，一場「買國貨」運動便應運而生。此次抵制日貨運動由四月起持續到八月。

一九一五年的抵制日貨運動，表明了中國人民對日本侵略陰謀的關注。它充分表現了此一時期中國民族主義的高潮。與一九〇五年的抵制美貨運動不同，一九一五年的抵制日貨運動波及到全國大多數重要地區。上海各界人民紛紛成立各種愛國組織如「市民愛國會」和「國貨推廣會」等㉟。於是，隨著民族主義的發展，羣眾性排外的動員程度便愈發深入廣泛了。

二十年代中的抵制日貨運動

一九一五年的抵制日貨運動於當年秋天便平息下來了，但排外情緒卻並沒跟著和緩下來。一個新的時期，所謂「五四」運動時期便接著開始了。這一新文化運動是由當時著名學者如李大釗、陳獨秀、胡適、蔡元培等人以及一大批京滬兩地的學生發起的。中國文化和傳統受到重新評價。知識分子和學生紛紛要求消除外來勢力和外國在華利

㉟　同上註，頁五七。

益。學生組織了一系列運動❺❻。學生在這一時期的抵制運動中當然地扮演了重要的角色。事實上，抵制日貨運動於二十年代中歷久不衰，並延續到三十年代。

二十年代中的抵制日貨運動可從其直接起因來進行探討。二十年代中至少發生過五次抵制日貨運動，其中一次兼及抵制英貨。第一次乃由一九一九年的「五四」運動直接引起，該運動反對巴黎和會將德國在山東的權益轉給日本。北京學生發動了一次罷課行動並於五月四日舉行羣眾集會。當天便發出了聯合抵制日貨的號召。滬、津、寧、穗等各大城市的學生聞風而動，紛紛組織聯合抵制日貨的行動。幾天後，北京商會以及全國各地的商會也先後宣佈抵制日貨，直至膠州收回為止❺❼。此次聯合抵制行動的規模遠較以往為大。反日宣傳於一九二○年全年之中幾乎從沒停頓過。華中和華南的抵制日貨運動還由城鎮發展到鄉村。在關乎山東問題的華盛頓會議召開期間，京、津、滬、漢等地學生不斷舉行示威❺❽。在日本將山東的權益交還中國當局之後，抵制運動便逐漸失去其原來氣勢，並於一九二一年年中平息下來。

此次抵制運動，為了解這一時期的中國民族主義運動提供了重要線索。它引人注目的發展表現了這一時期中國排外運動的特徵。其特徵之一，就是學生的參與有助於動員人民支持抵制運動。早期的抵制洋貨運動，雖然也曾得到某些學生組織的支持，但主要動力乃來自商會或其他類似的組織。而這次運動顯示由商人發動之排外運動演變成

---

❺❻ Chow Tse-tsung, *The May Fourth, Movement, op. cit.*, pp. 117-144.

❺❼ "Merchants Strike in Shanghai", *The North-China Herald*, CXXXI, 2704, (Shanghai, June 7, 1919), p. 650.

❺❽ 《五四運動回憶錄》，北京中國社會科學出版社，一九七九年，頁七○至八五。

由學生領導之排外運動。特徵之二，此次聯合抵制運動較以往更深入社會，而且還由大城市擴大到其他地區。因此，它得到了廣泛消費者有效的支持。這顯然得力於由學生鼓動起來的普遍的反帝情緒。另一特徵便是反日宣傳的熱度❺❾。它一直持續了三年，直到日本撤出山東之後才平息下來。當政府無能為力的時候，人民醒覺到外來入侵的危險，他們便自動動員起來反對外國的控制。

　　第二次抵制日貨運動發生於一九二三年三月遼東半島問題再次提出之時。中國政府要求歸還旅順、大連的照會遭到日本政府的拒絕。五萬餘名學生遂於上海集會，支持北京政府的要求，抗議日本不予歸還租借地的決定。集會宣佈抵制日貨。抵制日貨運動首先得到漢口、武昌等大城市的響應，然後又擴展到其他大城市。抵制運動於五月七日、九日的國恥紀念活動中劇化。當反日風潮蔓延之時，長江沿岸各港待裝的日貨便日益堆積。此次運動一直持續到七、八月方才平息。此次抵制運動恰如一九二一年的那次抵制運動一般，是由學生領導、受商會支持的❻⓿。此次運動的目的是支持中國政府對日本的要求。

一九二五年和一九二六年的抵制日貨運動

　　一九二五年的抵制日貨運動在領導和方式上都有所改變。一九二五年和一九二六年兩年間一共發生了三次互相聯繫的抵制運動。第一次是針對日本，由上海的一件勞資糾紛引起。計有七萬工人舉行罷工。罷工始於五月底，止於九月底。第二次是抵制英貨運動。一九二五年六月十二日，數名中國人於漢口襲擊英軍軍械庫時被射殺。同年六月二十三日，英軍又於廣州附近向示威羣眾開火，死四十人。這兩

❺❾　Chow Tse-chung, *The May Fourth, Movement, op. cit.*, pp. 99-116.

❻⓿　Hou Chi-min, *op. cit.*, p. 151.

次流血事件便是此次抵制英貨事件的導火線。第三次抵制事件始於六月底， 對象是香港的英國人。 此次抵制行動一直持續到次年十月中旬[61]。

　　一九二五年中抵制運動的重要特點之一，便是上海的學生與工人相結合。工人首次大量捲入了對外國人的鬥爭。在抵制日貨和英貨的運動中，工人拒絕到英、日紗廠上工，拒絕上英、日輪船當水手或裝卸貨物。罷工成了強有力的武器，使抵制運動大有成效。學生和工人之間新形成的關係，反映了排外聯合抵制運動的深入發展，以及國共兩黨的影響。另一個重要特點便是國民黨的參與。在香港的抵制英人運動中， 這點表現得尤為明顯。 雖然開始時它是受商人和學生支持的， 但到後期它卻受國民黨領導。這次抵制運動是在國民黨作出結束決定後才平息下來的[62]。 國民黨成立了指揮羣眾運動和勞工組織的機構， 有計畫地在該抵制運動中扮演領導角色。反日反英情緒一直延續到了一九二七年。事實上，排外於一九二七年更為強化，因該年國民黨揮師北伐，從而掀起了反帝運動。民間的中外衝突，以及更為重要的、 國民黨軍隊與英國和日本軍隊之間的衝突， 曾經引發了數起暴亂、罷工和抵制行動。國民黨軍隊在上海與英、日兩國軍隊之間的對抗， 引起了四月份的抵制行動[63]。 最嚴重乃是針對日本的一次抵制行動，起因是四月間日本海軍陸戰隊於漢口登陸[64]。上海、廣州兩地還發生過抵制日貨的罷工。六月，鐵路工人拒運日貨。稍後，滿洲亦爆發罷工，掀起了一次聲勢浩大的反日運動。

[61]　《抵制日貨之歷史及其經濟影響》，同前註，頁六四至六五。
[62]　C.F. Remer, *A Study of Chinese Boycott, op. cit.*, pp. 106-107; 109-110.
[63]　同上註。
[64]　同上註。

　　值得指出，排外行動首先是由大城市的商會或商人組織起來的，只是到了後來才成為人民手中反對外國人的一個重要手段。基於二十年代強烈的民族主義情緒，幾乎每一次導致傷亡的中外衝突，都會引發抵制外國貨。這些抵制和罷工，如表 4-7 所示，嚴重地打擊了外國在華貿易。雖然有多種因素影響了此一時期中日貿易，但顯而易見抵制日貨對日本一九〇八、一九〇九、一九一五、一九二四年的對華出口，產生了不利影響。

表 4-7　一九〇七年至一九二六年的反日運動和中日貿易
（以千日元計）

年　份	日本對中國出口	日本從中國進口	總　計
1907	85,619	59,182	144,801
*1908	60,505	50,966	111,472
*1909	73,087	46,886	119,973
1910	90,037	68,569	158,606
1911	88,152	61,999	150,151
1912	114,823	54,807	169,630
1913	154,660	61,223	215,883
1914	162,370	58,305	220,675
*1915	141,122	85,847	226,969
1916	192,712	108,638	301,350
1917	318,380	133,271	451,651
1918	359,150	281,707	640,857
1919	447,049	322,100	769,149
1920	410,270	218,090	628,360
*1921	287,227	191,678	478,905
*1922	333,520	186,344	519,864
*1923	272,190	204,678	476,868
*1924	348,398	237,543	585,941
1925	468,438	214,657	683,095
1926	421,861	239,410	661,271

＊表現出聯合抵制嚴重影響
資料來源：《東方雜誌》，第二十六卷，第三册。（一九二九年二月十日號），第六五頁。

從政治上看，最重要的發展乃是有愈來愈多的工人和學生加入聯合抵制的行列。學生在「五四」運動中十分活躍，此後，又在聯合抵制或罷工這類排外運動中扮演了重要角色。然而，大量工人參與卻是遲至一九二五年才開始。遲參與的原因，在於工人中排外情緒發展較慢，週期性的聯合抵制對他們的生計只產生間接的影響。工人遲於商人和學生之後參與排外運動一事，令人懷疑毛澤東和左派作家對工人的革命性的頌揚[65]。商人最早捲入的原因，在於聯合抵制可在市場上排除外國商品。這可削弱洋貨的壓力，改善國貨在市場上的競爭地位。因此，在反對外國直接投資方面，商人的積極性也比工人高。

小　　結

中國的民族主義乃由二十世紀初之排外情緒演化而來。這一時期的排外有兩種形式：一種是聯合抵制外國商品；另一種是收回國家權益運動。這兩種運動又反過來強化了民族主義。

這一時期的排外與上一世紀後期之排外的不同之處在於：二十世紀之排外與民族主義相輔相成，而十九世紀之排外乃受種族、文化衝突之激發。其次，二十世紀初之排外參與的人數和行業多而廣，並演成全國性運動，而十九世紀之排外則僅限於局部地區，而且是分散進行。此外，二十世紀初之排外在尋求民族利益方面是建設性的。它不再以驅逐外國人為鬥爭方向，它是爭取民族獨立平等的一部分。

雖然中國人為民族獨立平等鬥爭不已，外國對中國政治、經濟的控制卻並未減少。相反，外國在華投資借貸額迅速增加，外國政府對

---

[65] *Selected Works of Mao Tse-tung*, Vol. II. 1967, Peking: Foreign Languages Press, p. 325.

中國的政治控制依然如昔。中國人民繼續組織聯合抵制行動反抗外國的政治、經濟控制。商人、工人、學生、知識分子均參與了聯合抵制行動。由於政治分裂與割據狀態，此一時期的中國政府無法有效地對抗外國控制。在這種情況下，排外的聯合抵制行動便成爲人民對抗外國控制的一種重要形式。

第 五 章

國民黨的反帝與抗日

　　國民黨於二十世紀初成爲一個重要政黨，並領導一九一一年革命，推翻了滿清政府。國民黨創始人孫中山誓以三民主義來統一中國和建設「新中國」。但直至一九二五年他逝世之前，孫中山對軍閥割據下的中國局勢頗感失望。在他逝世前的兩年中，孫中山對帝國主義及其干涉中國政治的行徑進行了猛烈抨擊。他明確主張，爲了恢復中國的獨立主權，必須廢除不平等條約、關稅限制和租界。

　　本章將首先討論不平等條約、國民黨領導人關於帝國主義的理論和概念、排外羣眾運動以及反日本侵略政策。最後將討論國民黨爲恢復國家獨立主權，在廢除關稅限制、不平等條約和租界等方面所做的具體努力。

一、 關稅限制和不平等條約

　　自十九世紀中期第二次鴉片戰爭之後，關稅限制限定中國海關只能對貨物抽取百分之五的關稅，而且只有在全體簽約國家一致同意的情況下，才能改變海關稅率。中國在一九○一年《天津條約》中，以海關稅收保證償付庚子賠款。該條約還強迫中國接受中國海關由外國

人幫辦處理稅務。關稅稅率由不平等條約規定，關稅收入則盡入外國政府之囊。中國公眾輿論強烈抗議這種「帝國主義的經濟侵略」。

關稅若能恢復自主，就不僅能增加中國政府的收入，而且還能保護本國產品免受外貨傾銷之害。中國代表團先後在巴黎和會（一九一九年）和華盛頓會議（一九二一年至一九二三年）上提出了恢復中國關稅自主的問題，但均告徒勞。華盛頓會議只是任命了一個委員會來對這一問題作深入研究。而該委員會遲至一九二五年才舉行會議，且未能對有關報告達成一致的意見。

治外法權是帝國主義侵略的象徵。在一九一一年滿清政府倒臺之前，已有許多外國政府在中國取得了租界和治外法權。二十世紀初，對不平等條約和治外法權的譴責日見激烈。中國官員和民眾將治外法權歸咎於外國的「帝國主義侵略」。而欲廢除它，則必先廢除不平等條約。治外法權被視為「先朝遺物」，「它不僅不再適合今日情況，而且有損於中國司法行政制度的正常運轉」。治外法權對中國的主權橫加限制，必須將它廢除，在「平等的司法管轄權之基礎上」❶，重新調整中國的對外關係。

在國內，要求廢除不平等條約和治外法權的呼聲日益高漲，在國際舞臺上卻沒多少反響。在一九一九年的巴黎和會上曾經提及，但各大國均不表支持。由於中國民眾譴責治外法權及其禍害的聲勢日隆，至一九二一年，該問題又在華盛頓限制軍備會議上提出，但仍不獲解決。

孫中山一九二三年在和蘇聯特使越飛（Adolf A. Joffe）接觸之後，對不平等條約和治外法權的態度更為強硬。越飛向孫中山表明，

---

❶ H. G. W. Woodhead, *Extraterritoriality in China*, Tientsin: Tientsin Press, Ltd., 1929, p. 2.

蘇聯政府已準備與中國舉行談判，廢除由沙皇政府強加給中國的所有不平等條約，其中包括中東鐵路協定[2]。國民黨第一次全國代表會議（一九二四年一月召開）體現了孫中山的強硬態度。在宣言中，國民黨主張針對不平等條約採取強硬的對外政策：

（一）　一切不平等條約，如外人租借地、領事裁判權、外人管理關稅權，以及外人在中國境內行使一切政治的權力，侵害中國主權者，皆當取消，重訂雙方平等互尊主權之條約。

（二）　凡自願放棄一切特權之國家，及願廢止破壞中國主權之條約者，中國皆將認爲最惠國。

（三）　中國與列強所訂其他條約，有損中國之利益者，須重新審定，務以不害雙方主權爲原則。

（四）　中國所借外債，當在使中國政治上、實業上不受損失之範圍內，保證並償還之。

（五）　庚子賠款當完全劃作教育經費。

（六）　中國境內不負責任之政府，如賄選竊僭之北京政府，其所借外債，非以增進人民之幸福，乃爲維持軍閥之地位，俾得行使賄買，侵吞盜用，此等債款，中國人民不負償還之責任。

（七）　召集各省職業團體（銀行界、商會等）社會團體（教育機關等）組織會議，籌備償還外債之方法以求脫離因困頓於債務而陷於國際的半殖民地之地位[3]。

北伐開始後，國民黨要求廢除不平等條約的願望愈發迫切。國民

---

[2]　Milton J.T. Shieh,, *The Kuomintang*: *Selected Historical Documents, 1894-1969*, New York: St. John's University Press, 1970, p. 72.

[3]　中國國民黨黨史委員會編輯發行《革命文獻》之第六十九輯（增訂本）《中國國民黨宣言集》，一九七六年，第九二至九三頁。

黨於一九二四年發布的北伐宣言中，聲明：

> 此次爆發之國內戰爭，本黨因反對軍閥而參加之，其職任首在
> 戰勝之後，以革命政府之權力，掃蕩反革命之惡勢力，使人民
> 得解放而謀自治，尤在對外代表國家利益，要求重新審訂一切
> 不平等之條約，即取消此等條約中所定之一切特權，而重訂雙
> 方平等互尊主權之條約，以消滅帝國主義在中國之勢力，蓋必
> 先令中國出此不平等之國際地位，然後下列之具體目的，方有
> 實現之可能也。
>
> （一） 中國躋於國際平等地位以後，國民經濟及一切生產力得
> 　　　充分發揮。
>
> 　　　……（中略）
>
> （六） 中國新法律，更因不平等條約之廢除，而能普及於全國
> 　　　領土，實行於一切租界，然後陰謀破壞反革命勢力無所
> 　　　憑藉❹。

　　外國租界此時也成了中國民眾的抗議對象。租界的繼續存在，有
損中國主權，所以遭到反對。中國政府若未經租界市政當局的允許，
便不得在租界內徵稅。同時，若無外國領事合署之逮捕令，租界內之
中國公民亦不受逮捕。人們普遍認為，在中國的土地上存在著受外國
管轄的地界，是對中國主權的侵犯。

　　在華盛頓會議（一九二一年至一九二二年）上， 王寵惠據理力
爭。他指出，對中國人更為不利的是，由於有治外法權，在華外國人
可以不必繳納一般中國人必須繳納的地方稅和執照稅❺。

---

❹ 國防部史政局編纂《北伐簡史》，臺北正中書局印行，一九六八年，
　第二九二頁。
❺ H. G. W. Woodhead, *op. cit.*, p. 41.

基於不平等條約，尤其是治外法權，外國租界才得以存在。中國廢除不平等條約和治外法權，外國租界便不可能繼續。所以，廢除治外法權便會大大影響外國產業和外國人的安全。這便是這一問題的核心。享有治外法權的列強各國政府對中國的要求置之不理，是可想而知的。

二、孫中山的革命和反帝理論

與大多數同時代主張維新變法、君主立憲的人如康有為、梁啓超等不同，孫中山所代表的是一種急進的革命潮流，他主張推翻滿清、建立共和。儘管二十世紀初時排外情緒遍及全國，但關於「列強」對中國的影響，卻無人做過全面的研究。孫中山在一八九四年定稿的《民族主義要義》中所強調的，仍是推翻滿清而非排除西方勢力❻。因此，當清帝於一九一二年宣告遜位時，孫中山便宣布民族主義的目標業已達到。顯然，孫中山此時的民族主義尚未和帝國主義與革命聯繫起來。在一九一二年的國民黨成立宣言中，孫中山保證以外交友誼保持國際和平，尊重保持現狀，全力進行國內建設❼。一九一三年八月的國民黨黨綱宣言仍重點強調外交。宣言說：

> 當吾國之積弱，非善運用外交，不足以求存。然欲運用外交，非具世界之眼光，不足以盡其用。中國向來外交，無往而不失敗。蓋以不知國際上相互之關係，一遇外人之虛聲恫喝，即惟有讓步之一法，是誠可傷者也。外交微奧，有應時發生者，未可預定，亦難於說明。惟外交方針，則可約略言之：一曰聯絡

❻ 鄒魯：《中國國民黨史略》，重慶商務印書館，一九四四年，頁二五。
❼ Milton J. T. Shieh, *op. cit.*, p. 38.

素日親厚之與國。今國於世界，孤立無助，實爲危象，故必當
聯絡素日親厚之與國，或締協約，或結同盟，或一國，或數
國，俱爲當時之妙用。一曰維持列國對我素持之主義。吾國現
勢，非致力對外之時，故宜維持列國對我素持之主義，使之相
承不變，而得專心一意於內政之整理。此數者皆本黨運用外交
之計畫，而本黨對於政策所主張者十❽。

「五四」運動中，中國各地民族主義熱潮高漲。在一種生氣勃勃
的民族主義思潮、一種新的精神感召下，中國甦醒了。一般來說，
「五四」運動是一場民族主義運動和文化革命，它有文學革命、新思
想運動、學生運動、商人罷市、工人罷工以及聯合抵制日貨等❾。它
反映了這一時期中國在文化、社會、經濟、政治等各方面的問題。它
揭示了中國內臨混亂變局，外受列強欺凌的事實。前一章述及的反巴
黎和會山東問題決議是「五四」運動的導火線。反日運動是這一事件
背後的政治動力，它激發了全國的民族主義熱潮。關於「五四」運動
的意義有不同的解釋，因強調重點的不同而大相徑庭。在持自由主
義觀點的知識分子如胡適、蔣夢麟等人看來，「五四」運動乃是一場
「文化運動」。他們強調文化方面的白話文改革、人文主義之興起等
等❿。蔣夢麟也看到了反列強侵略的民族情緒。不過，他卻懷疑所謂
新文化運動的價值。他並批判那些不尊重中國傳統文化的人。他的觀
點以後便成了國民黨意識形態的一部分。共產黨領導人如陳獨秀、李
大釗等將「五四」運動看成是一場「反侵略」運動。他們認爲，「五

❽ 《中國國民黨宣言集》，第三九頁。
❾ Chow Tse-tsung, *The May Fourth Movement*, Stanford, Calif.: Stanford University Press, 1967 (paperback edition), pp. 2-6.
❿ 同上註，頁三三九。

四」運動不僅是一場愛國運動，而且是一次追求人類解放的運動。

其他國民黨領袖如戴季陶、朱執信、胡漢民等人的著作裏都曾論及帝國主義。「五四」運動期間戴季陶曾強調經濟解體的問題。戴季陶認爲，外貨入侵中國市場和外國干涉中國經濟造成了中國經濟的停滯。後來，戴季陶的立場變得更接近蔣介石，強調中國傳統，從右的方面詮釋「三民主義」⓫。

國民黨的一位革命英雄朱執信曾激烈抨擊帝國主義。在一九一九年，他認爲，帝國主義的目標便是擴張本國之力來壓倒別國。依朱執信之見，帝國主義違背共處原則，勢必侵略他國。他將帝國主義的產生歸因於軍國主義。一國受某一外部侵略者威脅之時，它必以自衛之名調集本國之資源來壯大軍事力量。如業已建立的軍事力量閑置不用，便會造成極大浪費。對外征服便爲軍事力量提供了一條出路。按此，則帝國主義乃是軍國主義的最終發展，而不是如列寧所說的資本主義的最高階段。朱執信以爲民族主義、軍國主義和帝國主義三者是相互聯繫的。消除帝國主義的方法就是社會主義。按朱執信的說法，社會主義能夠在推進民族精神的同時避免招致民族衝突⓬。

孫中山在「五四」運動期間（一九一九年至一九二一年）發表的文章，並沒有直接譴責過帝國主義列強。顯而易見，孫中山在這一時期中對列強的態度是十分小心的⓭。一九二三年一月一日的國民黨宣言以低調指出，國民黨將不遺餘力地爭取修訂不平等條約。它強調國

⓫　Chester C. Tan, *Chinese Political Thought in the Twentieth Century*, New York: Doubleday & Company, Inc., 1971, p. 177.

⓬　同上註，頁一八六。

⓭　Lyon Sharman, *Sun Yat-sen, His Life and Its Meaning*, Stanford, Calif.: Stanford University Press, 1968 edition, pp. 216-219.

民黨必須推行普及教育，以提高整個民族的文化水平，爭取與世界各國人民平等的地位⓮。

　　孫中山和共產國際代表越飛於一九二三年一月中旬會面。當月二十六日，兩人發表聯合聲明。孫中山自一九二四年和共產黨合作後，已加強了對帝國主義的抨擊。在此之前，孫中山認爲中國革命僅與中國內部問題有關。他對帝國主義的抨擊，始見於一九二四年一月國民黨第一次全國代表大會宣言中。他宣稱必須廢除那保障租界、治外法權和外國對中國海關關稅的控制權的不平等條約。在這篇宣言中，孫中山首次公開譴責軍閥和帝國主義的勾結，並將中國的連年內戰歸咎於列強之間的利益衝突。他認爲，帝國主義的經濟剝削和外國資本是妨礙中國工業化的禍根。依此推之，他指出帝國主義已令中國淪爲半殖民地，任何民族解放鬥爭都必須針對這股外來勢力。不過，與列寧將帝國主義視作資本主義的最高階段不同，孫中山將帝國主義視作一種以政治力量爲手段強加於其他國家的侵略政策。他認爲第一次世界大戰是由於英德爭奪海上霸權以及列強攫取更多領土的野心而引起的。

　　孫中山宣稱，軍國主義和外國帝國主義乃中國內亂之根源。二者的共同作用，迫使中國處於被統治地位，但同時又激起了中國民眾反列強的民族主義情緒。孫中山更爲具體地將帝國主義看作是一種基於武力的政治擴張。在一九二四年的北伐宣言中，他對外國帝國主義及其對中國軍閥的扶植做了更進一步的抨擊。他聲明：

　　　　反革命之惡勢力所以存在，實帝國主義卵翼之使然，證之民國
　　　　二年之際，袁世凱將欲摧殘革命黨，以遂其宰制自爲之欲，則

⓮　Milton J. T. Shieh, *op. cit.*, p. 69.

有五國銀行團大借款於此成立，以二萬萬五千萬元供其戰費；
自是厥後，歷馮國璋、徐世昌諸人，凡一度用兵於國內以摧殘
異己，則必有一度之大借款資其揮霍；及乎最近，曹錕、吳佩
孚加兵於東南，則久懸不決之金佛郎案卽決定成立。由於種
種，可知十三年來之戰禍，直接受自軍閥，間接受之帝國主
義，明明白白無可疑者。

換言之，此戰之目的，不僅在推倒軍閥所賴以生存之帝國主
義，蓋必如是，然後反革命之根株乃得永絕，中國乃能脫離次
殖民地之地位，以造成自由獨立之國家也⑮。

可見，在「五四」運動以後，孫中山的民族主義已變成以反對外
國侵略者爲目標。他認爲，爲了獲得平等獨立，中國必須擺脫帝國主
義的羈絆，收復失土和恢復主權，改變一盤散沙的局面，在人民中培
育團結意識。孫中山譴責「帝國主義」及其導致中國內政混亂，令他
成了反帝的象徵和民族英雄⑯。孫中山的這一新立場，明顯地脫離了
他本人早期主張的世界各國應保持和平與友好關係的思想。

孫中山認爲戰亂不息是因爲歐洲各國均沉溺於帝國主義政策。戰
爭是各帝國主義國家之間的衝突。「戰爭的結果仍是一帝國主義打倒
另一帝國主義，留下來的還是帝國主義」⑰。孫中山認爲，反擊帝國
主義的唯一辦法是恢復中國的民族主義以及「運用四萬萬人的力量爲
世界上的人類去抱打不平，這才算是我們的天職」⑱。因此，孫中山
的反帝方法便是恢復中國的民族主義。這在《三民主義第五講》（一

⑮ 《北伐簡史》，第二九一頁。
⑯ C. Martin Wilbur, *Sun Yat-sen: Frustrated Patriot*, New York: Columbia University Press, 1976, pp. 199-204.
⑰ 《三民主義》，臺北正中書局，一九七四年，頁四三。
⑱ 並參見《三民主義》，同前註，頁四十五。

九二四年二月二十四日）中有清楚的表述。孫中山指出：「長此以往，如果不想辦法來恢復民族主義，中國將來不但是要亡國，或者要亡種。」

孫中山建議以兩種方法來恢復中國的民族主義。第一種方法便是喚醒四萬萬同胞明白自己的處境。必須讓他們看到，中國面對著列強的政治壓迫、經濟壓迫和人口增加的壓迫，形勢險惡。「這三件外來的大禍已經臨頭」，孫中山說，「我們民族處於現在的地位是很危險的」。他又引述中國古語「無敵國外患者恒亡」和「多難可以興邦」⓳。他認為，如果一個民族自以為沒有外患，自以為很安全，是世界中最強大國家，外人不敢來侵犯，可以不必講國防，那麼這個民族一遇有外患，便將亡國。

恢復民族主義的第二個辦法，依孫中山的見解，便是由宗族結合成民族。孫中山以為中國人本沒有民族團體，只有家族和宗族團體，因此他建議在家族和宗族的基礎上建立國族團體。「假若全體國民用宗族團體為基礎，聯成一個大民族團體，無論外國用甚麼壓迫，我們都不怕它。」所以救中國於水火之中的基本方法之一便是結成國族團體。

孫中山的理論，是中國關於反擊帝國主義最早的理論之一。他的主要思想，是建設一強大統一的中國以抵抗列強。他相信，中國人民一旦認清了列強壓迫、威脅的危險，民族主義一旦形成，列強對付中國的帝國主義政策就會改變。他對中國人民未來的團結持樂觀看法。他的反帝思想目標在於統一中國。不過，孫中山並沒有提出如何將帝國主義逐出中國的方案，也沒有提出中國取得獨立之後如何與帝國主義交往的設想。

⓳ 《三民主義》，同註⓱，頁五一。

三、孫中山逝世後國民黨的反帝

孫中山去世後，國民黨繼承他的遺志，決心鏟除軍閥，制止外國干涉。一九二六年一月，國民黨第二次全國代表大會召開。大會宣言正式提出了國民黨在孫中山逝世後推行的三項政策。首先就強調反帝政策。宣言說，在不平等條約的約束下，中國已喪失了它的自由平等。「孰使此不平等條約之束縛加以中國？曰帝國主義」。因此，推翻帝國主義便應成爲國民革命的首要任務[20]。其次，國民黨採取明確的親蘇政策。宣言繼承孫中山「必須喚起民眾，聯合世界平等待我之民族共同奮鬥」的觀點，指出：「所謂以平等待我之民族，能以其自力，打倒帝國主義，自致於平等，同時以平等對我者，如蘇俄是。」宣言進一步指出：「本黨既抱此目的，故對於蘇俄，以誠意與之合作，雖受帝國主義及其工具軍閥、官僚、買辦階級、土豪之種種誣衊，種種挑撥離間，而繼續進行，而不因之受撓。[21]」再次，宣言宣稱，自第一次世界大戰以後，帝國主義的根基業已搖動，它們已陷於利害衝突，相互猜忌及種種矛盾之中。

胡漢民是孫中山以後國民黨內角逐最高領導地位的重要領導人之一。在其《三民主義之聯繫》（一九八二年）一文中，胡漢民也討論了帝國主義的發展。胡漢民認爲軍國主義、資本主義和官僚政治是帝國主義的三種勢力，而每種勢力的基本因素便是個人追求統治的慾望。領土擴張既可爲資本家和經濟利益帶來好處，又可滿足軍國主義者的虛榮心[22]。胡漢民認爲，孫中山的三民主義是對抗帝國主義的最好武

---

[20] Milton J. T. Shieh, *op. cit.*, p. 112.
[21] 《中國國民黨宣言集》，第一五三頁。
[22] Chester C. Tan, *op. cit.*, p. 197.

器，因爲三民主義以民族爲基礎，直接與個人主義對立。按照胡漢民的看法，近代史業已證明，若以個人爲國家之本，那麼民族主義就會墮落爲軍國主義，民主政治會墮落爲階級鬥爭，福利國家會墮落爲資本主義。他感到共產主義和三民主義有著共同目標，卽建立一個財產是民有、民用、民享的社會。但他認爲共產主義以階級鬥爭爲基礎，致力於建立階級統治卽無產階級專政，其實違背了它自己的目標㉓。

蔣介石爲角逐黨最高領導地位的另一國民黨上層人物。他畢業於保定軍校，並在東京一軍事學校留學四年。一九一一年至一九一三年，他投身革命活動。他的政治生涯始於孫中山任命他爲黃埔軍校校長之時。一九二八年北伐之後，他成爲國民黨中少數幾個最重要的領袖之一。三十年代初，他與汪精衞平分秋色。至三十年代中，由於握有軍權，蔣介石終於成爲第一號人物。日本侵略逐漸擴大，使他成了中國當然的領袖。在成爲「國家最高領袖」之後，蔣介石便採取三民主義作爲統治中國的基本方針。面對日本日益增長的威脅，他的首要任務便是建立一個強有力的政府來統一中國。他認爲，爲著有效地抵抗日本侵略，就必須動員全國所有人力物力，集於一強有力的中央集權領導之下。抗日戰爭就是一場三民主義對抗好戰的帝國主義者的戰爭㉔。作爲中國的全國領袖，蔣介石在抗戰期間的首要關注便是如何避免中國遭受日本佔領。

蔣介石將中國的積弱和弊病歸咎於不平等條約，認爲這些條約嚴重地影響了中國的政治、法律、經濟、道德和心理。在政治方面，蔣介石同孫中山一樣認爲，正是帝國主義者的暗中活動招致了軍閥混戰。治外法權和租界爲帝國主義者提供了間諜活動的場所。帝國主義

㉓　同上註，頁一九八。
㉔　蔣中正：〈要抵抗日本帝國主義必先要抵抗日本武士道精神〉，《抗戰與革命》，上海美商遠東華報社，一九三九年，頁四八至六四。

者利用供應軍火和鐵路特權等作手段，煽起軍閥之間的你爭我鬥。同時，不平等條約又損害了中國的國防和法律。例如，辛丑條約給予外國艦隻停靠中國某些港口的權利。治外法權給予外國領事在租界範圍內行使司法裁判的權力。結果，中國政府便喪失了在租界地區維持法律和秩序的權力㉕。

蔣介石並認為不平等條約損害了中國經濟。不平等條約給予各國各種經濟特權，如內河航行、修築鐵路、開採礦山、發行貨幣以及在沿海經商、設廠等。這些權利抑制了中國的經濟發展，並保障了列強對中國經濟的控制㉖。

此外，蔣介石又指出不平等條約對中國的社會、道德、心理造成的嚴重後果。依照他的看法，在不平等條約之下，中國的農村生活衰落，而城市生活過度發展。宗族和農業組織瓦解了。結果，自私代替了傳統的自尊，互助美德衰落。不平等條約造成的心理後果便是中國人喪失了對其文化傳統的信心和尊重。其結果是令他們尊崇西方文化，輕視本國文化㉗。依照蔣介石的看法，這便是文化侵略造成的危機，是民族精神面對的最嚴重問題。因此，蔣介石再三呼籲廢除不平等條約。

為了解決這類由不平等條約引起的問題，蔣介石還倡導社會改

㉕　蔣中正：《中國之命運》，臺北正中書局，一九七五年（重印版），頁四十九至五十五，並參閱 John E. Schrecker, *Imperialism and Chinese Nationalism: Germany in Shantung*, Cambridge, Mass.: Harvard University Press, 1971.

㉖　《中國之命運》，同前註，頁五六至六〇。有關羣眾反帝運動參閱 Harold R. Isaacs, *The Tragedy of the Chinese Revolution*, second revised edition, New York: Atheneum, 1966, pp. 64-73.

㉗　何明忠：《中國之命運的綜合研究》，蘇州，一九四六年，頁三〇至三一。

革、復興傳統道德和民族精神。他相信建國的前提是復興中國的傳統
道德和社會規範，以重建自信和社會秩序。於是，在呼籲革命的同
時，蔣介石也把社會改革和復興傳統道德列為他的主要綱領❷。一九
三二年，在對中央政治學院的一次講話中，他說，民族生存的最重要
條件在於樹立自信，中華民族的新生和中國革命的完成應以傳統道德
的復興為先行❷。基於此種信念，一九三四年蔣介石號召開展一「新
生活運動」，該運動旨在復興民族「靈魂」，重建傳統道德如「四維
八德」❸他擬通過復興中國的舊道德來造就一種新的社會意識和英勇
的精神。

　　不平等條約於 一九四三年廢除後，蔣介石重申 國內統一的重要
性。他說：「而今日不平等條約既已取消了，則中國今後的命運乃就
要決之於國內政治之是否統一，與國力之能否集中一點之上。❸」

　　在對外關係方面，蔣介石主張，國家自由平等的原則應體現於戰
後國際組織和文化經濟復興之中。他指出，國家之間的政治、經濟、
軍事侵略以及隨之形成的關係和制度，乃是戰爭的根源，而此類戰爭
根源便構成了帝國主義❸。因此，他極力主張：對世界上任何地方任
何種類的帝國主義，中國都應予以反對。不過，同當時的大多數人一

---

❷　參閱 Mary C. Wright, "From Revolution to Restoration", in Joseph R. Levenson, ed., *Modern China*, London: The Mac-Millan Co., pp. 99-113.

❷　蔣中正：《抗戰與革命》，上海編譯館，一九三八年，卷三，頁四。

❸　Samuel C. Chu, "The New Life Movement before the Sino-Japanese Conflict: A Reflection of Kuomintang Limitation in Thought and Action", in *China at the Crossroads: Nationalists and Communists, 1927-1949*, (ed.) Gilbert Chan, Colorado: Westview Press, 1980, pp. 37-67.

❸　《中國之命運》，同前註，頁二〇〇；並參閱 Theodore White and Annalee Jocoby, *Thunder out of China*, New York: William Sloane Associates, 1946, pp. 33-47.

❸　《中國之命運》，同前註，頁二一五。

樣，蔣介石最關注的是反日，而不是一般的反帝。蔣介石的反戰情緒和反帝傾向，均來自中國人思想傳統中對戰亂的憎惡和對和平的嚮往。

四、國民黨和排外羣衆運動

一九二七年至一九四五年這十八年可分爲兩個階段。一九二七年至一九三七年這十年爲第一階段，其特徵是：蔣介石於北伐後的崛起以及日本軍國主義的日益擴大的進犯。此一時期中，中國仍處在軍閥割據之下。第二階段卽爲抗戰時期。這是個戰火瀰漫的年代。中國人民奮起抵抗日本的侵略。毋庸置疑，中國人口的大半均飽嘗戰亂之苦。此外，當時的中國政治變得極端錯綜複雜。蔣介石既要面對內政，又要對付外寇。對內，蔣介石無時無刻不在與軍閥和共產黨爭鬥[33]。對外，國民黨政府立誓要恢復中國主權和抵抗日本侵略者。

儘管蔣介石在北伐中取得了勝利，但遲至二十年代末，中國仍未重新統一。老牌軍閥如閻錫山、馮玉祥、李宗仁等仍然保有其地方兵力。此外，國民黨又陷入了派別之爭。擁有軍權的蔣介石進而爭取黨內的領導權。但是，他遇上了胡漢民和汪精衞等國民黨領袖的抵抗。換句話說，二十年代中，國民黨內還沒有人可以以一己之力統一黨內各派。日本軍國主義者看到了中國政壇的弱點，便躍躍欲試，擬出兵中國。

一九二七年至一九七三年這十年間，中國的排外羣衆活動繼續增長。一如既往，中國民衆使用聯合抵制作手段來反擊外國。二十年代

---

[33] James S. Sheridan, *China In Disintegration*, New York: The Free Press, 1975, pp. 183-206.

後期，國民政府雖在一步步擴大其中央領導權，但仍然無法左右地方上所有的排外活動。不過，京、津、滬、穗等各大城市的國民黨分部常常試圖插手各種公開或秘密的反外運動，試圖對它們加以領導。例如，一九二七年初，漢口民眾反英情緒高漲，結果便導致了英國海軍陸戰隊士兵和反英民眾的衝突。反英情緒很快便蔓延到鄰近的長江沿岸各省。九江、宜昌、長沙等地相繼爆發了示威遊行。形勢之嚴重，迫使英國決定將其僑民撤離上述各大城市。一月，廣州、福州等地又掀起聯合抵制英貨運動。廣州的工人和學生均加入了抵制運動。至三月，當英國拒絕承認設在廣州的國民政府時，上海、廣州、福州等地的反英情緒再次高漲❸。至三月底，國民軍進入南京，反外活動旋即於當地興起。與此同時，當一支強行進入上海的山東部隊與英軍發生衝突之後，一場抵制英貨的運動便在當地展開。反英成了一九二七年初排外活動的重點。不過，國民黨似乎沒有直接組織和領導此類反英活動。

中國民族主義不斷高漲。而日本政府正加緊推行一強硬的侵華政策。反英羣眾運動逐轉為反日羣眾運動。一九二七年四月，日本海軍陸戰隊於漢口登陸，引起當地民眾的抗議。其他城市如蘇州、長沙等地也爆發了一系列示威。上海、廣州、蕪湖、廈門等地爆發了抵制日貨運動，使當年夏季日貨進口量劇減❸。日本增派上海、膠濟駐軍並要求中國承認其於滿洲一地享有特權，激起全國反日情緒的迅速高漲。一九二七年夏天，日本成了反外活動的主要對象。

一九二八年五月三日，國民軍與日軍於濟南發生衝突。於是，導

---

❸ C.F. Remer, *A Study of Chinese Boycotts*, Baltimore: The Johns Hopkins Press, 1933, p. 128.

❸ 同上註，頁一三〇。

致了一九二八年至一九二九年間，反日情緒的再度高漲。濟南事件中雙方死傷甚眾，但更爲重要的是它引起了全國上下對「日本帝國主義」的強烈譴責。上海、廣州、南京、汕頭等各大城市旋卽掀起抵制日貨運動。除了抵制日貨以外，沒收日貨的事也屢有發生。各種反日會社在組織此類活動中扮演了積極角色。廣州和天津的國民黨分部則參與了抵制日貨委員會的組織工作，並領導了幾次大的反日活動㊱。一九二九年初，漢口一中國工人在一次交通事故中被一日本陸戰隊士兵開車撞死，使得當地反日情緒復燃。抵制日貨運動風起雲湧，日資工廠的工人還舉行罷工。二、三月間，這一運動便蔓延到天津和上海，當地民眾爲支援漢口罷工工人而舉行籌款㊲。至四月，運動逐漸趨於平息，反日情緒亦隨之鬆弛下來。但是，在整個三十年代中，反日情緒因日軍進犯卻從無歇時。

從一九三一年至一九三二年期間，由於日本的不斷侵犯，中國出現了前所未有的反日熱潮。一九三一年後，發生了一系列衝突。一九三一年的萬寶山事件在中日之間製造了新的磨擦。該事件起於當年六月滿洲萬寶山地方中國農民和朝鮮移民之間的一宗糾紛㊳。七月，中國農民和日本警察發生衝突，引起全國公眾不滿。七月中旬，上海中國商會遂發起抵制日貨行動。該次運動受到國民黨江蘇省黨部、上海市黨部、工會和其他組織的支持，不久便席捲全上海。天津、廣州、漢口亦起而響應。各大城市的國民黨地方支部均在抵制運動中扮演了積極角色，表現出對反日運動的領導作用㊳。

㊱ 同上註，頁一三七至一三八。

㊲ 同上註，頁一四〇。

㊳ 傅啟學，《中國外交史》，臺北臺灣商務印書館，一九七二年，卷二，頁四七二。

㊳ C.F. Remer, *op. cit.*, pp. 157–159.

　　一九三一年的「九・一八事變」明確顯示出日本的侵華政策。九月十八日，日本對瀋陽大舉進攻，隨後幾天便佔領了南滿。滿洲全境遂落入日軍手中。對於日本此次侵略行動，南京政府和張學良領導下的中國滿洲當局，未能採取任何有效行動。面對日本在滿洲咄咄逼人的攻勢，全國上下掀起了抵制日貨的高潮。尤其是各大城市，在「九・一八」事變發生後短短幾天便掀起了抵制日貨運動。九月下旬，在國民黨有關支部的支持下，上海的學生、工人和行會代表聯合發動了一次聲勢浩大的示威⓵。

　　「九・一八」事變在中國引起了廣泛的反日怒潮。而此時的排外情緒已不像原先那樣附和於國民黨了。許多人變為決心抗日，而不是反共。「九・一八」事變後不久，公眾輿論便愈來愈多地抨擊國民黨政府的防衛政策（見下一節）。滬、津、京三地的學生向南京政府請願，要求向日本宣戰⓶。一九三一年十二月，上海、杭州、武漢三地的學生襲擊了當地的國民黨黨部。他們張貼「打倒國民黨」和「團結反帝」的標語。一九三二年初，北京學生以罷課向南京政府抗議。四月，西安學生組織「抗日會」，並襲擊了當地國民黨黨部⓷。這些學生活動清楚表明，國民黨再也不能像在「九・一八」事件前那樣領導羣眾運動了。

　　反國民黨羣眾運動的發展自然令共產黨感到高興。「九・一八」事變發生時，共產黨正與優勢的國民黨兵力對峙。一九三一年二月，

⓵　參閱 Donald A. Jordan, "China's Vulnerability to Japanese Imperialism: The Anti-Japanese Boycott of 1931-1932", in Gilbert Chan (ed.), *op. cit.*, pp. 91-123.

⓶　John Israel, *Student Nationalism in China 1927-1937*, Stanford: Stanford University Press, 1966, pp. 47-86.

⓷　郭廷以：《近代中國史綱》，香港中文大學出版社，一九七九年，頁六六一。

共產黨公開呼籲工人、士兵、學生和武裝羣眾與日本帝國主義和國民黨戰鬥[43]。「九・一八」事變後，共產黨宣稱自己是抵抗「日本帝國主義」的愛國力量[44]。它不失時機地加強對各種羣眾組織的滲透。至一九三五年，共產黨已有能力在各大城市組織若干學生運動和工人罷工。例如，一九三五年十一、十二月，在許多大城市裏成立了由共產黨支持的各種學生組織。這些學生組織向蔣介石請願，要求停止國共內戰以及聯合抗日，形成一個全國性的學生運動。廣州、上海、南京、天津、長沙、武漢、西安等地的學生均捲入了這場運動[45]。學生運動要求組成「統一戰線」以反抗日本侵略，形成一個重要的輿論團體。一九三六年五月，上海學生成立「救國會」，要求組成反日帝國主義的「統一戰線」[46]。廣大羣眾的反日情緒最後終於促成了一九三六年十二月西安事變後的國共兩黨的合作。共產黨利用反日羣眾組織來爭取社會各界的支持。反外羣眾運動幫助他們迅速擴張。從一九三七年至一九四五年的八年抗戰中，國共兩黨繼續爭奪對羣眾組織的領導權。兩黨在一九四七年第二次內戰爆發前，均已深入各層人民羣眾之中。

五、國民黨對抗日本侵略的政策

「九・一八」事變標誌著日本軍隊一次新的大規模的侵略行動。一週之內，滿洲全境淪陷。國民政府對日本血腥的侵略行爲提出了抗議，並向國聯提出上訴。儘管在外交上做了種種努力，日軍卻毫無撤

---

[43]　同上註，頁六四○。
[44]　同上註。
[45]　同上註，頁六六二。
[46]　John Israel, 同前註，頁一三一至一三二。

退的跡象。在同一時期，國民政府又面對著共產黨力量的擴張。從一九三〇年至一九三四年，蔣介石對共產黨發動了五次圍剿，但共產黨於一九三六年十二月成功地撤退到了延安，並於該地建立起一自給自足的基地。國民政府的既定方針是攘外必先安內，儘管如此，一九三六年十二月的西安事件卻迫使蔣介石同共產黨組成抗日「統一戰線」。

為了同國民黨達成協議，共產黨於一九三七年二月提出四點讓步：

1. 在全國範圍內停止推翻國民政府之武裝暴動方針；
2. 蘇維埃政府改名為中華民國特區政府，紅軍改名為國民革命軍，直接受南京政府與軍事委員會之領導；
3. 在特區政府區域內，實施普選的徹底民主制度；
4. 停止沒收地主土地之政策……❹。

日本軍國主義者於一九三七年七月發動蘆溝橋事變，展開大規模軍事行動佔領華北。國難當頭，國共兩黨遂大體依照共產黨提出的條件達成了一項協議。國共兩黨的這一「統一戰線」，事實上是由日本侵略促成的。

蘆溝橋事變給日本軍國主義者一佔領北京城外戰略地區的藉口。但此時的國民政府卻已下定決心，實踐同共產黨達成的統一戰線協定，反擊日本的侵略。一九三七年七月十七日，蔣介石於蘆山夏季會議上慷慨陳詞說，中國面臨著「一場維護民族生存的鬥爭」，並命令中國軍隊堅決抵抗日本侵略。他宣布：「和平未到根本絕望時期，決不放棄和平；犧牲未到最後關頭，決不輕言犧牲……萬一到了無可避

---

❹　王健民：《中國共產黨史稿》，香港中文圖書供應社，一九七五年版，第一〇二至一〇三頁。

免的最後關頭，我們當然只有犧牲，只有抗戰」。他又說：「我們的態度只是應戰，而不是求戰……戰爭既開之後，則因為我們是弱國，再沒有妥協的機會……那時只有拼民族的生命，求我們最後的勝利。」**㊽**

　　毛澤東領導下的共產黨，對蔣介石針對日本侵略的強硬立場表示支持，但他們對蔣介石謀求談判的努力卻不以為然。共產黨政治局發布的一篇名為〈為動員一切力量爭取抗戰勝利而鬥爭〉文告寫道：

> 以西安事變和國民黨三中全會為起點的國民黨政策上的開始轉變，以及蔣介石先生七月十七日在廬山關於抗日的談話，和他在國防上的許多措施，是值得讚許的。所有前線的軍隊，不論陸軍、空軍和地方部隊，都進行了英勇的抗戰，表示了中華民族的英雄氣概。中國共產黨謹以無上的熱忱，向所有全國的愛國軍隊愛國同胞致民族革命的敬禮。
>
> 但在另一方面，在七月七日蘆溝橋事變以後，國民黨當局又依然繼續其「九一八」以來所實行的錯誤政策，進行了妥協和讓步，壓制了愛國軍隊的積極性，壓制了愛國人民的救國運動**㊾**。

　　蔣介石為避免中日全面大戰，擬透過和平方式來促使日本政府下令撤軍。結果他一無所獲。至八月，日軍在上海開闢第二戰場，接著於十二月進攻國民政府首都南京。至十二月中旬，南京陷落，發生了震驚中外的南京大屠殺，約十萬中國平民慘遭殺害。日本政府隨後建議舉行談判，但遭到國民政府拒絕。之後，日軍南侵，於武漢地區兩

㊽　傅啟學，同註㊴，卷二，頁五八〇。
㊾　〈為動員一切力量爭取抗戰勝利而鬥爭〉，《毛澤東選集》卷二，北京人民出版社，一九六九年，頁三二四至三二五。

軍鏖戰。至一九三八年十月二十五日，在抵抗了四個半月、進行了大小幾百場戰鬥之後，國民政府軍受命放棄陣地。幾乎與此同時，日軍又佔領了廣州。在佔領這些大城市的同時，日軍被迫將其兵力分散於中國內地廣大地區之上。日軍原定速戰速決之戰略未能奏效，結果費時一年餘方攻陷該地區。

十二月，日本政府拋出「東亞新秩序」。日本首相近衛意圖結束同國民政府的戰爭，提出三項談判原則。即：中日親善、共同防共、經濟合作。蔣介石領導下的國民政府堅決拒絕在日本仍佔領中國大片領土的情況下同日本政府談判。

然而汪精衛卻主張：為避免戰爭破壞，應及早結束曠日持久的對日戰爭。他呼籲重慶國民政府接受日本的談判條件❺⓪。蔣介石及其支持者拒絕舉行任何談判，並將汪精衛開除出黨。結果，汪精衛逃離重慶，在南京自組政府，並於一九四〇年三月與日本簽訂協議。

戰爭繼續進行。一九四〇年七月，日本再度試圖與國民政府談判。日本提出可以撤出華北，蔣介石予以拒絕。一年後，即一九四一年七月，日本政府提出所謂「寬大和平」的談判條件：

（1） 不割地不賠款；

（2） 撤退日本長城以南軍隊，恢復「七七」事變前原狀；

（3） 汪精衛南京政府與國民政府合併；

（4） 國民政府承認滿洲國❺①。

蔣介石堅拒上述談判條件的原因在於：首先，日本政府的態度並非始終如一。軍人並不同意文官的和平談判建議。日本政府的和平誠意並無保證。其次，汪精衛是漢奸，他的政府不合法。要國民政府同

---

❺⓪ 傅啟學，同註❸⑧，卷二，頁五九六。

❺① 同上，卷下冊，頁六〇二至六〇五。

汪精衛的南京政府合作是不可能的。再次，滿洲是中國的一部分。國民政府永遠不會承認它的獨立地位。所以，在大片中國領土仍被日軍佔領的情況下，國民政府不願與日本談判。除了蔣介石解釋的原因外，還有一點，卽國民政府和英美的關係已有所改善。一九四〇年十二月，美國和英國政府分別借給中國一億美元及一千萬鎊，中國不再是孤軍作戰了。這些事態發展進一步杜絕了蔣介石同日本談判的可能性。

珍珠港事件標誌著中國抗日戰爭的新開端。事件發生後的第三天，卽一九四一年十二月九日，中國便正式向日本宣戰。珍珠港事件結束了中國孤軍奮戰長期煎熬的形勢。此後中國便在太平洋戰爭中扮演積極角色。蔣介石被任命爲同盟國中國戰區最高指揮官。除了提供貸款和物資之外，同盟國愈來愈將中國視爲世界大國之一。當一九四五年日本投降之時，中國的國際地位已達到了前所未有的高度。

六、爲恢復獨立和主權而鬪爭
（一九二七年至一九四五年）

孫中山及其繼任者曾誓爲廢除不平等條約，恢復中國的平等與獨立自主的地位而努力。一九二七年七月，國民政府曾宣布，關稅自主將於當年九月一日起實行。以日本爲首的各列強對此羣起而攻之。由於此舉失敗，國民政府於次年遂轉而採取別種方式。中國不再強調單方面行動。外交部長王正廷邀請各國在充分平等、互相尊重主權的基礎上舉行談判，以簽訂新約[52]。

---

[52] Hollington K. Tong, *Chiang Kai-shek*, Taipei: China Publishing Co., 1953, p. 168.

　　除了起初日本拒絕會談外，同各國的談判進展極為順利。美國最
先作出友好反應。一九二八年七月一日，美國政府同意同中國代表財
政部長宋子文談判，並同意廢除現有通商條約中有關關稅稅率的條款，
同意恢復中國的關稅自主。同年，美國贊成中國關稅自主先例一開，
英國、法國、德國、意大利、挪威、丹麥、西班牙、比利時、葡萄牙
等國均相繼在平等的基礎上同中國舉行了談判。在這種巨大壓力下，
日本最後也同意了中國的要求，同中國簽署了一項新的通商條約，承
認了中國的關稅自主。一九二九年三月，中國極為成功地恢復了關稅
自主。國民政府和蔣介石本人認為這是中國外交史和反帝鬥爭上的偉
大勝利❸。

　　在中國人看來，外國政府可依其對待治外法權的態度分為四類。
第一類包括並不享有治外法權的政府。這些國家並無分毫在華利益，
如土耳其、保加利亞、羅馬尼亞、阿爾巴尼亞以及南美諸國。第二類
包括原先享有治外法權，但至第一次世界大戰後喪失了治外法權的國
家，如奧匈帝國、德國、俄國。第三類包括那些條約業已期滿而又有
條件地同意於一九三〇年一月起放棄治外法權的國家，如比利時、意
大利、葡萄牙、西班牙。它們在華利益甚少。第四類即所謂列強。這
些國家不承認中國的單方面的廢約行動。諸如美國、巴西、法國、英
國、日本、挪威、荷蘭、瑞典、瑞士。國民政府外交部長王正廷於一
九二九年四月請求英國、美國、荷蘭、挪威、巴西駐中國的公使，放
棄治外法權。英國公使拒絕這一請求，其理由是：英國政府認為在中
國廢除治外法權的條件還不具備❺。美國的答覆亦令國民政府失望。
美國認為，中國尚未建立能夠在中國和外國訴訟人之間充分保障公

❸　傅啟學，同註❸，下冊，頁三九三至三九七。
❺　H. G. W. Woodhead, *op. cit.*, p. 62.

正、不受外來影響的獨立的司法制度，因此廢除治外法權尚不是時候[55]。

　　公眾和國民政府官員中均廣泛地議論廢除治外法權。例如，外交部副部長唐悅良曾於一九二九年為國民政府擬定一大綱。他說，一九二九年將是廢除治外法權和外國船隻沿海航行特權的一年，收回租界和撤出外國軍隊的一年[56]。國民政府多方努力以廢除外國在華特權，但收效甚微。實際上，直到一九四一年和一九四二年，珍珠港事件發生、南京政府隨之向日本正式宣戰之後，外國在華特權才得到全面廢除。一九二七年至一九四〇年間事態進展令人失望的原因，至少有兩個。其一是中國當時仍未統一，南京政府鞏固政權尚需時日。事實上，還有若干內政問題仍待解決，如樹立中央政府對地方的權威、發展經濟等。中國仍是一弱國。中國政府一日積弱，列強便一日不想解決平等問題。其二，日軍步步入侵令中國無法分心從事同列強的談判。制止日軍攻勢乃為中國當務之急。所以，國民政府並未強迫各國放棄其在華治外法權。

　　雖然中日戰爭給中國帶來了極大的災難，但它確實對國民政府廢除各國在華治外法權起了推動作用。一九四一年，珍珠港事件之後，中國變成了太平洋戰爭中英美的主要盟國。中國在對抗日本軍國主義中表現出來的義無反顧的精神，受到西方高度的敬佩[57]。美國政府和英國政府分別再次批准予南京政府五億美元及五千萬英鎊的貸款。這兩筆貸款幫助國民政府穩定了經濟狀況。此外，大量物資援助又源源

----

[55]　同上註，頁六五。

[56]　同上註，頁八。

[57]　*The China White Paper*, Vol. I, Stanford University Press, 1967, p. 37.

運入中國。中國的國際地位上升，成為世界大國[58]。最後，英美政府
遂於一九四二年十二月發出照會，通知國民政府：英美兩國政府均已
決定放棄其所有在華特權，並願與中國簽訂平等互惠的條約[59]。不平
等條約、租界及其他外國在華特權的廢除，無疑是國民黨戰時外交的
一大勝利。在一九四三年一月同英美分別簽訂了新的平等條約之後，
蔣介石向全國人民發表廣播文告，宣布中國業已取得的勝利的深遠意
義。他說：

> 經過五十年的革命流血，五年半的抗戰犧牲，乃使不平等條約
> 百周年的沉痛歷史，改變為不平等條約撤廢的光榮紀錄……尤
> 其是我們同盟各國，證明了此次戰爭目的所在，是為人道為正
> 義而抗戰的事實……從此雪恥圖強和重獲獨立自由，我們便能
> 有令國家強大的機會[60]。

蔣介石顯然相信，民族主義之主要目標必將隨著抗日戰爭的勝利
而達成。

小　　結

國民黨曾是一個革命的政黨並領導了二十世紀初期的反帝運動，
這點是毫無疑問的。反帝在其政綱中被清楚地列為外交政策的目標。
孫中山逝世後，蔣介石繼續為實現這一目標而奮鬥。從一開始，反帝
就有具體確切的目標：廢除不平等條約、租界、治外法權、固定關稅
以及反抗外國侵略。這些目標於一九四五年在蔣介石領導下的國民政

---

[58]　同上註，pp. 28-33.
[59]　同上註，pp. 34-36.
[60]　Hollington K. Tong, 同註[52]，頁二九九。

府達成了。從那時以後，國民黨政府便不再鼓勵反帝情緒，而倡導基於平等、自由、獨立自主的外交政策。

　　抗戰迫使蔣介石和國民黨政府動員民眾以保衞中國。不過，中國共產黨亦在抵抗日本帝國主義的名義下滲入了各種羣眾組織。抗日戰爭爲中國共產黨提供了一個發展實力的大好時機。日本之侵略迫使許多中國人民支持蔣介石的動員和抗戰，但同時又提供了共產黨迅速擴大的機會，妨礙國民黨達致其目標。因此，日本可以說旣造就了國民黨，又毀滅了後來國民黨統一中國的機會。

卷 三

化「反帝」為
政治力量

第 六 章

五十年代中國的「反美帝」和左傾

中國共產黨成立於一九二一年，正值「五四」運動動盪時期。此一時期中，各類不同思想與活動發軔。「新文化」運動一方面反帝、反封建，一方面反舊道德，以提倡新文化為己任。直至二十年代末期，中國共產黨才發展壯大為重要的政治力量，至三十年代已成為國民黨政權的嚴重威脅。本章的目的在於解釋：在中國，「反帝」是如何演變成共產黨之一重要理論，「反帝」又如何發展為「反美帝」。第一個問題需要對中共早期理論的發展進行深入探討。第二個問題需要研究北京關於「美帝」威脅的概念以及毛澤東關於「紙老虎」的理論。

北京的反帝理論和對於美國的認識對五十年代中國的排外均有促成作用，而五十年代的排外又導致了北京與西方的隔絕和對「右派」的不斷清算。只要政治清算和權力鬥爭不止，就會有愈來愈多的人加入「左派」行列。極左思潮成了擊敗對手的有力武器，並使排外提高到了前所未有的層次。

一、反帝理論的早期發展

自成立之初，中共就主張為工人階級解放和無產階級革命而鬥

爭，並立誓掃除那些由不平等條約強加給中國的外國在華特權。在其一九二二年七月第二次全國代表大會宣言中， 中共聲明： 聯合戰線政策並不等於向資本家投降，它尋求的近期目標是打倒軍閥、消除內亂、推翻國際帝國主義的壓迫，以達到中華民族的完全獨立❶。 中共提出「打倒軍閥」和「推翻國際帝國主義」等一類口號。中共批評孫中山領導下的國民黨常常陷入錯誤觀念，如依賴外國來幫助中國完成民族革命等。中共聲稱此種乞援於敵不僅有損國民黨在民族革命中的領導地位，而且使人民依賴外國，從而損害了他們的自信心和民族獨立精神❷。

在一九二七年第一次統一戰線破裂之後，中共聲稱代表資產階級的蔣介石已公開拋棄反帝鬥爭和向無產階級宣戰，蔣介石已同封建反動派、軍閥和帝國主義結成反革命聯盟❸。 這是中共最早譴責蔣介石與帝國主義和封建反動派勾結的一次聲明。從此以後，中共便視蔣介石與帝國主義沆瀣一氣， 與人民為敵。 在其一九二八年第六次全國代表大會政治決議中，中共呼籲推翻帝國主義的統治和軍閥國民黨政權❹。 中共呼籲要引導工人階級羣眾和小資產階級投身到反對帝國主義、軍閥和國民黨政府的鬥爭中去❺。李立三領導時期，中共繼續在城市利用反帝鬥爭作宣傳。一九二九年，中共宣布八月一日為反帝戰

---

❶ Conrad Brandt, Benjamin Schwartz, and John K. Fairbank, *A Documentary History of Chinese Communism* (hereafter cited as *A Documentary History*), New York: Atheneum, 1966, p. 64.

❷ 同上註，頁七一。

❸ 同上註，頁九三。

❹ 同上註，頁一四三，並參閱 Benjamin Schwartz, *Chinese Communism and the Rise of Mao*, Cambridge: Harvard University Press, 1966, pp. 115-116.

❺ *A Documentary History*, p. 152.

爭日❻。中共又號召反帝鬥爭應與反世界大戰運動和「支援蘇聯」運動合作來加強自己，反帝運動必須與工人運動、反國民黨運動和反軍閥鬥爭緊密結合起來❼。

在其於第二次全國蘇維埃代表大會（一九三四年）上的報告中，毛澤東主張蘇維埃必須加強其對全國反帝鬥爭和國民黨統治區工農革命鬥爭的領導。他聲稱，通過揭發國民黨向帝國主義投降的具體事實，蘇維埃可以提高國民黨統治區域羣眾的民族意識和階級意識，使他們對帝國主義及其走狗國民黨的鬥爭尖銳化。為此，他呼籲羣眾自我組織和武裝起來，為中國的獨立而戰，將日本佔領區的帝國主義分子驅逐出中國❽。這便是早期將對帝國主義的仇恨運用於動員羣眾的例子。

在延安時期，反帝的跡象更為顯著。一九三六年十二月西安事變之後，在反對日本帝國主義的名義下，中共採取了一項新的統一戰線策略。從此以後，中共便自視為抗戰主力軍，將重點放到推翻日本帝國主義上面❾。為配合其統一戰線政策，中共公開宣布它已放棄以暴力推翻國民黨政權的政策。它已合法地成為抗戰中一支重要政治力量。為喚起民眾和動員一切可以動員起來的力量加入抗戰，中共廣泛開展宣傳活動和組織全國運動。反對日本帝國主義遂成了此一時期的重要政治動力。

---

❻　同上註，頁一六七。

❼　*A Documentary History*, p. 171. Arif Dirlik, "National Development and Social Revolution in Early Chinese Marxist Thought", *The China Quarterly*, No. 58, April-June 1974, pp. 286-307.

❽　*A Documentary History*, *op. cit.*, p. 238.

❾　See Chalmers A. Johnson, *Peasant Nationalism and Communist Power*, Stanford: Stanford University Press, Reprint 1967, pp. 31-70.

二、毛澤東關於革命和帝國主義的理論

毛早期關於帝國主義的觀點可見於其〈中國革命與中國共產黨〉（一九三四年）一文。和孫中山、蔣介石一樣，毛也看到：帝國主義列強仍在繼續使用各種軍事的、政治的、經濟的和文化的壓迫手段使中國一步步地變成了半殖民地和殖民地。在該文中，他說：

> 帝國主義列強通過戰爭和不平等條約，控制了中國一切重要的通商口岸，取得了領事裁判權，開辦了許多輕、重工業，壟斷了中國的金融和財政。帝國主義列強供給中國軍閥以大量的軍火和大批軍事顧問以造成軍閥混戰。又通過傳教、辦醫院、辦學校、辦報紙等，推行其文化侵略政策。

換句話說，對於帝國主義的侵華政策，毛、孫、蔣三人的基本態度是一致的❿。

但一超出上述關於帝國主義的基本看法之外，毛便從階級鬥爭的觀點來分析帝國主義。依照毛的看法，帝國主義列強已在全中國造就了一個買辦和商業高利貸階級的剝削網，以便利其剝削廣大的中國農民和其他人民大眾。毛指出：帝國主義首先和先前社會結構中的統治階層勾結起來，卽與封建地主、商業和高利貸資產階級結成聯盟，共同壓迫大多數人民。毛同意孫中山的觀點，卽帝國主義是維護封建殘餘及其全部官僚軍人上層建築的力量。根據毛的分析，帝國主義列強一方面加速了封建社會的解體和資本主義的萌芽，將封建社會轉變為

---

❿ 有關國民黨、共產黨與學生運動反對帝國主義，參閱 John Israel, *Student Nationalism in China 1927-1937*, Stanford: Hoover Institution, Stanford University Press, 1966, pp. 305-331.

半封建社會，另一方面又將它們的統治無情地加於中國之上，使中國從獨立的國家降格爲半殖民地和殖民地的國家。毛認爲，日本於一九三一年發動的大規模侵略已使中國大部淪爲日本的殖民地，帝國主義列強的侵華目的並不是將封建的中國轉變爲資本主義的中國。相反，它們的目的是將中國變成它們的半殖民地和殖民地❶。

在同一文章中，毛說：「由於帝國主義和封建主義的雙重壓迫，特別是由於日本帝國主義的大舉進攻，中國的廣大人民，尤其是農民，日益貧困化以至大批地破產，他們過著飢寒交迫的和毫無政治權利的生活。」因此，他得出結論：帝國主義和中華民族的矛盾以及封建主義和人民大眾的矛盾，是近代中國社會的主要矛盾。但他聲明，前一矛盾是最主要的矛盾。依照毛的看法，這些矛盾的鬥爭及其尖銳化必不可免地導致革命運動的不斷發展。他說：「偉大的近代和現代的中國革命，是在這些基本矛盾的基礎之上發生和發展起來的。」毛便是這樣根據他對帝國主義、封建主義的分析來發展他的革命理論的。

在毛的革命學說中，中國革命第一階段的打擊對象乃是帝國主義和封建主義，卽帝國主義國家的資產階級和本國的地主階級❷。照他的看法，由國民黨反動集團所代表的中國上層資產階級已與帝國主義相勾結，背叛了共產黨、無產階級、農民階級，背叛了中國革命❸。

毛主張中國革命有兩個任務。一是需要一個對外推翻帝國主義壓迫的民族革命，二是需要一個對內推翻封建地主壓迫的民主革命。他說：「中國革命的兩大任務，是互相關聯的。如果不推翻帝國主義的

---

❶ 毛澤東：〈中國革命與中國共產黨〉（一九三九），《毛澤東選集》卷二，北京人民出版社，一九六九年，頁五八四至六一七。

❷ 同前註。

❸ 同前註。

統治，就不能消滅封建地主階級的統治，因爲帝國主義是封建地主階級的主要支持者。」反之，因爲封建地主階級是帝國主義統治中國的主要社會基礎，不推翻封建地主階級，就不能推翻帝國主義的統治。因此，毛主張兩項革命任務一起完成。

簡言之，帝國主義是毛的革命理論中最爲重要的一個概念。毛不僅根據階級鬥爭理論形成了他的帝國主義的理論，而且還將帝國主義與中國革命聯繫起來。這爲一九四九年後的中共反帝運動提供了思想基礎。

三、反帝意識形態的發展

毛的帝國主義理論業已成爲中共理論的重要組成部分。意識形態是與行動有關的一套成體系的思想。總的來說，中共的意識形態可以分爲純粹意識形態和實用意識形態兩個部分。前者用來爲個人提供一個統一的世界觀，後者用來爲個人提供一套指示行動的理論。馬克思主義被視爲純粹意識形態的主幹，而列寧主義和毛澤東思想則被視爲實用意識形態的主幹。事實上，實用意識形態還包括在革命過程中獲得的種種經驗。中共的帝國主義理論來自列寧。但是，中共對反帝理論的實際運用乃基於其自身的革命經驗和需要。可見，中共的反帝理論便是一種實用意識形態。像其他實用意識形態一樣，中共的反帝理論也是隨政治形勢的發展而變化的。

依照列寧的觀點，帝國主義是資本主義的最高階段。帝國主義是壟斷、腐朽和垂死的資本主義。通過輸出資本，帝國主義壓迫和剝削其他國家的人民。在政治上，帝國主義是反動的，且與所有反動勢力相勾結，以鎮壓別國革命。出於政治目的，北京公開接受列寧的這種

帝國主義理論⑭。

　　列寧的帝國主義理論乃爲解釋爲何革命尚未在高度發達資本主義國家中發生而發。他給予的解釋是，資本主義爲馬克思於其《共產黨宣言》中揭示的那些矛盾找到了轉移的出路，這就是通過向全世界擴張來尋求新的廉價原料和新的商品和剩餘資本市場，以及更爲重要的廉價勞動力。列寧認爲帝國主義不是一種人的意志可決定取捨的政策，而是資本主義走向腐朽和垂死的必然階段⑮。帝國主義被視爲唯一可以使發達國家中無產階級運動中立化和除去它最危險武器的途徑。資產階級可將其在各殖民地剝削而來的部分利潤分配給工人羣眾，此可以防止他們的苦難繼續加重。像馬克思一樣，列寧也聲稱，資本主義若不產生週期性危機及革命形勢，資本主義就不能發揮作用。

　　列寧的這類思想，卻極少見於中國傳播媒介。相反，成千上萬的中國出版物都是宣傳毛澤東關於革命和帝國主義理論，以及他關於「紙老虎」的理論。若從動員角度來看，這些理論遠較列寧的帝國主義理論重要。毛的革命理論和帝國主義理論，通過廣大的傳播工具向人民大眾灌輸。反帝便成了人民大眾信仰中的重要部分。

　　北京對帝國主義的譴責有三個重要特點。其一，雖然北京公開接受馬克思列寧主義爲其指導思想和思想基礎，它的反帝情緒卻似乎大部分出於其歷史經驗和民族情緒，而非馬克思列寧主義。列寧的帝國主義理論只是用來爲中國反對帝國主義的侵略行爲提供理論證明而已。一九五六年十二月，毛說：「帝國主義就是英國、美國、法國、荷蘭這些國家，就是八國聯軍，燒了我們的圓明園，割了我們的香

---

⑭　《列寧論帝國主義》，北京人民出版社，一九七四年，頁二至九。

⑮　Alfred G. Meyer, *Leninism*, New York: Praeger University Series, 1, 56, p. 241, footnote.

港、臺灣……⓰」在這段說明中，毛清楚地使用歷史記錄來作判別帝國主義的標準。由此可清楚得知，毛的帝國主義理論乃基於對歷史的解釋。在提到八國聯軍的時候，他所想到的是列強犯下的種種暴行。

其二，反帝在爲國內政治服務方面起了重要作用。從北京的觀點看問題，帝國主義自十九世紀四十年代鴉片戰爭以來，就一直威脅著中國。如毛在〈中國革命與中國共產黨〉中所說：「自從一八四〇年的鴉片戰爭以後，中國就一步一步地變成了一個半殖民地半封建的社會。自從一九三一年九一八事變日本帝國主義武裝侵略中國以後，中國又變成了一個殖民地、半殖民地和半封建的社會。」⓱毛更進一步認爲，當帝國主義對某一國家發動侵略戰爭時，該國各個階級的人民，除了個別叛徒之外，都會暫時團結起來，一致從事反帝的民族戰爭。此時，主要的矛盾便是帝國主義與該國的矛盾，該國各階級間的所有矛盾均暫時退居次要或從屬地位。毛一再引用中國歷史上的例子，如一八四〇年的鴉片戰爭、一八九四年的中日戰爭、一九〇〇年的義和團事件、一九三七年至一九四五年的抗日戰爭等來說明他的理論⓲。

其三，毛在理論上相信國內國際政治兩者間存在著因果關係。毛又指出，在帝國主義時代，尤其是在帝國主義和無產階級革命時代，各國之間在政治、經濟、文化方面的相互影響是極大的。毛以十月革命爲例來支持他的論點說：「十月社會主義革命不僅開創了俄國歷史的新紀元，而且開創了世界歷史的新紀元，影響到世界各國內部的變化，同樣地而且還特別深刻地影響到中國內部的變化。」⓳毛說明，

⓰　《毛澤東思想萬歲》，頁六三。
⓱　〈中國革命與中國共產黨〉，同前註。
⓲　〈矛盾論〉，《毛澤東選集》，北京人民出版社，頁三〇九。
⓳　同上註，頁二九一。

「事物發展的根本原因，不是在事物的外部而是在事物的內部，在於事物內部的矛盾性。」❷⓿ 關於社會層面，他說：「社會的變化，主要地是由於社會內部矛盾的發展，卽生產力和生產關係的矛盾，階級之間的矛盾，新舊之間的矛盾。」不過，他同樣相信外因對於內部變化的重要性。他說，「外因是變化的條件，內因是變化的根據，外因通過內因而起作用。」❷①

四、北京對「美帝」威脅的感受

直至一九四一年珍珠港事件使美國站在國民政府一邊，中共與美國並無官方聯繫。美國不久便同國民政府結成緊密盟友，美國的人員和裝備源源不斷運入中國。雖然美國給予蔣介石的國民政府以強有力的支持，若干美國外交官卻擔心美國對蔣的支持會觸怒中共，從而迫使他們投向蘇聯一邊。一隊由二十四個美國人組成的所謂「廸克西使團」(Dixie Mission)，在得到美國政府的批准後，於一九四四年夏到延安進行訪問❷❷。中共領導人同美國官員之間坦率、友好的對話，促使雙方相信，合作對雙方都會帶來得益。一九四四年九月，史廸威將軍甚至考慮過向中共提供軍援。後因蔣介石和羅斯福總統特使赫爾利聯合向羅斯福總統施加壓力，這一想法才被放棄。赫爾利接著勸說中共應與蔣舉行談判。但和談失敗了。此時中共旣失外部援助，又受國民黨軍封鎖，因而極望與美國合作。為了獲得美國的支持，毛澤東和

❷⓿　同上註，頁二九〇。

❷①　同上註，頁二九一。

❷❷　See Michael Schaller, *The United States and China in the Twentieth Century*, New York: Oxford University Press, 1979, pp. 95-103.

周恩來還主動給華盛頓拍了封電報，　表明他們有意到美國一行。　華
盛頓方面卻杳無回音，　因爲羅斯福已被赫爾利說服，　不與中共打交
道㉓。

　　日本剛剛投降，國共兩黨爭城奪地之戰便激烈展開。當時中共的
根據地廣佈於十九省，　人口高達約一億。　這說明，　自一九三七年與
國民黨結成第二次統一戰線共同抗日之後，中共的力量有了長足的發
展。國共兩黨均急於奪取原屬汪精衞轄下的日本佔領區的地盤及儲存
在那裏的武器彈藥。面對這種情況，杜魯門總統下令：所有在華日軍
和僞軍應立即向國民政府交出陣地和武器。這便使國民黨在國共相爭
中佔了一個大便宜。但華盛頓政策的目標卻是欲令衝突得到調解和避
免美國捲入中國內戰。　爲了執行這一政策，一九四五年十二月，　馬
歇爾將軍被選派率領一謀求和平使團來華，以協助中國成立一聯合政
府。國共雙方均力求奪取領導權，至一九四七年初，成立聯合政府一
事已顯然無望。當年一月，全國爆發了大規模內戰。馬歇爾使團後被
杜魯門總統召回。中國的事留給中國人自己解決。

　　內戰爆發後，中共抨擊美國支持蔣介石向他們開戰，敵意日益加
深。一九四九年，中共奪得政權，便執行所謂「一邊倒」的政策，與
蘇聯結盟。北京將美國看作頭號敵人。它不斷的抗議美國「武裝侵略」
臺灣。美國被中國看成是最大的威脅。在國內方面，北京此時仍處於
鞏固政權階段。它的國防力量還處在早期建設中。在這種情況下，北
京自然會考慮找一個盟友來遏制美國可能發動的侵略。防備「美帝」
可能發動的侵略，在北京此時的政策中佔有最優先的地位。朝鮮戰爭時
期，北京對華盛頓的敵意更爲加深。根據一九五〇年的中蘇友好互助
條約，蘇聯向中共提供軍事和經濟援助。在這些建國初期的年份裏，

　　㉓　同上註。

北京一直把中蘇聯盟看作是反對「以美國爲首的資本主義陣營」的主要力量。

　　由於一九五○年美國第七艦隊入駐臺灣海峽以及一九五一年美國恢復對臺灣的軍事援助，北京便對美國可能發動的入侵感到擔心。「抗美援朝」運動便是一全國性的反對美國可能入侵的運動。成千上萬的人參加了示威，以表示對這一運動的支持。美國是頭號敵人的看法在以後數年之中亦無多大改變。例如，一九五五年，《人民日報》的一篇社論說：「而在目前的國際形勢下，爲著加強我們的國防，解放臺灣，打擊帝國主義的侵略，維護我國的獨立主權和領土完整，尤其必須發展重工業。」㉔美國軍事力量的壓力顯然成了北京動員其人民的思想動力。社論繼續說：「帝國主義勢力還在包圍著我們，我們必須準備應付可能的突然事變，國內反革命分子還在伺機向我們進攻，我們也許還會遇到比過去更大的困難。這就要求我們每一個共產黨員，特別是負責的黨員，決不驕傲，決不存任何個人打算，依靠人民羣眾的智慧和力量，依靠黨的集體的智慧和力量，兢兢業業地而又滿懷信心地爲克服任何困難、爭取社會主義事業的偉大勝利而鬥爭。」㉕

　　遏制美國可能侵略的重要性，還可以從北京的國內政治動員方面看出來。一九五五年，北京在各種運動中利用反帝口號動員人民。公安部長羅瑞卿在他的一篇名爲〈提高警惕、反對麻痺〉的文章中說：

　　　　只要世界上還存在著階級和階級鬥爭，我們的敵人是一刻也不會忘記我們，因而就一刻也不會放鬆對於我們的破壞的。而且事實已充分證明，我們革命事業的每一步前進，都引起了國內

㉔　《人民日報》，一九五五年四月五日。
㉕　同上註。

外敵人的無比仇視和瘋狂破壞，他們不惜採取一切陰險、惡毒的卑鄙手段，力圖阻撓我國的社會主義建設㉖。

雖然一方面美國的入侵威脅已被視爲迫切的危險，但另一方面北京同蘇聯結盟的政策卻又受到某些人的懷疑。一九五六年，毛重申與蘇聯結盟的政策是正確的。他斥責那些對這一政策起疑心的人是在鼓吹在美蘇之間走中間路線，以便從兩方都能得到金錢。毛舉出三條理由說明中國不能走中間路線。其一，美國是一個帝國主義強國，它壓迫中國的時期相當長。其二，如果中國在美蘇間走中間路線，則中國看來可左右逢源，其實則不可能維持獨立，因爲中國是個弱國。其三，美國不可靠。它不會爲中國提供足夠的援助㉗。毛在這一解釋裏的言下之意，就是蘇聯不是帝國主義國家，過去和將來都不會反華。與蘇聯結盟，中國就能獨立，因爲蘇聯可靠，且願意爲中國提供足夠的援助。歷史證明：毛於一九五六年所做的假定，確是過於樂觀了。

五、毛澤東關於「美帝」的理論：紙老虎

一九四六年，在和美國記者安娜・斯特朗(Anna Louise Strong)的談話中，毛澤東提出了紙老虎理論。他說，蔣介石和他的支持者「美國反動派」也都是紙老虎。他說：「提起美帝國主義，人們似乎覺得它是強大得不得了的，中國的反動派正在拿美國的『強大』來嚇唬中國人民。但是美國反動派也將要同一切歷史上的反動派一樣，被證明爲並沒有甚麼力量。」「一切反動派都是紙老虎。看起來，反動派的樣子是可怕的，但是實際並沒有甚麼了不起的力量。」㉘這一理

㉖ 《人民日報》，一九五五年，六月三十日。
㉗ 《毛澤東思想萬歲》，頁六三。
㉘ 《和美國記者安娜・路易斯・斯特朗的談話》：《毛澤東著作選讀》（乙種本）北京中國青年出版社，一九六五年，頁一一七至一二〇。

論的基礎，在於毛所做的分析：蘇聯是世界和平的保衞者，美國繼續
推行其支持蔣介石內戰的政策，是中國的敵人。不過，北京並沒聲稱
紙老虎理論是由毛創造的，而只是說，「這一論點是從列寧的科學論
斷帝國主義是腐朽垂死的資本主義發展而來的。」

　　一九五七年，毛談到在不同的國家裏以及在同一國家不同的歷史
時期上，「人民」這一概念的內容是會變化的，正如「敵人」這一概
念的內容是會變化的一樣：

> 在抗日戰爭時期，一切抗日的階級、階層和社會集團都屬於人
> 民的範圍，日本帝國主義、漢奸、親日派都是人民的敵人。
> 在解放戰爭時期，美帝國主義和它的走狗即官僚資產階級、地
> 主階級以及代表這些階級的國民黨反動派，都是人民的敵人；
> 一切反對這些敵人的階級、階層和社會集團，都屬於人民的範
> 圍。在現階段，在建設社會主義的時期，一切贊成、擁護和參
> 加社會主義建設事業的階級、階層和社會集團，都屬於人民的
> 範圍；一切反抗社會主義革命和敵視、破壞社會主義建設的社
> 會勢力和社會集團，都是人民的敵人[29]。

　　基於這一分析，毛並不採用意識形態作爲將「人民」同「敵人」
區分開來的標準，而是以人們對待民族事業如反日本侵略、解放戰
爭、社會主義建設等之態度爲標準。簡言之，誰贊成這類事業，誰就
是「人民」，反之就是「敵人」。於是帝國主義顯然並不一定就是中
國的敵人；只有那些反對中國民族事業的人才是「敵人」。

---

[29]　《關於正確處理人民內部矛盾的問題》：《毛澤東選集》卷五，北京
　　人民出版社，頁三六四。

在對待「美帝」的政策上，常常有分歧意見。如人民日報於一九五八年報導，相當多的人仍對美帝存有迷信和幻想，對它有敬畏心情❸⓪。它的一篇社論說，有些人對「帝國主義反動派」的力量估計過高，只看到帝國主義表面強大，所以他們以為西方是先進的，東方是落後的，西方的實力不可小看。還有些人認為，對美帝國主義，最好不要刺激了它，刺激了它，就會使它更加瘋狂，對世界和平不利❸①。正是因為有部分人仍然高估和敬畏帝國主義，毛才重申他的紙老虎理論。

毛的紙老虎理論，和孫中山的見解一樣，對中國的前途持樂觀主義，相信帝國主義的力量正在衰退，中國人民的力量正在興起。毛甚至說原子彈是美國反動派用來嚇唬人民的紙老虎。他說，原子彈「看樣子可怕，實際上並不可怕」，因為「決定戰爭勝敗的是人民，而不是一兩件新式武器」❸②。在和斯特朗的談話中，毛說：「臺灣的中國人民，黎巴嫩人民，所有美國設在外國領土上的軍事基地，都好比是套在美帝脖子上的絞索，美帝自己將絞索套在自己的脖子上，將絞索的另一端交給中國人民、阿拉伯國家和全世界愛好和平、反對侵略的人民。」❸③依照毛的看法，美國在這些地方，呆得越久，它脖子上的絞索就勒得越緊。所以，毛宣稱是帝國主義害怕人民，而不是人民害怕帝國主義。毛至一九七〇年仍持同樣見解。在對外賓的一次談話中，他說，美帝國主義貌似龐然大物，實際上是個紙老虎，現在已處在垂死掙扎的邊緣。在當今世界上，「實際上誰害怕誰？不是越南人

---

❸⓪　《人民日報・社論》，一九五八年十月二十七日

❸①　《人民日報・社論》，一九五八年十一月十二日。

❸②　《和美國記者安娜・路易斯・斯特朗的談話》，同前註。

❸③　《人民日報》，一九五八年九月九日。

民……害怕美帝國主義，而是美帝國主義害怕世界人民」。㉞

　　紙老虎理論可減輕中國人民對美國優勢力量的害怕。毛的論點核心在於：帝國主義並不像表面上看起來那樣可怕。毛對帝國主義的態度，與其說是進攻性的，不如說是防衛性的。它試圖清除面對美國優勢的武裝力量和核武器而產生的悲觀主義。毛顯然明白，強敵當前，這種悲觀主義對黨的羣眾動員工作來說，是一障礙。因此，紙老虎理論便被用來提高反帝士氣。既然毛認為決定戰爭勝負的是人而不是武器，那麼他自然相信，在反對帝國主義的戰爭中，士氣因素極為重要。

　　這一理論不僅用來增強中國人民的信心，而且還用來增強世界各地同樣面對強敵的人民的信心。如果不清除悲觀心理，北京發現要求世界人民形成一反帝統一戰線是近乎不可能的。同樣，要遏制美國侵略的政策也是近乎不可能的。所以在對內動員和對外宣傳中，紙老虎理論顯然是一件重要的心理武器。

　　一九五八年，毛發表了他的「中間地帶」理論和「紙老虎」理論。這兩個理論事實上充實了北京「反帝」的理論基礎。根據「中間地帶」理論，亞非國家是受壓迫和受剝削的國家，這些國家的人民最終會奮起反帝。紙老虎理論則如上所述，強調帝國主義國家內外交困的弱點。儘管這些帝國主義國家具有優勢的軍事實力，它們面對的卻是具有壓倒一切力量的人民。因此，根據毛的看法，人民將由其反帝情緒激發的力量團結起來，帝國主義最終將被世界人民擊敗。

六、「一面倒」外交及與西方隔絕

㉞ 《新華社》，北京，一九七〇年五月二日。

北京「反美帝」意識形態的最重要的產物，便是它的「一邊倒」外交政策。北京與蘇聯結成政治和軍事同盟。一九五〇年，毛澤東和斯大林共同簽署了中蘇友好互助條約。與蘇聯結盟爲北京政府帶來軍事安全和經濟援助。不可否認，在北京急需金融資助和工業技術的時候，蘇聯的援助是不可缺少的。至一九五七年底，蘇聯爲中國提供了二百一十一項工礦企業成套設備和技術。莫斯科還派出一萬零八百名專家幫助中國發展工業以及培訓中國的工人和技術人員[35]。蘇聯的援助還使中國的教育制度和文化政策發生了極大的轉變，它使中國靠近蘇聯、疏遠西方達二十五年之久。在建國初期階段，北京對西方採取的是不可妥協的態度。在一九五〇年召開的政治協商會議上，毛解釋北京的親蘇政策說：

> 在中華人民共和國成立以來的兩年中，我們各方面的工作都獲
> 得了偉大的勝利。這些勝利，我們是依靠了一切可能團結的力
> 量才獲得的……在國際範圍內，我們是依靠了以蘇聯爲首的和
> 平民主陣營的鞏固團結……[36]。

一九五〇年，周恩來在第一屆政治協商會議第三次會議上宣讀政治報告時呼籲中國政府全面清除美帝的文化侵略，在「抗美援朝運動」中逐步清除親美、崇美、恐美思想[37]。

一九五三年朝鮮停戰協定生效後，北京的對美敵意有所和緩。但

---

[35] "Sino-Soviet Cooperation", *Beijing Review*, No. 29, April 29, 1958, p. 20.

[36] 〈三大運動的偉大勝利〉（一九五一年十月二十三日），《毛澤東選集》卷五，北京人民出版社。

[37] 〈政治報告〉（周恩來在中國人民政治協商會議第一屆全國委員會第三次會議上的報告），《周恩來選集》卷一，香港一山出版社，一九七六年，頁三七至四二。

在一九五四年的解放臺灣運動中，反美運動又再度掀起高潮。此後二十餘年，中國對「美帝」的抨擊連續不斷。

雖然六十年代初中蘇關係發生惡化，中國和西方的關係卻未隨之改善。從一九五四年至一九五七年，中國致力於和新獨立的國家以及和亞洲鄰國改善外交關係。但它和日本的關係卻仍然緊張。事實上，自一九五九年日美兩國政府批准日美安全條約之後，中國便把日本視為美國的同伙。在該條約於一九六〇年五月簽署之後，北京對日本的敵意便升級到戰後最高點，全國上下掀起了聲勢浩大的反日示威❸。

除了日、美以外，中國和英、法、西德三國亦有矛盾。英國於一九五〇年一月與中國建立了外交關係。但中國沒有給予英國任何特權。英國的公司和領事館逐漸被迫關閉。一九五六年至一九五七年，英國出兵埃及，北京抨擊它是「帝國主義和殖民主義」。整個五十年代，法國和西德均被北京視為「資本主義陣營」的成員和「美帝的同伙」。除了少量的貿易，北京和上述幾個西方國家幾乎沒有甚麼文化接觸。「一邊倒」意味著中國實際上已將自己和西方隔絕。

在北京政權成立後的頭十年，中共在各個方面都向蘇聯學習。在文化方面，北京政府接受蘇聯將文學藝術分為無產階級和資產階級的作法。像蘇聯一樣，對西方文化採取蔑視態度，這又導致了北京採取禁止歐美書籍刊物進口和流傳的政策。蘇聯的作品和刊物取而代之，政府認為它們是最好的。後果是，中國人民對西方的發展幾乎一無所知。同樣，中共接受了大量蘇聯工業設備，並按蘇聯模式辦廠。由於只能閱讀蘇聯的書籍刊物，中國的工程師和知識分子便只知道蘇聯的

---

❸　Harold C. Hinton, *Communist China in World Politics*, Boston: Houghton Mifflin Company, 1966, pp. 376-384.

發展❸❾。

此外， 在大多數教育機構裏， 當局以俄語取代英語作爲第二語言。 這一轉變令年輕一代極難學到西方的東西， 中西之間更爲隔絕了❹⓿。和西方隔絕十年之久， 顯然爲科技發展帶來了障礙。 這種孤立無疑加強了北京的反美政策，並爲中國今後的現代化帶來了許多嚴重問題。

七、五十年代的排外和政治整肅

北京「反美帝」意識形態帶來的另一嚴重後果，便是頻頻發生的政治整肅。如上所述，在一九四九年以後，帝國主義便成了受到大眾譴責的對象。像資本主義一樣，列寧所界定的帝國主義成了黨和人民思想上的敵人，中共從階級鬥爭的角度來譴責帝國主義。爲了鞏固政權，中共發動了一系列清算右派和資產階級的政治運動。既然資本主義是社會主義革命的敵人，帝國主義企圖鎮壓社會主義革命從而在政治上是反動的，那麼資本主義和帝國主義便可一概視爲中國社會主義革命的敵人。在階級鬥爭中，資本家是受政治整肅的對象。那些和帝國主義或國外資本家曾經有過聯繫的人，便被視作國內資本主義的擁護者。於是，在每一場階級鬥爭運動中，國內的資本家、反動派便同帝國主義一道，成了清算的對象。

北京政府的排外政策在建國頭十年中的對外對內運動中均有反映。「抗美援朝」等一類大規模的運動是明顯的反美帝活動。該活動

❸❾ 〈我們看思想改造與高等教育工作〉，《文匯報》，上海，一九五九年五月二日。

❹⓿ 〈教育界的教條主義〉，《教師報》，北京，一九五七年五月二十八日。

一直持續到一九五三年。大多數重大的國內運動如「三反五反」、「鎮壓反革命」、「反右」等，都是發動來清算那些與外國人有關係的人，以及那些有外國資產階級思想的人的，尤其是清算那些「批評黨的政策」的人。事實上，這些運動均從排外或「反帝」情緒方面得到助力。

在一九五一年第一次鎮壓反革命分子運動中，教堂被關閉，外國傳教士被逐出中國。大批曾經和外國人有過這樣或那樣關係的人，都被當作外國間諜看待。在一九五二年的「三反五反」運動中，工商業者被要求提交關於他們過去背景的詳細報告，以及重新檢查他們的思想。那些曾經和外國人有關係的人，不是被捕下獄就是受到調查。一九五五年的「鎮壓反革命分子」運動則是一次極激烈的意識形態鬥爭，一大批受過西方教育的學者被清算，許多同情西方思想的人被逮捕。對他們還推行了嚴格的階級劃分。（見表 6-1）

一九五六年，鎮壓反革命運動和整風運動開始，一大批戴帽反革命被清算。大量宣傳乃針對公眾而發。運動持續了兩個月就中止了，因部分官員擔心事態會像匈牙利和波蘭事件那樣失去控制。一九五七年「百花齊放，百家爭鳴」運動的結果，發動了一場「反右」鬥爭來整肅那些對黨提出批評、建議的人，數十萬人被戴上「右派分子」的帽子。中國知識分子受到殘酷鎮壓，蒙受了一次沈重的打擊❹。

在一九五七年七月召開的第一屆人民代表大會第四次會議上，陸定一說：

> 我國的社會主義革命已經基本完成，但還沒有完全完成，我

---

❹ Jhao Cong (Chao Ts'ung), "Art and Literature in Communist China", *Communist China 1949-1959*, Vol. III, *Communist China Problem Research Series*, Hong Kong: Union Research Institute, 1961, pp. 158-159.

表 6-1　一九五○年至一九五九年的政治運動

年份	運動名稱	主　要　活　動	所費時日	備　註
1951	抗美援朝運動	(1)提高反美情緒；(2)鼓動學生參軍；(3)強迫捐款以購買飛機大炮	約半年	這些運動持續至1953年
	第一次鎮壓反革命分子運動	(1)敦促殘餘國民黨軍政人員向共產黨政府自首；(2)揭發隱藏的反革命分子	約一個月	
1952	三反五反運動	(1)關於自身背景提交一詳細報告；檢查自身思想；(2)敦促商人補交逃稅；(3)號召羣眾支持前線	約三個月	這些運動的對象是工商業者和幹部
1955	第二次鎮壓反革命分子運動	(1)檢查思想；(2)思想鬥爭；(3)嚴格的階級劃分	約兩個月	最激烈的思想鬥爭
1956	鎮壓反革命分子和整風運動	(1)宣傳；(2)揭發反革命分子	約兩個月	由於東歐反共產革命而中斷運動
1957	反右運動；（百花齊放，百家爭鳴運動）	(1)鼓勵向黨提意見與批評；(2)批判鬥爭右派分子；(3)劃分右派分子	約八個月	反右以整風運動開始
1959	反右傾運動	學習黨的八中全會文件	約兩個月	在地方一級發動的響應黨中央號召的運動

國的社會主義革命的勝利已經鞏固但還沒有完全鞏固。我國國內還有臺灣沒有解放，還有爲數不多的反革命分子，還有地主階級和官僚資產階級的殘餘，國外還有以美國帝國主義爲首的侵略集團，時時刻刻企圖顚覆我國的人民政權。在人民內部，有民族資產階級和工人階級之間的階級鬥爭，至於工人階級思

想和資產階級思想之間的鬥爭，更會長期存在。我國的民族資
產階級分子和知識分子，絕大多數願意接受社會主義，但是
少數右派分子卻反對走社會主義的道路，他們決不甘心放棄剝
削，他們夢想走資本主義的道路，他們要為此作最後的掙扎。
這些右派分子是不可輕視的，他們有財產，有知識，有一定的
管理和組織能力，同國內外反動派有千絲萬縷的聯繫，有進行
政治鬥爭甚至武裝鬥爭的經驗。所以，我國還會有長期的階級
鬥爭，而且這個鬥爭有時會採取很尖銳的形式，這是肯定了
的❷。

　　當時的國家主席劉少奇，在一九五八年召開的中共八屆二中全會
上說，資產階級右派集團是帝國主義、封建主義殘餘和蔣介石國民黨
的代理人。這樣，他便將內部敵人同外部敵人聯繫起來了❸。這種說
法清楚地反映出中國領導人的看法，卽內部反對派和外部敵人的威脅
是相輔相成的。因此與內部敵人的鬥爭必須和反帝結合起來。

　　緊接著一九五八年的「大躍進」之後，又開展「一次反右鬥爭」。
這次「反右傾」和「反修」的鬥爭持續了兩年有餘。任何對黨的政策
的批評皆被冠之以「右傾」之名。「大躍進」失敗之後，中國高層領
導人很快陷入一場劇烈的權力鬥爭。六十年代初，一股由毛澤東率領
的強大的左傾勢力開始擡頭❹。這股左傾勢力在一九六六年至一九六
九年的文化大革命中登峯造極。

---

❷　《人民日報》，一九五七年七月十二日。
❸　《新華半月刊》，北京，一九五八年五月五日。
❹　See "On Questions of Party History", *Beijing Review*, No.
27, July 6, 1981; also see Frederick C. Teiwes, *Politics and
Purges in China*, New York: M.E. Sharpe, Inc., 1979, pp.
493-527.

除了運動之外，還有各種各樣的羣眾集會，如聲援非洲暴動、抗議美軍在日本設基地、聲援中東政變、慶祝十月革命、建軍節、勞動節等等。學生、工人和士兵均被要求參加這些運動和集會。在這些集會上，抗議或譴責「美帝」經常成為重要的活動之一。

八、權力鬪爭、「左」和排外

五十年代中國政治的發展表明，每當權力鬪爭尖銳化時，「左」和排外就會升級。由於頻頻清算「右派」、「右傾分子」和「反革命分子」的結果，「左」便成了社會的通常規範。「右派」一詞成了反對內部對手的政治工具。這點在一九五九年至一九六二年期間毛澤東同他的對手間的權力鬪爭中已清楚地表現出來。

例如，從一九五九年時黨的高層領導的批評和評論中可以看出，反對毛的領導的跡象已開始表面化了。出於對「大躍進」和人民公社的不滿，某些黨的領導人對毛提倡大辦人民公社一事發表了個人反對意見。他們抱怨「大躍進」實際上導致了數年的糧食短缺。除了天災之外，他們指出人為因素亦應對經濟衰退負責。這些爭論，在一九五九年九月召開的黨的八屆八中全會卽廬山會議上達到了高潮。在會議上，國防部長彭德懷、總參謀長黃克誠等人對毛聲稱「大躍進」和人民公社業已取得偉大勝利一事予以激烈抨擊。毛則在會上斥責彭、黃、張（聞天）是同屬一反黨集團的「右傾機會主義者❹」。結果，一九五九年九月一日發表在《紅旗》雜誌上的一篇題為〈偉大的號召〉

---

❹ "Resolution of the 8th Plenary Session of the 8th Central Committee of C. P. C. concerning the Anti-Party Clique headed by Peng Teh-huai", *Beijing Review*, No. 34 (August 1967), pp. 19-20.

的文章，對他們進行了批判。文章說：

> 如果我們聽任這種右傾機會主義思想蔓延，就會嚴重地危害我
> 們的事業。在八屆八中全會鮮明地指出了這一點之後，毫無疑
> 問，全黨和全國人民一定會在以毛澤東爲首的黨中央領導下，
> 爲堅決克服這種右傾機會主義思想而鬥爭❹。

　　盧山會議是毛如何使用宣布其對手爲「右派」的手法來擊敗他們的一個顯著的例子。

　　政治鬥爭在一九六〇年和一九六一年兩年中繼續發生。這一時期出現了另一個反毛集團。它的領導人包括國家主席劉少奇、幾位副總理如鄧小平、陳雲、譚震林、薄一波以及北京市長彭眞等。一九六一年，毛集團與其對手之間的嚴重分歧有增無減。這些分歧，已不同於一九五九年，不僅涉及農業政策，而且還涉及到政治、工業、文化、教育等事務。劉少奇和鄧小平一派，是中共黨內較務實和較溫和的一派。在一九六二年一月召開的中央工作擴大會議上，對抗發生了。會議上毛的支持者與劉、鄧集團發生公開辯論。劉少奇堅決反對毛及其「三面紅旗」。劉聲稱經濟困難主要是人爲因素造成的，它使國民經濟陷於崩潰邊緣，可能要用七、八年之久的時間方能恢復❹。林彪發言說，某些錯誤不可避免。周恩來爲毛辯護，說收穫大於損失❹。由於有林、周的支持，毛的地位仍強於劉、鄧集團。

　　由於劉、鄧集團不斷的挑戰，毛的「左」的思想便逐漸地增強

---

❹　同上註，頁一二。

❹　〈劉少奇的罪行〉，《首都紅衞兵》，北京，一九六七年二月二十二日，頁一至二。

❹　丁望編〈中共文化大革命資料彙編〉，《香港明報月刊》，一九六七年，卷二，頁五六一至五六二。

了。毛於當年八月末和九月初在北戴河主持一中央工作會議，對其批評者發動攻擊[49]。 在會上，毛極力強調他的關於階級鬥爭的「左」的信念。 他指出： 社會主義的改造消滅剝削階級所有制， 但這並不等於說政治和思想領域裏的鬥爭也消失了。資產階級思想已存在了幾百年。資產階級可以重新生長出來，我們為此必須保持警惕[50]。 數名高級領導如陳雲、李富春、李先念、薄一波、鄧子恢等，受到毛的批評。關於未來經濟方針，中共領導間發生了激烈的爭論。毛最後呼籲不能再從黨的路線上後退[51]。 顯然，在這次會議上，毛對劉、鄧集團發動了反擊。他批評劉等人推行資產階級右傾路線，捲入了反無產階級司令部的犯罪活動[52]。 毛公開重申他的「左」思想，對其對手發出敵視和激烈的抨擊。

各種跡象清楚表明：政治鬥爭的結果，使以毛為首的強有力的左傾路線行列進一步發展。一九六二年九月末，毛召開和主持了黨的八屆十中全會。會議氣氛仍如八、九月間的工作會議那般緊張。毛發出號召：「千萬不要忘記階級鬥爭!」他著重指出：「利用寫小說搞反黨活動是一大發明。凡是要想推翻一個政權，先要製造輿論，搞意識形態，搞上層建築。革命如此，反革命也如此。」他公開指責持不同政見者是走資派，企圖通過寫小說製造輿論以達到推翻社會主義中國的目的。黨的八屆十中全會公告號召全國人民：「在黨中央和毛澤東同志的領導下，更高地舉起社會主義建設總路線、大躍進、人民公社的光輝旗幟……為爭取我國社會主義事業的新勝利而奮鬥。」[53]事態

---

[49] 〈「修養」是反毛澤東思想的修正主義綱領〉，北京《光明日報》，一九六七年四月八日。

[50] 同上註。

[51] 《北京工社・十九號》，一九六七年，四月二十七日。

[52] 〈戰無不勝的毛澤東思想萬歲〉，上海《解放日報》，一九六七年。

[53] *Beijing Review*, No. 39, September 28, 1962, pp. 5-7.

逐步表面化，這已不是一場政策辯論，而是一場毛與持不同政見者之間的權力鬥爭。

總而言之，從一九六〇年至一九六二年，中國領導層中，在以毛為首「左」的一派和毛的反對者之間，已形成嚴重分裂。始於關於經濟政策的辯論，迅速發展成政治衝突和權力鬥爭。由毛領導發動的強有力的「左」的運動如「四清」、「學習人民解放軍」和「社會主義教育運動」等，皆變成壓迫其政敵的運動。一九六三年至一九六六年期間，此類政治衝突並未終止，明爭暗鬥持續進行，最終於一九六六年至一九六九年的文化革命中達到頂峯。

在毛、劉政治鬥爭進行過程中，一大批毛的支持者加速成為強硬的「左派」，他們斥責與他們對立的人為「右派」。為了削弱其對手，攻擊者常常試圖表現得比被攻擊者更左、更革命。於是，大多數人「寧左勿右」。政治鬥爭愈頻繁發生，人們便變得愈左。流行的信念是：左只是方法問題，右卻是立場問題。因此，許多人試圖表現得比旁人更左。自一九四九年至一九七六年毛逝世前中共搞的所有政治運動都是反右運動，反左運動一個也沒有。因此，成為左派便是在政治舞臺上的生存之道。「右派」成了政治鬥爭失敗者的稱號。一九六二年九月之後，中國政治便一直朝左的方向發展。這是個螺旋過程：政治鬥爭愈多，人們就變得愈左。但是沒有令這一螺旋返回原位的動力。在文化、教育、經濟發展政策方面的情形也一樣。由於權力鬥爭的左向螺旋的作用，文化、教育、經濟等也被迫愈來愈向左的方向發展。

左成了政治鬥爭的有力武器，而排外則是左的一種表現。左意味著革命，而革命則意味著反帝反修和對敵堅決的鬥爭。於是，當人們變得更左時，排外就會隨著升級。這成了一個普遍現象。愈左，排外

就愈強烈。因此，由於不停的政治鬥爭，愈來愈多的人變得比以前更排外。一九五九年至一九六二年期間的跡象清楚表明：最高領導層政治鬥爭，導致了愈來愈左的思想和政策。從那時開始，由毛親自率領的強大的左傾集團便磨刀霍霍，準備向所謂黨內「資產階級」或「走資派」開刀。

左和排外情緒的不斷發展亦從社會方面得到了支持。五十年代中，工人、農民的生活條件和政治地位獲得很大改善。他們是當時中共政策和意識形態的主要得益者。他們天眞地認爲，左派所做的一切事情都是對他們和國家有好處的。同時，大眾傳播不斷地宣傳「帝國主義」的威脅與壓迫也使他們始終相信：爲了捍衞中國的解放，他們必須表現出堅決「反帝」的精神。所以，繼續向左和排外方向發展的趨勢甚至在建國十年之後仍未和緩。它成了一個不可扭轉的趨勢。除非發生高層的領導和政治規範產生激烈變化，社會或外部環境產生重大改變，這種左的勢力，不會削弱。左的不斷發展終於在一九六七年至一九六九年期間導致了「極左」和「盲目排外」的大爆發。

小　　結

北京的反帝意識形態深深地植根於其早期歷史之中。一九四九年成立政權之後，毛澤東的革命思想和反帝理論便成了中共意識形態的重要部分。這種意識形態以後又因北京感受到來自美國的威脅及其不斷的「反美帝」運動而升級。毛將這部分意識形態與對美國威脅的感受綜合成「紙老虎」的理論。和將反帝局限於廢除不平等條約和關稅限制的國民黨不同，中共以專事「反美帝」爲己任。結果，中國被迫走上親蘇和疏遠西方的道路。更有甚者，因排外而起的政治壓迫，整

蕭了一大批知識分子，從而對中國的現代化造成了極其不利的影響。

　　一九四九年以後 排外的發展與 國內政治有著密切的聯繫 。 一方面，它成了加緊內部控制的現成藉口；另一方面，它又成了權力鬥爭中的重要政治工具。由於五十年代中連續不斷的政治運動和權力鬥爭的結果，排外上升到了前所未有的高度。螺旋過程在一九六〇年代中期便發展起來，明顯形成了一個不可逆轉的左向趨勢。左激發起愈來愈強烈的排外， 排外反過來又爲左火上加油 。 在以下四章中將會看到：這一螺旋過程愈演愈強，直至毛澤東逝世以及其他新發展出現後它才宣告結束。

第 七 章

「反美帝」和生產動員
（一九六七年至一九六九年二月）

　　正如第六章所述，「反美帝」這一意識形態對中國國內政治起了重要影響。除此之外，這種意識形態還構成了一種動員羣眾的重要政治力量。本章研究了北京的羣眾排外示威同一九六〇年至一九六二年間生產動員之間的關係。本章之目的，是解釋「反美帝」運動如何與國內的生產動員聯繫起來的。首先討論中國共產主義運動早期的動員羣眾與排外的關係；其次了解一九六〇年至一九六二年間北京的羣眾排外示威和羣眾對外國的敵視；然後討論中國共產黨關於「反美帝」與自力更生的關係、「反美帝」和動員羣眾的關係，和關於經濟困難與一九六〇年至一九六二年間動員羣眾生產的關係的種種理論。在一九六〇年至一九六二年期間，這些理論是共產黨意識形態的重要組成部分。大眾傳播媒介曾將這些理論在全國廣爲宣傳。本章最後是對人民日報作的內容分析，以進一步剖析羣眾排外示威與生產動員之間的關係。

一、一九六〇年以前的國內動員與排外

　　在中共的政治中，動員羣眾具有極爲重要的意義。早在江西蘇維埃時期（一九三一年——一九三四年），中共就利用社會和經濟不平

等問題來動員貧苦農民。爲了贏得大多數農民的支持，紅色政權沒收了富農的土地，將之分給貧苦農民。在延安時期，羣眾路線又得到進一步的發展。通過減租減息和土地改革運動❶，從農民中吸收了成千上萬的新幹部。共產黨人就是憑藉農民支持，才能在這些年中抵抗優勢的國民黨軍隊。由於善於利用社會矛盾，毛能够動員農民支持其邊區政府。

前面曾討論過中共早在建黨初期，就曾爲了其政治目的利用排外來動員羣眾。人民大眾對中共積極抗日決心的認同，促成了一九三六年底的「西安事件」，該事件成了中共史上的重大轉折點。共產黨人不但迫使蔣介石下令停止對他們的進攻，而且在名正言順的抗日目標下還得到了一個重新武裝自己的寶貴機會。

中共於一九四九年在北京建立政權後，利用外國敵人爲國內政治目的服務的作法繼續延續。例如在一九五一年至一九五五年間發動了三次大的羣眾運動，其中包括一九五一年至一九五三年的抗美援朝運動。「抗美援朝」運動發展起來的強烈排外對中共發動肅反運動和「三反」、「五反」運動起了幫助作用。更重要的是，「反美運動」被利用來推動工農業生產。反美宣傳被用來激發愛國主義從而提高生產❷。

---

❶ Mark Selden, "The Yenan Legacy: The Mass Line", in A. Doak Barnett, (ed.), *Chinese Communist Politics in Action*, Seattle: University of Washington Press, 1969, pp. 99-151; Chalmers Johnson, "Chinese Communist Leadership and Mass Response", in Ping-ti Ho and Tang Tsou, eds., *China in Crisis*, Vol. I, Chicago: University of Chicago Press, 1968, pp. 397-473.

❷ 錢端升：〈對抗美援朝運動的反應〉，《人民日報》，一九五一年，十月二十八日；陳紹明：〈抗美援朝與生產運動〉，《人民日報》，一九五一年九月十六日；參閱 John Wilson Lewis, *Leadership in Communist China*, Ithaca, New York: Cornell University Press, pp. 170-171.

　　一九五八年至一九六〇年期間的情形也是一樣的。在此期間，中國國內面臨著前所未有的經濟危機，與此同時，又與臺灣和「美帝」保持著高度的敵對。在一九五八年至一九六〇年的「大躍進」期間，爲執行黨的經濟計畫，羣眾被動員參加生產勞動，以實現黨的目標。而正是在一九五八年，中國捲入臺灣海峽的嚴重危機。有人認爲，這一國際危機很明顯地被利用來進一步推進其國內目標。正如索羅門（Richard Solomon）所說：

> 當海峽危機進入外交交涉階段時，毛強調把美帝主義的威脅轉變爲刺激生產的大躍進和社會重組。他發動全國性的「全民皆兵」運動，加速了實行農村工作軍事化及其新國防路線，卽民兵的組織❸。

　　達特（V. P. Dutt）在探討一九六〇年之前的中國內政與外交政策之間的關係時，他認爲：

> 一九五六年至一九五八年間中國對外姿態的變化，並不比當時國內政治變化更引人注目。事實上，一九五七年中期的國內變化已預示著對外政策的進一步變化；前者就像後者未來變化的預兆，「大躍進」、人民公社、反右鬥爭及當時重申對「紙老虎」進行「堅決的鬥爭」決不是巧合❹。

---

❸　Richard H. Solomon, *Mao's Revolution and Chinese Political Culture*, Berkeley: University of California Press, 1971, p. 388.

❹　同上，參閱 Morton H. Halperin and Dwight H. Perkins, *Communist China and Arms Control*, Cambridge, Mass.: Harvard University Press, 1965, pp. 21-22. 作者認爲一九五八年中國強硬外交路線與內政的強硬政策關係密切，一九六〇年亦如此。

這些討論清楚地說明：國內動員與排外之間有著密切的關係。每當國內掀起動員熱潮，排外就會升級。

二、一九六〇年至一九六二年之間
北京排外示威的性質

北京政府自成立以來，發動過許多排外性示威。據報導，朝鮮戰爭時期，全中國有一億八千六百萬人參加了「抗美援朝」和反對重新武裝日本（一九五一年五月一日）的示威。從那時起，北京發動了許多反對「美帝」和抗議一些國際問題而起的羣眾示威。排外性羣眾示威乃是中共國際行為的一項重要特徵。一九六〇年至一九六二年期間，排外性羣眾示威的一項重大發展，便是反對「美帝」的示威急劇增加。

中國對美國外交政策的態度，可由其官方聲明和對美國外交活動的批評中看到。一九六〇年至一九六二年期間，北京把美國視為中國最危險的敵人。按照北京的看法，美國不但阻攔中國在國際上的發展，而且阻撓北京統一臺灣。並且美國還阻止中國進入聯合國，並在世界政治中支持日本、泰國、菲律賓及其他盟國反對中國。因此，北京不但對美國的對華政策，而且對美國在其他地區的外交活動均持強烈敵視態度。哈里曼（Averell Harriman）和當時的美國副總統約翰遜（Lyndon B. Johnson）於一九六一年四、六兩月對菲律賓和東南亞的訪問就是一例。哈里曼和約翰遜對東南亞之行被解釋為從事侵略陰謀。一九六〇年至一九六二年期間，北京的排外性羣眾示威主要是針對美國在古巴和越南的外交政策和軍事行動。

中國的羣眾排外示威乃是一種政府組織而非羣眾自發的運動。每

些一次羣眾示威都有著可分若干不同階段的週期性，這些運動都由北京共黨高層領導授意發動的。在北京舉行的公眾集會上通常會發表聲明，而這類集會的與會者通常是黨和政府的有關負責人以及各種有關羣眾團體的領導人。這類團體如：中國和平協會、中華全國總工會、全國婦聯、共青團中央、中國亞非團結促進委員會、全國文聯等。這些羣眾組織由中共領導，起著聯繫黨與其他組織的橋樑作用。他們經常協助黨和人民傳達指示和文件以及組織「學習班」。在排外運動中，他們以組織的力量，宣傳黨的決議和口號，並幫助黨動員羣眾。例如在一九六〇年初反對日美安全條約的運動中，北京於一月十三日舉行了一次譴責「日美軍事聯盟」的集會。上述羣眾組織大部分參加了該項集會。爲了支持這個運動，上海、瀋陽、武漢、廣州和其他大城市也舉行了示威❺。此一時期其他的羣眾排外運動也是由北京先舉行類似集會打頭陣的。

　　另外，每次羣眾排外運動的進展都是由黨和政府通過各種組織和大眾傳播媒介進行控制的，運動的深廣度也由當局控制。大眾傳播媒介不但是中央政府與地方政府之間的聯結點，而且是直接通向羣眾的傳送帶。在發動階段，大眾傳播媒介宣傳中央政府的態度，並集中報導運動的情況。在這個階段，地方幹部煽動羣眾，使他們羣情激昂。每一次羣眾排外運動的發展都是收放自如的，沒有哪次曾失去過控制或轉爲反對中央政府。所以羣眾排外示威是一個政府領導而非羣眾自發的抗議運動。這種運動不是一種要求變革社會秩序、社會設施和社會規範的社會運動。這就是中外羣眾排外示威重要區別之處，同時也是一九四九年前後中國羣眾排外示威的重要區別之處。

---

❺　《人民日報》，一九六〇年一月二十四、二十五、二十七及二十八日。

三、羣眾排外示威的五種類型

　　這個時期的羣眾排外示威根據它們表明的目標可分為五種類型。首先，部分示威乃針對美國對華外交活動。例如，艾森豪威爾總統於一九六〇年六月對臺灣的訪問，導致北京、上海兩地舉行抗議這次訪問的羣眾集會。抗議美國對華外交活動的羣眾集會一般在大城市舉行，例如北京和上海。這些示威的參加者都是知識界、文化界的代表和機關幹部。參加人數比較少，從幾百到一千不等。在此期間，只有對艾森豪威爾對臺灣的訪問和一九六二年九月美國U－2型飛機在中國被擊落的事件，中共用全國性的反美羣眾示威來回應。此一時期的其他同類羣眾反美示威則只局限於北京、上海和少數其他城市舉行。

　　第二類羣眾排外示威則是針對有關美國與其他國家外交關係中的若干問題，而非針對美國的對華外交關係。這類示威的兩個顯著例子便是日美安全條約續約和譴責美國U－2飛機入侵蘇聯領空，這兩個事件都發生在一九六〇年。為這些問題動員的羣眾示威通常會波及全國的大、中、小城市。在反對日美安全條約續約的抗議運動中，中國組織了四十次羣眾示威，約有一千五百萬人參加了示威。在抗議美國U－2飛機在蘇聯上空進行偵察活動時，中國組織了九十六次羣眾示威，據報導約有三千五百萬人參加了示威。

　　第三類羣眾示威是聲援北韓、老撾、北越、古巴和其他發展中國家的人民反對美帝國主義的鬥爭。此一時期中，抗議美國「侵略」或「干涉」別國的羣眾示威也經常發生，但運動本身的規模很小。這類抗議圍繞的大部分問題乃民族問題。其中最熱烈的兩個問題是北越和古巴，北京發動一系列的羣眾示威來對這些國家反對「美帝國主義」的鬥爭

表示聲援。不過，這類運動的規模與人數比前述兩類運動要小得多。

　　第四類羣眾示威是聲討美國在五十年代初的朝鮮戰爭中的所作所為以及支持所謂的臺灣「反美運動」❻。對這些已過去的問題進行聲討的羣眾示威並不定期舉行。例如一九六〇年和一九六一年分別舉行過全國性的羣眾示威，以抗議美國過去在臺灣的「罪行」。但一九六二年就沒有舉行這類示威了。同樣，反對美國「侵略」朝鮮的羣眾示威也不是每年都舉行的。在本章所研究的一九六〇年至一九六二年這三年中，這種示威只是在一九六〇年十月舉行過一次。

　　第五類羣眾示威是針對那些與中國有直接衝突的國家。這個時期，只有兩起這類事件引起羣眾示威。第一次乃是反對印尼當局於一九六〇年七月在西爪哇強迫華僑遷出其居住區。第二次乃是反對尼赫魯在一九六一年十二月的中印邊境衝突中對中國的「誹謗」。這兩起事件引起的示威規模都不大，而且都沒有發展成為全國性的示威。除了針對美國的示威，北京在這一時期，並沒有針對別國政府行動發動過全國性的示威。

　　羣眾示威乍一看起來，是中國用來支持其國際問題立場的外交武器以及被用來宣傳北京對美國的外交政策的態度。這個時期舉行了四百九十八次羣眾反美示威。但在對這些羣眾示威進行深入研究之後，我們便發現難以對之持簡單的看法；進一步的研究，發現了許多與表面看法不一致的地方，揭示了北京利用羣眾示威來達到其他目的的重大可能性。

　　毫無疑問的，北京必須選擇重要問題發動羣眾示威，但是，如果認為北京組織羣眾示威僅僅是為了抗議美國「挑釁中國的行動」則是

---

❻　一九五八年五月二十四日，臺北羣眾示威抗議美一軍官殺死一當地軍官。

錯誤的。例如，一九六二年上半年，北京認為美國正與臺灣國民黨政府勾結，準備進攻中國大陸❼。面對這般嚴重的問題，北京並無組織一次羣眾集會以示抗議。但卻分別於一月一日和三月五日組織羣眾示威抗議美國在剛果和北越的行動。另外，一些全國性的示威從北京的外交立場上來說是很難理解的。例如：眾所周知，中蘇在一九五九年下半年發生激烈的爭執❽，但在一九六〇年五月下旬卻發動全國性示威支持蘇聯抗議美國的行動。

這場運動就U—2飛機入侵蘇聯領空一事支持赫魯曉夫在美蘇高峯會議上譴責「美帝國主義」。羣眾示威相繼在九十六個城市舉行，持續為期一週之久，據報導約有三千萬人參加，是一九六〇年到一九六二年期間最大規模的一次全國性羣眾示威運動。

促成這麼大規模羣眾示威運動的原因仍不明確。毫無疑問，北京不僅可以挑選某種重要問題來發動羣眾示威，而且可以控制羣眾排外示威的規模。這種情況在上述各類示威例子中都可以看到。相比之下，反美示威的規模要遠比反對印度和印尼的規模大得多。一九六〇年的羣眾排外示威的規模又要比一九六一年和一九六二年兩年的規模大得多。統計數字還表明，一九六二年的羣眾排外示威次數要比一九六〇年和一九六一年少（參看表格7-1～7-4）。這個情況同樣說明羣眾排外示威的規模乃是受政府控制的。上述初步發現是從大眾傳播媒介搜集得來的資料❾。初步的分析無法對北京發動羣眾排外示威的動機作

❼　參閱 Liao Kuang-sheng and Allen S. Whiting, "Chinese Press Perceptions of Threat: The U.S. and India, 1962", *The China Quarterly*, January–March 1973, pp. 80-97.

❽　John Gittings, *The World and China 1922-1972*, New York: Harper & Row, 1974, pp. 237-259.

❾　此資料根據《人民日報》、《光明日報》、《南方日報》。James R. Townsend, *Political Participation in Communist China*。

出明確的解釋。 所以， 需要進一步探討北京羣眾示威的敵意以及這些示威與國內政治的關係。

表 7-1　一九六〇年排外示威

月份	對象			總計
	美國	蘇聯*	其他	
一	5	0	0	5
二	3	0	0	3
三	0	0	0	0
四	32	0	3	35
五	114	99	1	214
六	103	0	0	103
七	6	0	18	24
八	8	0	1	9
九	0	0	16	16
十	12	0	1	13
十一	0	0	14	14
十二	0	0	0	0
總計	283	99	54	436

*支持蘇聯對抗「美帝」

資料來源: 一九六〇年，《人民日報》。

表 7-2　一九六一年排外示威

月份	對象			總計
	美國	蘇聯	其他	
一	1	0	0	1
二	16	0	0	16
三	0	0	0	0
四	32	0	0	32
五	0	0	0	0
六	0	0	0	0
七	0	0	0	0
八	0	0	0	0
九	0	0	0	0
十	0	0	0	0
十一	1	0	0	1
十二	0	0	2	2
總計	50	0	2	52

資料來源: 一九六一年，《人民日報》。

表 7-3　一九六二年排外示威

月份	對象			總計
	美國	蘇聯	其他	
一	22	0	0	22
二	1	0	0	1
三	1	0	0	1
四	0	0	0	0
五	0	0	0	0
六	0	0	0	0
七	2	0	0	2
八	0	0	0	0
九	15	0	1	16
十	11	0	1	12
十一	37	0	4	41
十二	0	0	4	4
總計	89	0	10	99

資料來源: 一九六二年，《人民日報》。

表 7-4　一九六三年排外示威

月份	對象			總計
	美國	蘇聯*	其他	
一	0	0	3	3
二	0	0	0	0
三	0	0	0	0
四	0	0	3	3
五	0	0	1	1
六	0	0	1	1
七	10	1	0	11
八	3	0	4	7
九	2	1	0	3
十	0	0	0	0
十一	16	0	0	16
十二	4	1	0	5
總計	35	3	12	50

* 反對蘇聯

四、羣眾排外示威與羣眾的敵意

政治參與是中國政治的一個重要部分，而中國的羣眾排外示威是有道德規範支柱的運動❿。在中國，這個道德規範卽是意識形態，它包括兩種形象（image），卽「敵人」形象和「反華」形象。這兩個形象是羣眾排外示威背後的人的意識形態動力。

這個時期的主要「敵人」形象是「美帝」。「美帝」形象的組成成分是針對中國以及針對對中國友好的國家如北韓、古巴、剛果等的威脅、敵對和侵略態度。北京認爲：「美帝」是阻礙中國進入聯合國和解放臺灣的「反華集團」背後的主要力量。在軍事上，美國不僅派遣第七艦隊在臺灣海峽駐防，而且還不斷派間諜飛機對中國進行間諜活動，並多次侵犯中國海防島嶼。在外交上，「美帝」及其盟國阻礙中國對外進行文化和經濟的交流。「美帝」是中國的頭號敵人：在政治上，它有壓迫性；在思想上，它有反動性；在經濟上，它有剝削性；在軍事上，它有軍事威脅性和侵略性。中華人民共和國成立後的頭十年裏，北京政府反覆強調「美帝」不僅是中國人民的頭號敵人，而且是全世界人民的頭號敵人。美帝在中國羣眾心目中成了最深刻、最受普遍敵視的形象。

「敵人」這一形象有三個組成部分，卽歷史敵對、思想敵對和政治敵對。在歷史上，「美帝」曾反對中國共產革命，並與壓迫中國人民的反動的國民黨勢力勾結；在思想上，它代表了資本主義的最高階

---

❿ James R. Townsend, *Political Participation in Communist China*, Berkeley: University of California Press, 1972, pp. 67–69.

段；在政治上，它對中國採取敵視政策，最典型的例子就是軍事「佔領」臺灣⑪。所以這種形象是不易改變的，除非上述三個敵對因素得到解決。中日戰爭期間，中國人對日本帝國主義的形象也包括三個成分，以後發展起來的對「蘇聯社會帝國主義」的形象也包括這三個成分。從延安時期開始，中共就製造出「敵人」形象，並充分利用這一形象，把它們作爲鬥爭的敵手。在本章所要研究的時期中的反美示威就是基於這種形象的，雖然還有另外一些其他因素也牽涉其中。

　　在羣眾示威中反映出來的第二種形象便是「反華」形象。這一時期的反華的國家指的是那些不與北京建立外交關係的國家，以及雖與北京建有外交關係，但卻推行某些有損北京利益的國家。與北京沒有外交關係的國家，通常也就是美國的親密盟友日本、菲律賓和泰國等。這些國家本身雖然並不構成對中國的嚴重軍事威脅，但卻可能與美國勾結進行「反華」活動。北京認爲這些國家是由採取與美國合作的政策的「反動政府」控制的。但是，由於這些國家的人民是愛好和平和基本上對中國友好的，所以北京只對這些政府及其領導人採取敵視態度，而不是對這些國家本身採取敵視態度。北京認爲，一旦美帝國主義被打倒，或一旦這些政府的領導人被推翻，它們就會對中國表示友好。因此，這些國家對中國採取敵對態度只是暫時的。

　　至於與中國有外交關係但又推行「反華」政策的國家，北京認爲他們有可能與美國勾結，如尼赫魯的印度和蘇加諾的印尼。這兩個國家均曾對中國友好，但因其領導曾追隨「反華」政策，所以潛在地他們對中國有敵意。但它們不被看作中國的敵人。例如在中印邊境衝突中，北京認爲印度是「反華」的國家，但卻不是中國的敵人⑫。

⑪　M. Rejai, *Mao Zedong on Revolution and War*, Anchor Books, New York: Doubleday & Co., 1970, p. 50.
⑫　參閱Liao Kuang-sheng and Allen s. Whiting, 同前註。

通過大眾傳播媒介網、正規教育計畫和思想訓練計畫，黨不斷向學生、農民、工人、軍人和其他階層的人民灌輸這兩個敵對形象❸。這兩個形象在羣眾頭腦中深深紮下了根。

五、「反美帝」與生產動員：大躍進中的理論發展

為了創造「美帝」形象，中國大眾傳播媒介和其他宣傳機構廣泛宣傳「反美帝」與生產動員的關係。大躍進期間，促進生產的基本政策是動員羣眾。正是在這一時期，毛澤東發表了他將反帝與生產鬥爭結合起來的理論講話。

關於「反美」與生產動員的討論可分為以下三個部分：

(一)「反美帝」與「自力更生」

按照中共的意識形態，內部政治與外部政治是不可分割的。中共認為他們要承擔兩個重擔：一是反對內外反動派的社會或階級鬥爭；二是與大自然進行鬥爭。毛於一九五八年說：「為了保衞我們的社會主義建設、保衞世界和平，我們必須與外國反動派作鬥爭，反對帝國主義，主要是指反對美帝國主義的侵略。」❹ 這個論點為中共對內發動政治運動和對外反帝奠定了基礎，並把它們與國家致力社會主義建設聯繫起來。

按照中共的論點，只有當人民成功地從事社會鬥爭，國家才能取得與自然鬥爭的基本條件。反過來，與自然鬥爭的勝利會增強從事社

---

❸　Alan P. L. Liu, *Communications and National Integration in Communist China*, Berkeley: University of California Press, 1971, pp. 25-33, ch. 3.

❹　《學習毛主席論紙老虎文獻》，香港《文匯報》，一九五八年，頁七六至七七。

會鬥爭的力量。例如在一九五七年，北京辯稱，過去幾年社會主義經濟建設力量的加強，不但極大地有利於國內的階級鬥爭，而且提高了國家的國際地位和聲譽，增強了中國反對帝國主義侵略和保衛世界和平的力量⑮。所以，在中共的理論中，建設社會主義的鬥爭和增加生產的鬥爭皆是反帝的鬥爭的一部分。

這點在一九六三年得到進一步闡述，該年毛發動了所謂「三大革命運動」⑯，即：階級鬥爭、生產鬥爭和科學實驗。毛認為在無產階級革命歷史中，總是存在無產階級與資產階級的階級鬥爭，要鞏固無產階級專政，就必須對資產階級進行嚴重的階級鬥爭。生產鬥爭是與自然鬥爭。生產被認為是人類的基本活動。在這個過程中，人類為了進行生產鬥爭結成了一定的關係（生產關係）。在這種鬥爭中，所有資源均應調動成有組織的力量，並被充分利用來增加物質財富和解決經濟問題。第三大運動也就是指科學革命。北京坦白承認自身科學水平落後，為了要建設現代化的工、農業和國家，必須提高科技水平。北京認為這三大運動是相互聯繫的：階級鬥爭將為生產鬥爭提供動力、生產鬥爭將在政治上考驗階級的意識形態。而科學實踐將提高人們的生產力⑰。

革命與生產的關係在文化大革命中得到進一步闡述。一九六六年九月七日《人民日報》社論要求羣眾「抓革命促生產」。它宣稱：按照毛的指示，文化大革命的目的是為中國的社會主義生產力提供了強大的動力。它解釋道，文化大革命將使人的思想革命化，解放社會生

---

⑮　同上，頁七八至七九。
⑯　此三大運動首先於一九五七年三月提出，以後在九大及十大一再強調三大革命運動；見《人民日報》，一九六九年四月二十九日，一九七三年九月二日。
⑰　《人民日報》，一九六六年九月七日。

產力，調動和促進工人羣眾和人民公社社員的生產積極性和創造性，為工農業的更大發展提供有利的條件。

很明顯，這三大運動被認為是社會鬥爭和與自然鬥爭的具體形式。「自力更生」是維護獨立自主權政策，它在社會革命、生產鬥爭和科學實驗三個方面都有體現。社會鬥爭是以階級鬥爭形式進行的，而反對帝國主義便是它的一部分。像階級鬥爭一樣，反帝鬥爭也會為生產鬥爭和科學實驗提供動力。換句話說，反帝將為自力更生提供思想上的動力。這一切為沿著反帝的道路不斷地走下去提供了理論根據和思想根據。自力更生則在生產鬥爭中居最優先地位。

（二）「反美帝」與羣眾動員

正如毛在一九五八年所說：「為了認識革命與反革命的力量，我們應該開始認識到這一點，卽當前每個國家反對帝國主義的鬥爭主要是反對美帝國主義鎮壓和侵略，美帝國主義已經代替了日本帝國主義，並在一九四九年就開始積極準備向中國發動侵略。……當我們說『帝國主義是兇惡的』時，我們是指它的本質永遠不會改變，帝國主義永遠不會放下屠刀，也不會立地成佛，直至他們的最後滅亡。帝國主義的目標是奴役和壓迫全世界人民和消滅社會主義國家與各國的人民革命力量。帝國主義將不會改變它的目標直至滅亡。」⓲ 毛接著說：「反動勢力對人民民主力量的政策是盡其所能地完全摧毀，並準備在將來摧毀現在摧毀不了的東西」⓳。

毛強調在與帝國主義作鬥爭時要動員羣眾，他於一九五八年指出：「對付帝國主義沒有其他辦法，只有動員全世界人民進行堅決和有效

⓲　聞師潤：〈科學的論斷和預見〉，《紅旗》，一九六〇年，二十二期，頁七至二一。

⓳　同上註。

的鬥爭。要說服帝國主義和中國反動派，希望他們改邪歸正重新做人是毫無用處的。我們面前只有一條路，這就是組織我們的力量與他們作鬥爭。」❷⓿ 簡單地說，只有通過這種不懈的鬥爭，才能阻止帝國主義的活動。毛還認為，在反帝與動員羣眾兩者之間是有聯繫的。他指出：「他們（帝國主義）的反華活動可以鼓舞全黨和全體人民團結一致，並樹立在經濟上、文化上趕超西方最發達國家的雄心大志……所以對我們來說，他們的反華活動是一件好事，而不是一件壞事。」❷❶ 毛甚至認為被敵人反對是好事。他在一九五九年說：

> 我認為，對於我們來說，如果一個人，一個政黨、一支軍隊或一個學校不被敵人反對，那就是一件壞事。因為那樣就肯定意味著他與敵人同流合污了。如果我們被敵人反對，這就證明我們在敵我之間畫清界線了，那是一件好事。如果敵人把我們說得一塌糊塗，一無是處，那就更好了，說明我們不但與敵人劃清了界線，而且工作有成績了❷❷。

很明顯，毛認為受到敵人反對對於內部團結來說是件好事。換句話說，這將有助於羣眾動員起來。

關於敵人與羣眾動員關係的最激烈討論可在一九五八年的《紅旗》雜誌評論中看到。一篇評論指出，當「美國強盜」站在中國人民牀邊時，就必定會喚醒每一個中國人面對現實：為了對付敵人，他們別無選擇，只有埋頭苦幹以加強國防力量❷❸。評論還指出：

---

❷⓿　同上註。

❷❶　〈關於反華問題〉：《毛澤東思想萬歲》，頁三一六至三一七。

❷❷　〈被敵人反對是好事而不是壞事〉：《毛澤東著作選讀》（乙種本）北京青年出版社，一九六五年，頁六五至六六。

❷❸　《紅旗》，一九五八年，第十期。

美國侵略者侮辱我們，但給我們在各方面提供了一份反面敎材。
首先，美國侵略者侮辱我們是因為我們的鋼鐵生產得太少，這
使我們努力以最快速度發展我們的鋼鐵工業。第二，美國侵略
者侮辱我們是因為我們機械生產水平太低，這使我們努力以最
快速度發展我們的機械工業。第三，美帝國主義經常恥笑我們
貧窮，這使我們努力以最快速度提高糧食產量回答他們㉔。

以上是把美帝國主義視為中國生產刺激素的三種方式。

評論還淸楚地指出了帝國主義者的侮辱的政治含意。它指責美國
照老眼光把中國看成是四分五裂的，號召人民更緊密團結起來（指人
民公社運動）和加強國防（指全民皆兵）㉕。顯而易見，美國的壓力
迫使中國動員其人力資源以增強其各方面的力量㉖。

（三）經濟困難與羣衆生產動員

既然中國的對外關係與國內政策是不可分割的，那麼簡要地討論
一下國內政策，將有助於我們研究排外示威與國內生產動員的關係。

一九五九年至一九六二年期間，由於大躍進的惡果使中國經濟出
現了嚴重倒退，加上旱、水、風災等自然災害給經濟造成了嚴重損
害。經濟倒退致使全國出現嚴重缺糧，其嚴重性可從當時解放軍面臨
的困難中估計出來。總後勤部報導說，配給的主糧和副食品不夠規定
額，官兵都廣泛出現營養不良和水腫病㉗。為了克服糧食短缺，一九
六一年初人民解放軍地方部隊便鼓勵生產糧食代用品和組織小組從事

㉔　同上註。
㉕　同上註。
㉖　同上註。
㉗　J. Chester Cheng, ed., *The Politics of the Chinese Red Army* (Gong Zuo Tung Xun), Hoover Institution Publications, Stanford: Stanford University, 1966, pp. 296-299.

生產工作㉘。

糧食短缺導致了一九六一年放寬官方制定的公社條例，公社社員被鼓勵生產副食品，如從事飼養毛豬、家禽等副業生產。家庭可以耕種自留地並可以進行有限度的農產品私人交易。除此之外，還用分紅來刺激生產隊的積極性㉙。根據最新報導，在一九六〇年至一九六二年經濟困難時期中，農業原材料和農產品生產比最好年景的一九五八年下降約三〇％，工業生產則下降約二〇％㉚。

一九六〇年，由於農業出現了嚴重危機，北京採取優先發展農業的新政策。「以農業為基礎」成為一個全國性的運動，全國都被動員起來支援農業生產㉛。這一新政策把農業提到首位，接著才是輕、重工業。很明顯，一九五九年至一九六〇年的農業衰退對輕工業生產有不利的影響，因輕工業生產所需的原材料減少了。所以北京政府將主要注意力集中在提高農業生產和輕工業生產上。為實現這一點，北京動員成千上萬人民支援農業生產，學生、工人、幹部、解放軍戰士被派去支援農業建設。與此同時，由於缺乏原料，許多工業部門當時面臨嚴重衰退。為了平衡供求關係，政府鼓勵工廠的工人努力完成國家下達的生產指標。

在戰勝自然災害和工農業生產惡化的過程中，動員各階層人民支持農業生產起了重要作用。中國農業產量主要依靠人力，在六十年代

㉘　同上註。

㉙　Werner Klatt, "Communist China's Agricultural Calamities" in *China Under Mao: Politics Takes Command*, ed. Federick MacFarquhar, Cambridge, Mass.: The MIT Press, 1972, pp. 170-171.

㉚　Barry M. Richman, *Industrial Society in Communist China*, New York: Vintage Books, 1972, pp. 612-613.

㉛　《紅旗》，一九六〇年第一期。

初期，機器在農村的作用仍然非常有限，所以人力便是增產的關鍵。一九六〇年三月四日《人民日報》題爲〈努力爭取早稻大豐收〉的社論，敦促使用一切可能的資源去增加農業生產，包括動員學生、工人、幹部、解放軍等各種社會分子❸。一九六〇年，各地方政府大量組織了這類支援農業生產的活動。例如據報導河南省有一百多萬工交戰線工人和商業戰線工人全力投入抗旱鬥爭❸。而在廣東，約有一百萬名勞工被調集支援公社的生產隊❸。

　　傳播媒介經常被用來維持羣眾的熱情和鼓勵更多的出產。從人民日報的報導中看到：關於動員羣眾生產的新聞，其內容不但報導公社工廠的最新消息，而且還努力提高農民、工人和一般老百姓的士氣❸。

　　關於動員羣眾支援工農業生產的運動的各種報導，亦反映出黨和政府對推行這一政策的重視。這類報導出現的次數被用來表示運動的進展。從《人民日報》搜集來的資料證明，動員羣眾參加農業生產的高潮是在一九六〇年下半年和一九六一年上半年。該運動在一九六一年下半年逐漸減弱，一九六二年比一九六〇年和一九六一年又更趨低潮。動員羣眾參加工業生產的高潮則是在一九六〇年四月到六月之間。這個運動直至到一九六〇年底仍維持在高水平上，但在一九六一年開始逐漸減弱，下降的趨勢一直延至一九六二年。簡言之，動員人民參加工農業生產的運動在一九六二年底回復到一般水平，因爲當時的經濟已逐漸好轉。

---

❸　《人民日報》，一九六〇年三月四日。
❸　《人民日報》，一九六〇年七月四日。
❸　《人民日報》，一九六〇年七月十一日。
❸　此乃採用內容分析的方法，將有關農業及工業方面的新聞分類。它包括在此期間內所有鼓勵或宣傳農業或工業生產的新聞。

六、排外示威與生產動員：一項實證的調查

從以上的討論，我們可以清楚地看到，中國在一九六〇年至一九六二年十月這段期間（中印邊境衝突發生之前）集中全力進行全國性的生產動員 **㊱**。在這個時期，北京也非常積極地組織了反美羣眾示威和圍繞其他國際問題的羣眾示威。一個國家如此集中全力動員人民生產，而在同時又可以組織這麼多反對外國和有關國際問題的羣眾示威，這種情況是值得注意的。在這一節中，將根據號召動員的新聞報導的次數和羣眾排外示威的次數，來探討內部動員羣眾和排外羣眾示威的關係。

一般的假設是：中國爲了動員生產以提高工農業產量而蓄意令羣眾排外示威升級。這個假設有兩個理由。第一，爲了將羣眾的注意力從經濟困難中移開，北京可能故意鼓勵強烈的排外情緒。由於人民生活急劇下降，大躍進期間，人民的不滿十分普遍。在經濟困難時期，大多數人民嚴重缺糧，不滿情緒更爲加劇。爲了緩和人民的不滿情緒，北京可能蓄意擴大羣眾排外示威。

第二，正如在討論反帝和自力更生關係時所提，除了加強組織和使用物質刺激外，北京以增強對外抨擊來作爲刺激全國生產力的方法。在經濟困難時期，實現國家工業生產計畫與提高農業生產同等重要。北京政府不遺餘力地執行這個方針，而羣眾排外示威卽是實現這一目標的另一方法。中國的工業此時仍主要分佈在城市地區，直到一

㊱ 此只包括一九六〇年一月至一九六二年十月，中印發生嚴重軍事衝突以前。於中印邊界發生嚴重衝突以後，兩國陷於戰爭狀態，已非和平時期，因此不適宜包括於此研究。

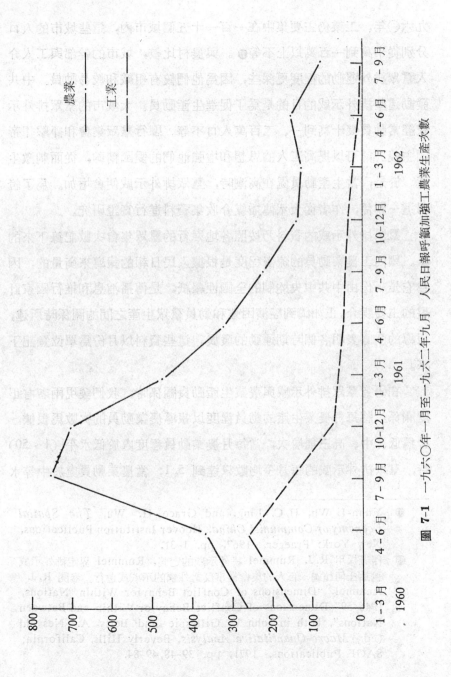

圖 7-1 一九六〇年一月至一九六二年九月 人民日報呼籲加強工農業生產次數

農業 ——— 工業 —·—·—

1-3月 4-6月 7-9月 10-12月　1-3月 4-6月 7-9月 10-12月　1-3月 4-6月 7-9月
1960　　　　　　　　1961　　　　　　　　1962

九六〇年，工業仍主要集中在一百一十五個城市內，這些城市的人口分別從十萬到一百萬以上不等❸ 。與農村比較，城市的幹部與工人介入羣眾排外運動的程度更深些，因爲他們較有組織和較易動員。中共發動這些排外示威的目的是爲了促進生產動員。大城市的羣眾排外示威經常動員幾十萬到一、二百萬人口不等。舉行羣眾集會和抨擊「帝國主義」，可以提高工人的思想和增強他們的愛國精神，從而刺激生產。於是，當生產動員處在高潮時，羣眾排外示威便會增加。爲了證明這一關係，作者從大眾傳播媒介收集資料進行實證研究。

羣眾排外示威的資料乃按照各地舉行的羣眾集會次數記錄下來的❸ 。國內工農業動員的疏密程度是根據人民日報的報導來衡量的，因爲它是一份由中共中央控制的全國性報紙，是傳播消息和推行國家計畫的主要媒介。正如講到經濟困難和動員羣眾生產之間的關係時所述，報導的多寡表明各個時期運動的發展。這些資料以月份爲單位登記下來。

在研究羣眾排外示威與農業生產動員關係時，我們發現兩者有正變關係。將每月農業生產的動員程度以報導農業動員的次數爲根據，分爲低、中、高三種層次，當每月農業動員程度處於低水平 (1～50) 時，羣眾排外示威的每月平均數只達到 5. 1；當農業動員處於中等水

---

❸ Yuan-Ii Wu, H. C. Ling, and Grace H. Wu, *The Spatial Economy of Communist China*, Hoover Institution Publications, New York: Praeger, 1967, pp. 1-31.

❸ 作者採用 R. J. Rummel 排外示威的定義，Rummel 界定排外示威包括任何超過一百人的集會從事反對外國的示威或遊行。參閱 R. J. Rummel, "Dimensions of Conflict Behavior Within Nations, 1946-59" Dimensions of Conflict Behavior Within and Between Nations", both in John V. Gillespie and Betty A. Nesvold (ed.) *Macro-Quantitative Analysis*, Beverly Hills, California: SAGE Publications, 1971, pp. 39-48, 49-84.

平（51～100）時，羣眾排外示威的每月平均數就達到 6.1。當農業
生產動員程度處於高水平（101～294）時，羣眾排外示威的每月平均
數達到27.7。這些資料顯示：當農業動員程度處於高水平時，羣眾排
外示威也會升級。（參見圖 7-2）

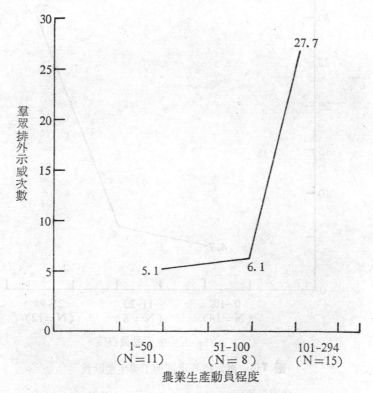

圖 7-2　羣眾排外示威與農業生產動員

　　羣眾排外示威與工業生產動員的關係也與上述情況相似。如正圖
7-3 所示，當每月工業動員程度處於低水平（0～10）時，羣眾排外
示威的每月平均數只有4-7；當每月工業動員程度處於中等水平（11～
20）時，羣眾排外示威的每月平均數就達到 6.5；當工業動員程度處
於高水平（21～98）時，羣眾排外示威的每月平均數達到33.4。與研究

農業動員和羣眾排外示威關係時所得出的結論一樣，這種情況顯示：
當工業動員程度處於高水平時，羣眾排外示威也會升級。

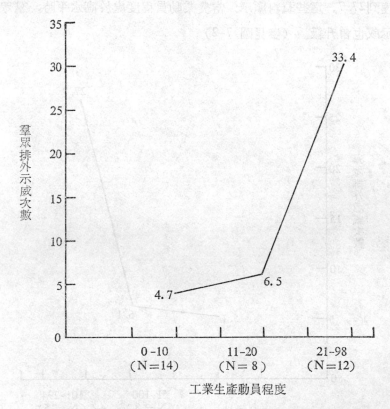

圖 7-3 羣眾排外示威與工業生產動員

以上述結論爲基礎，我們便可以進一步證實羣眾排外示威乃隨著
生產動員的升級而增加的假設。所以一九六〇年至一九六二年期間的
羣眾排外示威的頻繁與國內生產動員的增加有著緊密關係。從上述許
多討論我們可以推定工農業生產的動員導致了羣眾排外示威的增加。

小　結

中國的羣眾排外示威乃是由黨和政府組織的，它反映出敵意來自於當局，更甚於羣眾自發。從北京的觀點看來：反帝不但對自力更生有幫助，而且對生產動員也有好處。於是，羣眾排外示威就可被利用來刺激國內動員。由於北京羣眾排外示威的性質及其與國內政治關係的緣故，任何關於北京羣眾排外示威的研究都必須研究中國的國內政治。

從傳播媒介的發現表明：當工農業生產動員程度高的時候，羣眾排外示威的次數就增加。這兩項發現證實了這一假設：一九六〇年至一九六二年期間北京利用羣眾排外示威來刺激工農業生產。

第 八 章

「反美帝」和對第三世界的統一戰線
（一九六〇年至一九六二年）

　　研究北京「反美帝」，除了從國內政治的角度探討以外，必須從其對外關係的角度加以分析。本文討論北京的「反美帝」及其對外「統一戰線」的關係。剖析的重點是同第三世界國家發展外交關係時，北京如何利用「反美帝」的宣傳。

　　在一九六〇年至一九六二年期間，北京的對外政策顯得模糊而混亂。表面上，北京一直對美國進行宣傳戰，對「美帝」的抨擊經常在傳播媒介中出現。北京似乎一直保持對美國的敵對態度，抨擊美國的頻繁程度前所未有。這是從北京官方新聞的資料得出的一般印象。不過，有些證據表明，在臺灣問題上，北京卻緩和了臺灣海峽的緊張狀態，以避免同美國和臺灣發生軍事衝突。大眾傳媒為何將宣傳升級，可以從兩個方面來解釋。直到一九六〇年底以前，北京一直都在加強「反美帝」，以緩和其同蘇聯的分裂和試圖建立共產國家和亞非國家間的統一戰線。 然而， 在一九六〇年至一九六二年期間， 當北京與莫斯科的關係進一步惡化時，北京放棄這種統一戰線，轉而推行自己的獨立外交政策。「反美帝」於是成了北京與第三世界結成「統一戰線」有力的宣傳工具。

在研究中國對外政策中，一九六〇年至一九六二年時期是一頗令研究者感到爲難的時期。西方許多關於中國外交的著作，要麼避開這一時期，要麼限於資料不足而略略帶過。關於這一時期中對外關係方面最詳盡的著作乃是關於中印邊境衝突❶。文革之後出版的著作關於這一時期的研究無甚裨益。甚至那套被視爲給研究中國外交提供了豐富資料的《毛澤東思想萬歲》，儘管施拉姆（Schram）、吉廷斯（Gittings）、惠亭（Whiting）等人曾大力推薦❷，其對研究一九六〇年至一九六二年這一時期的中國外交來說用處也不大。因此，本章研究的資料主要是來自此一時期中國的大眾傳播媒介和出版物。作者對《人民日報》進行內容分析（Content analysis），並試圖推敲它字裏行間的含意。

一、中國於一九六〇年至一九六二年間的外交政策

一九六〇年，中國的對外政策明顯地偏離了原先的模式，儘管其首要目標「反美帝」仍維持不變。與先前同蘇聯結成緊密聯盟的做法比較，中國已逐漸在世界政治中採取獨立的政策。一九六〇年蘇聯撤走援華技術顧問一事表明：蘇聯先前幫助中國發展核武器的承諾業已撤銷。爲避免在國際上陷於孤立，中國顯然決心向外尋求支持，對象

❶ For example Allen S. Whiting's *The Chinese Calculus of Deterrence*, Ann Arbor: University of Michigan, 1975; and Nevillie Maxwell's *India's China War*, N.Y.; Random House, 1970.

❷ See Stuart R. Schram "Mao Zedong; a self-portrait", *The China Quarterly* (*CQ*), No. 57(1974); John Gittings, "His View of the World", *CQ*, No. 60(1974); and Allen S. Whiting, "Quemoy 1958: Mao's Miscalculations", *CQ*, No. 62(1975).

乃是印度支那、非洲和拉丁美洲等舊殖民地國家。在這種情況下，從爭取與亞非國家建立統一戰線的角度考慮，反帝政策就變得比以往任何時期都重要了。

　　儘管北京和莫斯科的關係急劇惡化，但在一九六〇年時，兩國的反帝統一戰線卻似乎並未受到嚴重影響。北京重申其與第三世界和社會主義國家人民團結一致的廣泛統一戰線政策。一九六〇年五月上半月，紅旗雜誌呼籲，爲了進行有效的鬥爭和爭取勝利，必須團結世界上一切民主力量和組成廣泛的反帝統一戰線。反帝鬥爭和爭取世界和平的鬥爭不是、也不應是相互孤立的❸。五月下半月，在蘇美間關於 U—2 間諜飛機事件而引起的爭執中，北京對莫斯科的態度依然是積極的。如在第七章中所述，在蘇美高峯會談期間，中國全國舉行了羣眾示威，表示支持赫魯曉夫譴責「美帝」。九十六個大城市舉行了大型集會，前後爲期一週，據報導約有三千萬人參加。

　　由於在一九六一年和一九六二年兩年中北京和莫斯科間的敵對情緒升級，與此同時中印兩國關係又因邊境衝突而漸形緊張，對中國來說，同蘇聯携手反「美帝」結成統一戰線已不再可行了。當中印邊境戰爭發生時，莫斯科同華盛頓一道爲印度提供武器和其他戰爭物資。結果，北京面對美、蘇、印三個敵人。雖然此時中蘇交惡尚未達到公開對抗的地步，中國的國際地位卻已處在危急之中。這對北京的領導地位構成了嚴重的挑戰。顯然，一邊倒向蘇聯的政策已不可能再繼續下去了。

　　北京對外政策一貫的主要目標就是盡量減少美國在亞、非、拉的影響。北京一再譴責「美帝」的壓迫和剝削，指責美帝是亞、非、拉

---

❸　聞師潤: 〈科學的論斷和預見〉，《紅旗》，一九六〇年二十二期，頁七至二一。

人民的敵人。一九六〇年，中國的對內、對外政治均面臨著許多問題。國內方面，前所未有的緊張政治局面，使中國人民飽嘗困苦。國際方面，中蘇和中印關係發生劇烈變化後，形勢過於錯綜複雜，以致北京一時難以從容應付。由於其堅定的「反美帝」立場，北京便面對了一系列問題。第一個問題，是在臺灣海峽問題上同臺灣和美國形成的緊張關係。若和美國開戰，就不僅會延誤經濟復甦，而且還會危及中國國防，並影響中國在解決中印邊境衝突中的地位。第二個問題，如果北京從其「反美帝」立場上後退，就會損害它自五十年代中期以來苦心經營建樹及自我宣揚的亞、非、拉國家的思想領導者的形象。面對這兩個互相矛盾的問題，北京採取了一項折衷政策，即一方面從實質上和緩同美國的緊張關係，另一方面加強其「反美帝」的宣傳和外交活動。對外方面，盡量避免同美國發生戰爭，以加強同印度解決邊境爭端時的討價還價的力量。而繼續宣傳「反美帝」則有助於北京同第三世界結成統一戰線的政策。這一新的折衷政策在北京譴責臺灣、譴責美國在越南、古巴等地的外交活動和「帝國主義」行徑的宣傳中都可以清楚的看出來。

二、北京的反臺宣傳

對中國來說，臺灣不僅是國共兩黨間一場未結束的內戰，而且是一個時時令北京記起「美國侵略中國」的地名。金門、馬祖等沿海島嶼對中國浙、閩兩地海軍構成了直接的軍事威脅和心理牽制。一九五八年，中國人民解放軍砲轟金門。北京重申其解放臺灣及鄰近沿海島嶼的「不可動搖的決心」。於是造成了臺灣海峽的緊張局勢。

一九六〇年上半年，北京對臺灣的敵意再次升級。當年六月，當

時美國總統艾森豪訪臺北，引起中國發動一系列攻擊「美帝」的運動。僅六月一個月中《人民日報》便刊登了一百三十篇主要針對國民黨的報導。這些報導都利用艾森豪訪臺一事重申北京解放臺灣的決心。除了抨擊「美帝佔領臺灣的罪行」之外，北京政府還動員各界人民再度激昂聲討國民黨，要求臺灣回到北京統治之下❹。但是，類似的報導，在七月便下降到三次，八月四次。而從當年七月至次年十月，要求解放臺灣的報導，平均每月只有三至四次。

一九六二年中，中國顯然再度克制了它對臺灣的敵意。據報導，當年上半年，臺灣的國民黨政府準備反攻大陸。蔣介石新年告金門人民書便透露了這一點❺。其後，國民黨高層官員又發表聲明，暗示即將「反攻大陸」❻。結果，臺灣對面的中國兵力於六月全面加強。但是，在六月二十一日《人民日報》號召全國提高警惕以防美國唆使臺灣進攻大陸之前，中國的報刊卻沒有報導任何這類國民黨政府的敵對行動。這種謹慎的方式在九月仍然繼續。當時一架從臺灣起飛的U—2飛機被中國擊落。在報導這一事件時，中國看來是在利用它作反美宣傳，而不是作反國民黨宣傳。

儘管雙方的軍隊仍然在海峽兩岸對峙，在一九六〇年至一九六二年期間，針對臺灣的敵對宣傳已大幅度下降，這表明北京對沿海島嶼的政策已從強硬轉為溫和。如對北京此時的反美宣傳進行研究，就會更進一步了解北京的對臺政策。

北京用以抨擊「美帝」的一個突出問題，便是美國在亞洲的外交

---

❹　《人民日報》，一九六〇年，七月十八至二十九日。

❺　《中央日報》，臺北，一九六二年，一月一日。

❻　參閱 Liao Kuang-sheng and Allen S. Whiting, "Chinese Press Perception of Threat: The U.S. and India, 1962", *The China Quarterly*, No. 53, January-March 1973, pp. 80-97.

活動。美國高層官員對遠東的訪問，美國參與亞洲的國際活動，均被北京視爲反華活動。 除了上述的艾森豪訪臺之外， 哈里曼 (Averell Harriman) 和當時擔任副總統的約翰遜 (Lyndon B. Johnson) 一九六一年的訪泰和訪菲， 亦被視爲「侵略陰謀」。 泰勒 (Maxwell Taylor) 將軍一九六二年對東南亞的訪問更被認爲「美國擴大侵越戰爭的陰謀」。 當泰勒將軍訪問臺灣和金門時， 《人民日報》社論警告說任何侵略中國的陰謀都將被中國人民打敗。 這些反應證明中國的確密切注意美國在亞洲的外交活動。

然而，這一時期最激烈的反美宣傳乃是關於南越和古巴，而非中國本身的問題。南越問題和古巴問題已成了中國反帝宣傳中最常見的事件，其頻度和深度甚至超過了印度問題。北京視南越問題和古巴問題爲美帝的國際侵略行爲而非單純區域性衝突，它利用這兩個問題來不斷抨擊美國侵略第三世界發展中國家。

三、北京抨擊美國捲入越南的宣傳

一九六○年七月，支持越南人民抵抗「美帝」的運動次數空前頻繁。展開了各種活動來顯示中國對越南的支持。在一次各界人士參加的集會上，中國亞非團結委員會副主席劉寧一宣稱：

> 中越兩國人民有著傳統的深厚友誼。我們在反對帝國主義的鬥爭中一向互相同情，互相支援。越南人民的勝利就是中國人民的勝利。越南人民反對美帝國主義侵略和爭取祖國和平統一的鬥爭，將始終得到六億五千萬中國人民的全力支持[7]。

---

[7] Liu Ningyi, "Firm Support for the Vietnamese People", *Beijing Review*, No. 30, July 26, 1960, p. 12.

同時，當月二十日的一篇題為〈堅決鬥爭以維護印支和平〉的《人民日報·社論》說：

> 中國和越南是唇齒相依、安危與共的近鄰。中越兩國人民又有著在長期的反對帝國主義鬥爭中結成的戰鬥友誼。而在兩國的社會主義建設事業中，中越兩國人民又在馬克思列寧主義的旗幟下共策共力，不斷地加強了我們的團結和兄弟般的友誼。中國人民毫無疑問地全力支持越南人民正在全國範圍內開展的反對美帝國主義和吳庭艷集團的運動❽。

為配合此類官方活動，《人民日報》反覆報導對越南人民的鬥爭以及反美帝活動的全力支持。四月間，該報的一篇社論預測，東南亞條約組織曼谷會議之後，美國將加緊對南越的干涉。社論要求美國政府停止對南越的侵略並撤出其全部軍事人員，以使日內瓦協議得到貫徹❾。次日，中國外交部發表一類似聲明，譴責美國加緊干涉南越❿。五月間，《人民日報》的一篇評論聲稱，「美國的侵略和干涉」已達到前所未有的程度；又特別指出約翰遜副總統對西貢的訪問，是企圖「擴大美國的侵略和干涉」。⓫

中國傳播媒介對越南人民表示支持的巔峯時期始於一九六一年十月，並持續到次年九月。一九六一年十一月，美國總統特別顧問泰勒將軍訪問西貢。北京周報十一月二十九日的一篇評論說這次訪問的結果，「美國政府將直接派遣其海、空軍和大量軍事人員到南越」。評論說中國政府「絕不會對美國的冒險行動袖手旁觀」，中國政府「特

---

❽ 《人民日報》，一九六〇年七月。
❾ 《人民日報》，一九六一年四月十二日。
❿ 《人民日報》，一九六一年四月十三日。
⓫ 《人民日報》，評論員文章，一九六一年，五月十六日。

此提出嚴重警告，如果美國政府不停止上述侵略活動，它就必須承擔破壞印支和平的責任」。⑫ 自此以後，大眾傳媒對「美國在越南的侵略」的抨擊便大爲增加。這一時期關於越南發起的宣傳，很容易使人得出中國對美國是在奉行強硬路線的印象。其實，研究當時中國傳播媒介對美國在亞洲「侵略行爲」的反應後，應該明白它不過是宣傳戰而已，中國奉行的政策其實是要避免同美國發生衝突的政策⑬。

四、中國對美國捲入古巴的抨擊

中國傳播媒介對古巴的新聞報導，甚至多於對越南的報導。顯而易見，古巴是一個可用來大做文章的新聞焦點。中國甚至在同哈瓦那正式建交之前，就已表明：它對古巴革命是支持和同情的。有關古巴革命和古巴反對美國侵略的報紙內容自卡斯楚（Castro）掌權後就已出現。兩國政府於一九六○年九月建交後，中國傳媒對古巴的報導次數急速增加。十二月，兩國簽訂了一項經濟合作協議，中國應允在一九六一年至一九六五年期間向古巴提供價值達二億四千萬盧布的貸款以建設二十四個工廠⑭。一九六一年一月又簽訂了另一項協議，規定北京於當年買進一百萬噸古巴糖⑮。北京和哈瓦那之間迅速形成密切關係，這又促使中國進一步增強其對古巴抗美的支持。北京報刊反覆聲稱「中國人民永遠是古巴人民的眞正朋友」，又警告美國「不准干涉古巴」一九六一年一月六日，古巴駐華大使山度斯（Oscar Pino

---

⑫　*Beijing Review*, No. 49 (December 8, 1961), pp. 9-10.
⑬　"Chinese Press Perception of Threat: The U.S. and India, 1962", *op. cit.*
⑭　《人民日報》，一九六○年十二月一日。
⑮　《人民日報》，一九六一年一月二十四日。

Santos）在北京舉行慶祝古巴革命勝利二周年招待會。毛澤東、劉少奇、朱德均以個人名義予以祝賀。在與會講演中，朱德宣稱：「中國人民堅決支持古巴人民反對美帝侵略、保衞自己祖國的鬥爭。」

一九六一年四月，一股反卡斯楚部隊在古巴登陸（卽「豬灣事件」）。北京當卽宣布這是美國的武裝侵略，並保證採取一切必要的措施來支持古巴的反美鬥爭⓰。中國各大城市均舉行集會和示威譴責美國並保證中國堅決支持卡斯特羅政府。此乃肯尼迪就職以來空前最猛烈的反美運動。一九六二年一月，正值美洲國家組織（OAS）討論以各種方式對古巴進行制裁之時，在哈瓦那召開了拉丁美洲人民代表會議。此一期間，中國的人民日報一再表示對卡斯楚的支持，並譴責美國利用美洲國家組織干涉古巴。北京再度利用了古巴問題在報刊上發動一場反美運動。當美國加強在加勒比海地區的軍事活動時，北京又發動了另一場宣傳攻勢。十月份的古巴導彈危機引起《人民日報》的激烈反應。從該月起至十二月，關於此次事件的報導次數高達三百四十二次⓱。事實上，依照這一數字，古巴問題便成了一九六〇年至一九六二年期間中國報刊報導最頻的國際問題。像關於越南的宣傳一樣，北京對美國「侵略古巴」一事的抨擊，在於表示它對卡斯楚「反美帝」的道義支持。

顯而易見，至一九六一年初，北京的全球對外政策已發生急劇轉變。它有意和緩同臺灣的緊張關係，力圖避免在臺灣海峽同臺灣和美國發生軍事衝突。關於臺灣問題的宣傳急劇減少了。相反，北京卻加強了在越南和古巴問題上的反美宣傳。一九六一年至一九六二年期間，北京對「美帝」的抨擊是十分猛烈的，儘管如此，卻沒有甚麼證

⓰ *Supplement to Beijing Review* (No. 16), April 21, 1961.

⓱ 參閱《人民日報社論》，一九六二年，十月二十四日。

據表明它願意承擔在 中國領土以外同 美國進行軍事衝 突的風險。 不過，北京的反帝宣傳卻對提高它在第三世界心目中的地位有幫助。

五、「反美帝」與第三世界

由於在通訊和交通方面存在著困難，四十年代的中國人大多數對他們的亞洲鄰國或非洲國家並沒有多少個人經驗和了解。三、四十年代中，大多數中國人的注意力都集中在打日本、打內戰上，因而沒有甚麼人會對東南亞或非洲發生興趣，除非他有親戚朋友在那裏。北京政府在它成立後的頭幾年裏忙於鞏固內部和發展與共產集團的關係，上述情形依然沒變。當時，發展同亞非國家的外交關係遠遠不如發展同共產國家的關係那樣受到重視。至一九五五年，亞洲的非共產國家中只有緬甸、印度、印尼、阿富汗、尼泊爾等國同中國建立了外交關係，非洲國家方面則仍然暫付闕如。朝鮮戰爭的爆發，更令北京同諸非共產國家建立外交關係一事受到拖延。

直至五十年代中期之前，北京和其他亞非國家的關係並無任何有意義的進展。在這之前北京對這些國家是否訂有具體的政策，亦值得懷疑。儘管北京於一九五四年七月參加了日內瓦會議，北京在亞洲事務中扮演的角色卻並不積極，在非洲事務中就更加不值一提了⑱ 。遲至五十年代末，北京才擺脫了依附蘇聯的政策。

在中國發展同亞非國家的關係時，「和平共處五項原則」是一重要文件。「和平共處原則」首先是在一九五四年同印度簽訂的一項協議裡提出來的，以後便被北京宣稱爲中國對非共產國家政策的基礎。

---

⑱　參閱 Harold C. Hinton, *Communist China World Politics*, Boston: Houghton Mifflin Co., 1966, pp. 188-196.

它們是:

> 互相尊重領土完整和主權;
>
> 互不侵犯;
>
> 互不干涉內政;
>
> 平等互利;
>
> 和平共處。

　　前三條原則,即互相尊重領土完整和主權、互不侵犯、互不干涉內政,對北京改善同鄰國的關係來說具有特別重要的意義。由於北京一再宣傳民族解放和世界革命,這些國家害怕北京支持它們國內的政治顛覆活動。「五項原則」保證維護這些國家的獨立完整,從而可消除它們關於北京可能支持它們國內顛覆和革命活動的憂慮。對亞洲其他國家來說,這五項原則表明:北京願意同它們建立外交關係並接受這一地區的國際現狀。和平共處五項原則實與北京提出的民族解放口號截然相反。北京這種做法是已決定將民族解放降為長期目標,還是僅僅改變了其對外的策略,已成一疑案。不過有一件事是清楚的:北京關於世界革命和民族解放的宣傳,已不再是針對其鄰國和其他亞洲國家而發的了,除非是對已建立了共產政權的國家,其共產黨力量同其他政治力量正在較量的國家,如北越和北朝鮮。這自然鼓勵了亞洲各國尤其是中國的幾個鄰國改善它們同中國的外交關係。

　　人們容易對「五項原則」的效果估計過高,容易將中國同亞非國家發展起來的關係過分歸功於它。事實上,五項原則的重要作用主要在於它可消除非共產國家對共產黨的顛覆活動和革命活動的恐懼。中國同亞非國家得以發展外交關係的最重要的因素,在於中國致力的「反美帝」宣傳。如毛於一九五六年十二月所說,中國和亞非國家都受

過帝國主義的壓迫。因此，亞非拉人民有著共同的敵人「美帝」⑲。
他認爲這是一九五五年萬隆會議團結的基礎⑳。雖然這種利用亞非國
家來反帝的思想對中國來說並非新穎㉑，毛的關於利用亞非國家的支
持來反對和對抗一強大的西方國家的思想，在中國外交史上還是首
創。從實際方面來說，亞非國家人民的反帝情緒便被利用來動員亞非
國家支持中國，形成在政治上遏制「美帝」的力量。這樣，「反美
帝」情緒便成了中國發展其與亞非國家關係的外交工具。一九六一年
十月，毛對日本的來訪者說：

> 是美帝國主義迫使我們中日兩國人民聯合起來的。我們兩國人
> 民都遭受美帝國主義的壓迫，我們有著共同的遭遇，就團結起
> 來了。我們要擴大團結的範圍，把全亞洲、非洲、拉丁美洲以
> 及全世界除了帝國主義和各國反動派以外的百分之九十以上的
> 人民團結在一起㉒。

毛的聲明明白顯示出北京是在利用反「美帝」的情緒，來加強其
同亞非國家的關係。

在亞洲方面，北京改善了它同蒙古、緬甸、尼泊爾、柬埔寨、阿
富汗的關係。一九六〇年一月，中國同緬甸簽署了一項「友好和互不
侵犯條約」，並就邊界問題達成一項臨時協議㉓。中國同蒙古簽訂了
七項有關貿易、文化交流、技術援助、友好互助的協定㉔。中國同尼

⑲ 《毛澤東思想萬歲》，同前註，頁六三。
⑳ 同上註。
㉑ John Gittings, *The World and China 1922-1972*, London: Eyre Methuen, 1974, pp. 208-217; 232-235.
㉒ 《毛澤東思想萬歲》，卷二，頁二六九。
㉓ *Beijing Review*, No. 5, 1960, pp. 9-14.
㉔ 《人民日報》，一九六〇年二月二十四日。

泊爾於一九六〇年三月簽署了一項邊界協定，並設置一聯合委員會以
繼續舉行談判㉕。柬埔寨是於一九六〇年同中國改善關係的又一東南
亞國家。十二月，中柬友好協會在北京成立，齊燕銘任會長㉖。至十
二月二十日，北京和柬埔寨簽訂了五項有關友好和互不侵犯、經濟技
術援助、航海合作、派遣農業和鐵道技術人員前往柬埔寨的協定㉗。
北京又於一九六〇年八月陳毅到訪時同阿富汗簽訂了一項「互不侵
犯」條約。北京還先後派遣了多種文化和社會代表團到這些國家進行
訪問。總之，中國在一九六〇年極大地改善了它同亞非國家的外交關
係。

至一九六〇年底，隨著「關於雙重國籍問題的協定」的生效，中
國和印尼的關係又有了引人注目的改善。北京正式允許百萬印尼華僑
自由選擇印尼籍。一九六一年三月陳毅訪問印尼之後，兩國關係進一
步改善。至四月，雙方簽署了一項有關文化合作的協定，一項有關
經濟、技術合作的協議草案和一項中——印（尼）友好條約㉘。至十
月，經濟、技術合作協議正式簽署㉙。

一九六〇年，北京在非洲的外交活動也有大幅度增加。中國承認
了十三個非洲國家：多哥、馬里、馬爾加什、索馬里、加納、達荷美
（Benin）、尼日爾、上沃爾特、象牙海岸、乍得、中非共和國、剛
果、加蓬。此外，中國又和幾內亞、摩洛哥、蘇丹、也門（阿拉伯國
家）、突尼斯、埃塞俄比亞等國簽訂了貿易協定。為了鼓勵文化交流
和繼續接觸，一九六〇年四月在北京成立了「中非友好協會」，劉長

㉕ 《人民日報》，一九六〇年三月二十二日。
㉖ 《人民日報》，一九六〇年十二月十三日。
㉗ 《人民日報》，一九六〇年十二月二十日。
㉘ 《人民日報》，一九六一年四月二日、四月十九日。
㉙ 《人民日報》，一九六一年十月十二日。

勝任會長❸。

一九六一年，北京又主動試圖加強它與新獨立的非洲國家的關係。二月初，一個貿易代表團到幾內亞、馬里、加納三國進行訪問。二月二十四日，一個由會長劉長勝率領的「中非友好協會」十人代表團，離開北京到加納、馬里、幾內亞、尼日爾、塞內加爾、上沃爾特、達荷美、多哥等國訪問❸。四月，中國邀請恩克魯瑪 (Kwame Nkrumah) 總統來中國訪問，此舉改善了中國和加納的關係。在為期六天的訪問中，恩克魯瑪簽署了一項友好協定，以及有關經濟和技術合作、貿易和償付、文化合作等內容的三項協議❸。北京又與馬里簽訂了貿易和經濟合作協定❸，與幾內亞簽訂了一項技術合作協定❸，與摩洛哥簽訂了一項償付協定❸。顯然，北京為建立同非洲新獨立國家之間的官方或半官方的關係，做出了巨大的努力。

一九六二年，北京繼續發展它同非洲新獨立國家的關係。三月十八日，中國和也門達成一項關於科學、技術、文化的協定❸。五月，中國和蘇丹達成一項貿易協定❸。十二月，和坦桑尼亞達成一項文化合作協定❸。一組農業專家於一月前往馬里❸。另一組於十月訪問加納❹。文化外交也未被忽視，如一個婦女代表團於一月訪問馬里，一

---

❸　《人民日報》，一九六〇年四月十四日。

❸　《人民日報》，一九六一年二月二十五日，六月三日。

❸　《人民日報》，一九六一年八月十九日。

❸　《人民日報》，一九六一年三月四日，九月二十三日。

❸　《人民日報》，一九六一年九月二十日。

❸　《人民日報》，一九六一年十月二十九日。

❸　《人民日報》，一九六二年三月二十一日。

❸　《人民日報》，一九六二年五月二十四日。

❸　《人民日報》，一九六二年十二月十五日。

❸　《人民日報》，一九六二年一月四日。

❹　《人民日報》，一九六二年十月五日。

乒乓球隊派往幾內亞、馬里、加納和蘇丹。一作家代表團訪問幾內亞、加納、馬里和摩洛哥④。十一、十二兩月，一文化友好代表團訪問坦桑尼亞、蘇丹和烏干達。

北京代表團訪問非洲國家的次數於一九六一年和一九六二年兩年中有極大增長，訪問亞洲國家和共產集團國家的次數則與一九六〇年相仿。（見表 8-1）此一時期北京的全球活動由此可見一斑，同時說明改善同非洲國家的外交關係在北京的新的外交政策中佔有最大的比重。和非洲國家發展外交關係的成績蔚然可觀。其原因一方面是北京日益重視其同非洲國家的關係。另一方面則因爲北京的「反美帝」宣傳以及它宣稱自己是第三世界的思想領袖。隨著中蘇關係的惡化，中蘇聯盟能够帶來的遏制「美帝」的力量喪失了。必須依靠亞非國家的支持來形成一種新的政治遏制力量。在六十年代裏，「反美帝」情緒便成了聯結北京和亞非國家的強有力的政治工具。在「反帝」、「和平共處五項原則」的口號下，北京已不再是反帝戰線中孤立的一員。這一時期的外交進展爲中國和非洲以後關係的進一步發展奠定了基礎。

在一九六三年至一九六四年期間，中蘇關係進一步惡化。中印邊境衝突剛剛結束，一九六三年七月美蘇又簽訂了部分禁止核試驗條約。在這種情況下，北京同亞非國家結成「反美帝」統一戰線的政策，便受到蘇聯的挑戰④。一九六二年十一月，《紅旗》雜誌發表一篇題爲〈保衞馬列主義的純潔性〉的社論，猛烈攻擊在蘇聯出現的修正主義。社論說：

---

④ 《人民日報》，一九六二年一月十二日，四月二十七日，二月二十八日。

④ Michael B. Yahuda, *China's Role in World Affairs*, London: Croom Helm, 1978, pp. 145-166.

表 8-1 一九六○年至一九六二年中國代表團出訪各國次數

	1960	1961	1962
甲、非洲			
加納	0	3	5
坦桑尼亞	0	0	1
馬里	0	3	6
幾內亞	6	2	5
烏干達	0	0	1
索馬里	1	0	0
尼日利亞	0	1	0
塞拉利昂	0	1	0
上沃爾特	0	1	0
達荷美	0	1	0
塞內加爾	0	1	0
尼日爾	0	1	0
多哥	0	1	0
阿聯	4	6	7
阿爾及利亞	0	0	2
摩洛哥	3	1	2
蘇丹	1	1	2
突尼斯	1	2	0
埃塞俄比亞	1	0	0
總計	17	25	31
乙、亞洲			
印度	3	1	0
日本	2	12	8
印尼	1	6	8
緬甸	14	3	5
巴基斯坦	1	1	3
尼泊爾	2	2	1
柬埔寨	2	1	0
阿富汗	2	0	0
錫蘭	1	4	2
總計	28	30	28
丙、共產國家			
蘇聯	17	19	19
匈牙利	10	5	6
保加利亞	2	4	4
羅馬尼亞	3	2	6
阿爾巴尼亞	3	8	4
捷克斯洛伐克	3	4	5
東德	5	5	8
波蘭	10	8	3
古巴	8	11	8
北朝鮮	9	3	7
北越	8	11	7
蒙古	6	8	5
總計	84	88	82

資料來源：一九六○年至一九六二年，《人民日報》概覽。

現代修正主義者在美帝國主義的「實力政策」面前嚇破了膽。他們拋棄了馬克思列寧主義的階級分析方法，宣揚帝國主義已經改變自己的本性，美化壟斷資產階級及其代表人物。他們認為，用不著各國人民反對帝國主義及其走狗的羣眾鬥爭，只要依靠帝國主義集團中的所謂明智派的善良意願，就能實現世界的持久和平，就能把自由和幸福恩賜給被壓迫民族和被壓迫人民。他們認為在還存在著帝國主義，還存在著剝削制度和壓迫制度的時候，就能在全世界消滅戰爭，消滅武器。現代修正主義的危害，首先在於混淆敵我界限，模糊鬥爭的目標，削弱和破壞全世界人民的反對帝國主義的鬥爭㊸。

　　這清楚地暴露了中蘇兩黨在對待帝國主義或「美帝國主義」態度上的基本分歧。至一九六三年九月，北京便已公開指責蘇聯背叛了社會主義陣營的人民以及第三世界愛好和平的人民。人民日報社論指出：

　　　　無可辯駁的事實表明，蘇聯政府出賣了蘇聯人民的利益，出賣了社會主義陣營各國人民包括中國人民的利益，出賣了全世界愛好和平的人民的利益。這不是甚麼「忍耐外交」，而是不折不扣的投降外交。這不是甚麼「和平共處」政策的勝利，而是投降主義的集中表現㊹。

㊸　〈保衞馬克思列寧主義的純潔性〉，《紅旗》，社論，一九六二年十一月十六日，二十二期。

㊹　Translation in *Beijing Review*, "A Betrayal of the Soviet People", No. 32, 1963, p. 11.

小　　結

如上所述，一九六〇年至一九六二年期間，北京發動了一場抨擊「美帝」的宣傳攻勢。中蘇論戰對中國的外交政策有極大影響。它表明，中國領導階層一度過高估計了蘇聯的友誼，錯估了蘇聯的對外政策。北京與蘇聯結盟的政策全盤失敗了。

在這一時期，北京發動了一系列抨擊「美帝」，支援越南和古巴人民抵抗美國軍事活動的運動。北京對帝國主義的反對，就是對一個死抱侵略中國政策不放的敵人的反對。在建國初期，中國便受到了美國在亞洲軍事活動的威脅。北京的「反美帝」在當時就發展起來了。當時的政策是一項遏制政策，體現了共產集團反對共同敵人的團結一致。但當中蘇關係惡化後，「一邊倒」的政策，卽與蘇聯結成反「美帝」聯盟的政策，卽不可能繼續實行。北京的對外總政策，以及它的「反帝」宣傳活動，在一九六一年和一九六二年兩年中經歷了急劇轉變。

新的對外政策的重點，在於團結亞非國家共同反對「美帝」。北京一方面降低它對臺灣海峽緊張局勢的反應姿態，一方面改善它與亞非國家的關係，反映出這一轉變。亞非國家此時在北京外交政策活動中佔最優先地位。「反美帝」仍是外交政策的基本原則。中國此時努力同亞非國家而不是同共產國家改善關係[45]。可見，北京的反「美帝」宣傳現轉而爲另一新目標服務。

中蘇兩黨對「美帝」採取不同態度和政策，因而發生公開分裂。

---

[45] 參閱 Bruce D. Larkin, *China and Africa 1949-1970*, Calif.: University of California Press, 1971, pp. 70-88.

這促使北京努力推行其同亞非國家改善關係的政策。一九六三年十月間周恩來的非洲十國之行，標誌著中國對外交關係新紀元的開始。周率領一包括當時的外交部長陳毅在內的約四十人組成的代表團，先後訪問了阿聯、阿爾及利亞、摩洛哥、突尼斯、加納、馬里、幾內亞、蘇丹、埃塞俄比亞和索馬里。此次非洲之行清楚地證明了中國對這一地區的興趣。一九六三年十二月至次年二月三個月中，又有五個非洲國家與北京建交㊻。北京一再宣稱，既然帝國主義是各國人民共同的敵人，各國人民就應當團結一致，共同反帝。

㊻ J.D. Armstrong, *Revolutionary Diplomacy: Chinese Foreign Policy and the United Front Doctrine*, Calif.: University of California Press, 1977, pp. 78-79.

第 九 章

文革中的「極左思潮」與排外
（一九六七年至一九六九年二月）

　　從一九六二年起至文化大革命開始這段時期，中國的國內政治和對外政策曾經歷了急劇的轉變。 爲求對這五年期間有所了解， 下節將簡要地對這一時期的中國對外政策作一討論。討論的重點將放在「左」的興起以及「左」對文革中北京對外關係的影響。討論還包括此一時期的排外以及排外示威的特點。最後， 將對「左」與排外的關係提出某些論點。

一、一九六二年以後的中國對外關係

　　一九六三年至一九六六年期間中國對外關係的重大變化之一， 就是同蘇聯 的關係更趨惡化。 中蘇之間 發生衝突已不再是秘 而不宣的了。 在中印邊境戰爭期間， 蘇聯不僅不支持中國的立場，反而公開爲新德里提供軍援❶。 與此同時， 古巴導彈危機之後， 北京抨擊莫斯科的退卻是「投降主義」， 並指責赫魯曉夫的妥協行動是對古巴獨立和

---

❶ 《人民日報》，一九六三年，十一月二日，社論。

國際共運的「背叛」❷。不久之後，美蘇又簽訂了部分禁止核試驗條約。這對中國是一嚴重打擊。中國認爲這項條約最終證明了蘇聯領導人陰謀與「美帝」勾結，並斥責這項條約是「愚弄世界人民的大騙局」❸。簽約之後，北京和莫斯科之間便爆發了前所未有的公開論戰。

中國已公開放棄了所有關於國際共運協調一致和「團結反帝」的概念，認爲那是一個騙局❹。此外，在北京看來，蘇共新領導在越南問題上正與美國搞「聯合行動」。中國號召全世界人民聯合起來反對「美帝國主義」和赫魯曉夫修正主義❺。中蘇公開對抗表明：昔日的聯盟已經破裂，兩國間的正常溝通已屬難事。中蘇之間的衝突愈演愈烈，乃致後來將共產集團一分爲二：親莫斯科陣營和親北京陣營。

北京在中蘇分裂公開化之後，便加緊推行它發展和亞非國家關係的政策。一九六三年十二月至次年一月，周恩來訪問了十三個非洲國家。雖然表面上此次訪問的目的在於加強非洲國家反西方帝國主義的鬥爭，實際的目的卻是北京想和蘇聯爭奪領導地位。一九六三年至一九六四年，北京和桑給巴爾（Zanzibar）、布隆迪、中非共和國、剛

❷ "The Fearless Cuban People are the Most Powerful Strategic Weapon", *Beijing Review*, 1962, November 9, Vol. 45, pp. 12-13. For detailed discussion, see Neville Maxwell, *op. cit.*, p. 366.

❸ "A betrayal of the Soviet People", *Beijing Review*, No. 32, August 9, 1963, pp. 10-11; "Thoroughly Expose the Reactionary Nature of the Tripartite Treaty", by Liao Zhengzhi, *Beijing Review, op. cit.* pp. 12-16. Further discussion, see Walter C. Clemens, Jr. *The Arms Race and Sino Soviet Relations*, Stanford: Hoover Inst., 1968, pp. 48-64.

❹ 〈駁蘇共新領導的所謂聯合行動〉，《人民日報》、《紅旗》編輯部，一九六五年十一月十一日。

❺ 同上註。

果（布）、贊比亞和達荷美（Benin）建立了外交關係。一九六四年中國向也門、阿聯、加納、馬里、剛果（布）、肯尼亞、坦桑尼亞和馬拉維等國提供貸款和援助。

一九六五年三、四兩月，一個由劉寧一率領的代表團訪問了幾內亞、馬里、中非共和國、剛果（布）和加納。為準備第二屆亞非會議，陳毅和姬鵬飛又分別訪問了幾個非洲國家。許多非洲國家重要領導人被邀請訪問中國，如剛果（布）總統馬桑尼——杜巴（Mass-amba-Debat）、坦桑尼亞副總統卡瓦瓦（Kawawa）、中非共和國一代表團、幾內亞總統夫人（Stkou Towre）等。不過中國的努力並非處處成功。一九六五年和一九六六年兩年中，由於被指稱支持其國內的反政府活動，中國同肯尼亞、達荷美（Benin）、布隆迪的外交關係被迫中止❻。在加納，當恩克魯瑪被一次政變放逐後，新政府便驅逐中國專家並斷絕與中國的外交關係。

在亞洲方面，中國解決了同巴基斯坦和尼泊爾的邊界爭端，並與緬甸、柬埔寨、阿富汗、錫蘭保持穩定的關係。和印尼的關係也改善了。一九六三年劉少奇訪問印尼，中國宣佈支持印尼收復西伊里安和以軍事力量對抗馬來西亞。兩國關係遂進入一新階段。但一九六五年九月印共發動的流產政變卻使兩國的密切關係毀於一旦。一九六六年，雅加達的新軍事當局關閉了中國大使館、新華分社和大部分中國駐印尼領事館。雅加達和廣州之間的飛機航線中斷。中國大使被迫離開，印尼駐北京大使被召回，北京、廣州兩地的印尼領事館關閉。

中國和東歐集團成員國的關係因中蘇分裂而受到影響。一九六三年，蘇共中央關於國際共運總路線的一封公開信，得到捷克、東德、

---

❻ Ishwer C. Ojah, *Chinese Foreign Policy in an Age of Transition*, Boston: Beacon Press, 1971, pp. 231-235.

波蘭、匈牙利、保加利亞、蒙古等國共產黨的支持。它們全都激烈抨擊中國。只有北朝鮮和阿爾巴尼亞站在中國的一邊，而北越則採中立立場。一九六五年，卡斯楚頻頻公開譴責中國，北朝鮮又向莫斯科靠攏。一九六六年，這種形勢仍沒有變化。至該年，中國在共產國家中已相當孤立。

　　總之，在一九六三年至一九六六年期間，中國繼續推行它於一九六〇年至一九六二年期間推行的積極外交政策，除了印尼以外且與其鄰國和亞洲國家保持穩定的關係。但在共產集團內，它蒙受了嚴重挫敗。

二、左派的興起及其為控制大眾傳媒而進行的鬥爭

　　文革中中國國內政治的焦點，便是受毛領導的左派的奪權運動。左派的得勢可從他們為控制傳播媒介而進行的鬥爭中看出來。傳播媒介的功用在於提高人民的覺悟，和以黨的政策來教育人民❼。此一時期內，大眾傳媒成了權力鬥爭的一種重要的政治工具。由於在中央同反對派僵持不下，毛的第一步打算便是控制大眾傳媒。如他過後所說，「要發動一場革命，就要先發動輿論」❽。北京、上海兩地是出版大多數重要黨的報刊雜誌的地方。如果毛想控制傳媒並利用它來打擊他的敵人的話，控制這兩個城市黨的委員會就是極為必要的。

　　在此期間，毛利用中共上海市委作他的據點，對中共北京市委發動抨擊。一九六五年十一月十日，姚文元撰寫的一篇題為〈評「海瑞

---

❼　James R. Townsend, *Political Participation in Communist China,* University of California Press, 1972, new edition pp. 181–182.

❽　《毛澤東思想萬歲》卷一，頁六六二。

罷官」〉的文章在上海《文匯報》發表。該文針對當時的北京市副市長吳晗❾。一九六五年末至一九六六年初，鬥爭首先在文化戰線上展開，重點在清洗知識分子、文藝評論和教育制度方面；不過，主要對象顯然是北京市長和中共北京市委頭頭彭眞。對吳晗的抨擊，便可認爲是對彭眞的抨擊。

　　姚對吳晗的抨擊並未立卽招致期望中的批判熱潮。在《文匯報》發表〈評「海瑞罷官」〉之後一星期內，北京報紙沒有一份作出響應和支持❿。至十一月底十二月初，一些大報如《解放日報》、《人民日報》、《光明日報》等才逐漸表明它們對姚文元文章的支持。這一緩慢響應表明，在一九六五年底以前，這些中央和地方的大報尚未在毛澤東及其支持者的嚴密控制之下。據聞姚的文章一經發表，彭眞便禁止北京報紙轉載，並下令各報拒絕登載由「無產階級革命」左派撰寫的其他的批判文章⓫。

　　對中共北京市委的控制是遲至一九六六年中期才實現的。彭眞在他起草的「二月提綱」受到毛的斥責且被「五・一六通知」取代後，便遭到毛派的強烈抨擊。五月十六日，彭被公開譴責爲領導一「反革命修正主義集團」，結成反毛的「資產階級司令部」。六月三日他被解除職務。據透露，與此同時還改組了中共北京市委，新書記是李雪峯⓬。以後，原北京市委的許多成員也受到了嚴重的抨擊⓭。

----

❾　〈評歷史劇「海瑞罷官」〉，《文匯報》，一九六五年十一月。

❿　《新民晚報》，上海，一九六五年十二月六日。

⓫　〈兩個根本對立的文件〉，《紅旗》，一九六七年，第九期，頁二五至二八。

⓬　《人民日報》，一九六六年六月四日。

⓭　Chun-tu Hsueh, "The Cultural Revolution and Leadership Crisis in Communist China", *Political Science Quarterly*, Vol. 82, No. 2, June 1967, p. 178. He estimates that by the end of August at least one hundred and sixty-five prominent figures had been purged.

撤消彭真職務和改組北京市委，爲毛著手進行其計畫舖路。這個計畫就是直接動員羣眾從其對手中奪取權力，加強自身在中央委員會的地位。中共中央八屆十一中全會於一九六六年八月一日至十二日在北京召開。林彪升爲黨內第二號人物，劉少奇則在政治局成員名單上降爲第八位。十一中全會通過了關於「無產階級文化大革命」的十六條決定，這表明毛的地位較前鞏固。八月十八日，卽全會閉會後第六天，毛的追隨者發起一龐大羣眾集會，毛在北京天安門廣場檢閱了紅衞兵❹。這次集會極大地鼓舞了紅衞兵，刺激起更多的針對「資產階級當權派」的挑釁行動，導致了許多暴力事件。但是，其他各地仍對此抵制。爲了淸除所有執行「資產階級路線」的當權派，毛派需要發動一全國運動。爲了全面擊敗他們的對手和建立「無產階級政權」，他們必須展開全面的奪權。

控制大眾傳媒比一般學者的理解還來得重要❺。文革中，紅衞兵也是毛澤東有力的武器。但是，它們主要是學生組成的紅衞兵，組織不善，並非一嚴密的權力組織。大眾傳媒的宣傳極大地提高了毛在全國的形象，全力鼓動紅衞兵參加奪權運動。由於普通的黨政機構陷於癱瘓，大眾傳媒便成了動員羣眾的最重要武器。

文革初期，毛便通過改組中宣部高層人員來加強他對該部的影響。首次改組發生於一九六六年六月。陶鑄取代陸定一出任部長。陸的副手如周揚、許立羣等也被同時撤換。此外，《人民日報》總編吳

---

❹ 《人民日報》，一九六六年八月十九日。

❺ 參閱 Frederick T. C. Yu, *Mass Persuasion in Communist China*, Praeger, 1964; Franklin W. Houn, *To Change A Nation*, New York: Free Press, 1961; Alan P. L. Liu, *Communication and National Intergration in Communist China*, Berkeley: University of California Press, 1971.

冷西及該報大部分高層人員也被撤換。《紅旗雜誌》副總編鄧力羣的
職務被王力取代⑯。毛便通過這些措施加強了他在大眾傳媒方面的地
位。但是，中宣部的人員變動卻並未令該部完全置於毛控制之下。據
報導，陶鑄與劉鄧集團關係密切，拒不執行毛的指示⑰。結果，毛於
一九六七年一月發動第二次中宣部改組。這次毛以極左分子王力代替
陶鑄出掌中宣部。一月中，毛進一步控制了上海的《文匯報》和《解
放日報》。據報導，兩個報社均被上海工人階級奪取，成為新生的革
命報紙⑱。接著，毛又號召全國掀起奪取報社領導權的運動。一月十
九日，《人民日報》發表題為〈讓毛澤東思想佔領報紙陣地〉的社
論，號召無產階級革命派從資產階級右派手中奪回報紙的領導權，將
報紙的命運緊緊掌握在自己手中。據報導，毛是這一運動的主要支持
者。那篇社論說：

> 毛主席指出：這是一個大革命，是一個階級推翻一個階級的大
> 革命。這件事對於整個華東，對於全國各省市的無產階級文化
> 大革命運動的發展，必將起著巨大的推動作用。

社論著重指出報紙在文化革命中的重要作用，以及控制文匯、解
放兩報的重要性。它宣稱：

---

⑯　在此期間，北京幾個報紙都受到嚴重的挫折。例如《光明日報》五月
　　間被毛派奪權，六月間《北京日報》被迫改組，而《北京晚報》停刊，
　　十一月間《大公報》、《工人日報》、《中國青年報》被迫關閉。參
　　閱丁望《中國大陸新聞界文化大革命資料匯編》，香港中文大學，一
　　九七三年，頁六〇、八〇、九六。
⑰　〈陶鑄是無產階級的敵人〉，《人民日報》，一九六七年，九月十一
　　日。
⑱　〈一定要把報紙的領導權奪過來〉，《紅旗》，一九六七年二月三日，
　　期三，並參閱《人民日報》，一九六七年一月十九日有關此二報紙奪
　　權報導。

我們黨的報紙，是無產階級專政的重要工具。它最能夠影響廣
大羣眾的靈魂，影響羣眾脈搏的跳動，影響羣眾的思想情緒和
政治方向。報紙落在走資本主義道路當權派的手裏，就會變成
他們散布資產階級、修正主義毒素，進行資本主義復辟的反革
命工具，這是絕對不能允許的。《文匯報》和《解放日報》的
無產階級革命派毅然決然起來造反，聯合上海的革命造反派，
奪回了領導權，扭轉了報紙的資產階級方向，使這兩張報紙眞
正成爲上海無產階級革命派的喉舌，成爲無產階級文化大革命
的有力武器，成爲粉碎資產階級反動路線新反撲的有力武器。

最後，社論號召掀起全國學習上海文匯、解放兩報無產階級同志
樹立的榜樣。在結尾部分，它說：

在無產階級和廣大革命羣眾向資產階級及其代理人展開全面的
階級鬥爭中，《文匯報》和《解放日報》的革命同志們，爲全
國革命的新聞工作者作出了好榜樣。我們應當向他們學習：學
習這些同志堅定地站在以毛主席爲代表的無產階級革命路線一
邊，站在革命造反派一邊，爲無產階級文化大革命的偉大事業
衝鋒陷陣；學習這些同志的革命造反精神，把報紙的命運緊緊
掌握在無產階級革命派的手裏：學習這些同志同工人運動、學
生運動和廣大羣眾的革命運動緊緊相結合，使報紙同革命羣眾
息息相關。總之，無產階級的革命報紙都要有嶄新的戰鬥風
格，贊成甚麼，反對甚麼，爽爽快快，毫不含糊。

一九六七年初，由於各地方鬥爭的發展，大部分地方報紙要麼關

閉，要麼被毛派所奪權⑲。至四月，毛解散中宣部，將其業務直接劃歸江青、陳伯達領導下的中央文革小組掌管。於是，從一九六七年四月始，至一九七一年撤銷中央文革小組爲止，所有黨的大眾傳媒，包括《紅旗雜誌》，均處在毛及其中央文革小組的直接監督之下。

三、左派分子對外交的影響
（一九六七年至一九六八年）

與左派分子控制大眾傳媒同時，北京對外政策愈趨孤立。內部權力鬥爭無疑已破壞了平常的行政機構。從一九六六年的十一中全會起，左派分子便對對外政策擁有重大的影響力。北京的外交部此時亦深深陷入政治動亂之中。

其一，外交部受到左派分子的攻擊。大字報抨擊外交部長陳毅壓制外交部的文化革命⑳。紅衛兵散發的材料指責陳毅依劉少奇指示而派出工作隊㉑，在十一中全會站在劉少奇一邊，反對中央文革小組㉒，壓制學生支持左派㉓，並以培植保皇派、鎮壓造反派來壓制海外華僑中搞起來的文化革命，在高級外交官中培養特權階層及劉、鄧的代理

⑲　例如《南方日報》（廣州）、《羊城日報》（廣州）皆於一九六七年一月被毛派奪權。

⑳　Melvin Gurtov, "The Foreign Ministry and Foreign Affairs during the Cultural Revolution", *The China Quarterly*, No. 40, Oct.-Dec. 1969, pp. 65-103.

㉑　〈炮打陳毅，解放外交部〉，《革命僑報》（北京），一九六七年四月九日。

㉒　Robert A. Scalapino, "The Cultural Revolution and Chinese Foreign Policy", *Current Scence*, Vol. VI, No. 13, August 1968.

㉓　〈陰險的陳毅〉，《紅衛戰報》（北京），一九六七年四月十三日。

人等等㉔。一九六七年一月，陳被迫作檢討。在全面動盪之中，據報導曾有人無視周恩來對陳的保護，陰謀罷陳毅和幾個副總理的官㉕。據稱陰謀策劃者爲當時的中央文革小組成員和《紅旗雜誌》副總編王力。不論這一陰謀是否眞有其事，對陳毅和外交部的尖銳攻擊卻恰與「奪權」運動同時發生。由於這些內部混亂，北京於一九六七年和一九六八年兩年內的國際外交蒙受了嚴重的挫敗。

其二，對第三世界的統戰工作中斷了。一九六七年至一九六八年間，沒有一位中國高層領導人出訪亞洲或其他地區。有一表演藝術團訪問日本㉖，一貿易代表團訪問巴基斯坦㉗，一表演藝術團和一官方代表團訪問尼泊爾㉘。中國只向五個非洲國家派出了代表團，僅在幾內亞一地比較活躍。中國於一九六七年和一九六八年分別向幾內亞派出了兩個和三個代表團。一九六八年，中國和幾內亞簽訂了一項貿易協定、一項醫藥援助協定和一項援建鐵路的協定㉙。一九六七年，北京派出兩個代表團到剛果（布）和桑給巴爾，一個到坦桑尼亞㉚。一九六八年，中國向坦桑尼亞、剛果（布）和毛里求斯分別只派出了一個代表團㉛。

其三，由於中蘇關係惡化，中國在共產國家的外交活動，除了在

㉔　同上註。
㉕　王力、關鋒、戚本禹曾在國務院搞奪權，企圖除去李富春、李先念及陳毅，推翻周恩來，參閱「討周」，中上大學革命造反委員會，一九六八年三月一日。
㉖　《人民日報》，一九六七年十月十三日。
㉗　《人民日報》，一九六七年十月二十三日。
㉘　《人民日報》，一九六七年五月十四日，五月二十一日。
㉙　《人民日報》，一九六七年一月二十五日，九月二十四日，一九六八年九月二十七日。
㉚　《人民日報》，一九六七年三月五日，三月二十七日，一月十二日，十二月十七日。
㉛　《人民日報》，一九六八年十二月十七日，八月十六日；三月十二日。

阿爾巴尼亞、羅馬尼亞、北越、北朝鮮和東德以外，也全部停止了。
整個文革期間，阿爾巴尼亞是中國最親密的盟國，支持中國反對蘇
聯。一九六七年中國派往阿爾巴尼亞的代表團有五個，一九六八年有
兩個。這一時期，阿爾巴尼亞是唯一與北京保持密切關係和中國不斷
給予援助的國家。一九六八年十一月，中阿簽訂了五項協議，中國保
證向阿爾巴尼亞提供貸款、技術援助和設備、機牀、原材料和船隻
等，兩國還同意於一九六九年交換商品和付款㉜。但是羅馬尼亞對中
蘇論戰持中立態度。一九六七年二月，中國向羅馬尼亞派出一貿易代
表團，簽訂了一項交換商品和付款的協定㉝。北京還派出一中羅友好
代表團前往布加勒斯特（Bucharest）參加「五一」國際勞動節㉞。
十月，兩國簽訂了一項技術合作協定㉟。一九六八年十一月，一中國
黨政領導人代表團在代總參謀長黃永勝率領下訪羅馬尼亞。

　　北越和北朝鮮也對中蘇分歧持中立態度。不過，中國卻和河內保
持穩定的關係。一九六八年四月，中越簽訂一項文化合作執行計畫協
議㊱。八月，中國保證向北越提供經濟、技術援助㊲。十月，兩國簽
訂又一項商品交換協定㊳。一九六八年三月，中越又簽訂一項有關鐵
路運輸合作的協議㊴。七月，兩國政府達成一項有關中國提供經濟、
技術援助的協定㊵。儘管河內不願在中蘇分歧中站在北京一邊，戰爭
的不斷升級似乎令兩國走得更靠近些。北朝鮮表面在中蘇分歧中保持

㉜　《人民日報》，一九六八年十一月二十三日。
㉝　《人民日報》，一九六七年二月十七日。
㉞　《人民日報》，一九六七年四月二十四日。
㉟　《人民日報》，一九六七年十月二十七日。
㊱　《人民日報》，一九六七年四月二十七日。
㊲　《人民日報》，一九六七年八月六日。
㊳　《人民日報》，一九六七年十月七日。
㊴　《人民日報》，一九六八年三月二十一日。
㊵　《人民日報》，一九六八年七月二十五日。

中立，實際上卻較靠近蘇聯。一九六七年，中國紅衞兵公開譴責北朝鮮的親蘇立場，但兩國仍然維持外交關係。一九六八年三月，中國向北朝鮮派出一貿易代表團以簽訂一項貿易協定。

其四，中國的對外政策遭受了幾次挫敗。在和緬甸和印尼的關係上，發生了兩起事件。一九六三年至一九六六年期間，中國同緬甸保持著相當親密的關係。當時，周恩來曾二度訪緬，陳毅曾一度訪緬。一九六五年七月，奈溫將軍應邀北京進行國事訪問。他和周恩來簽署一項聯合聲明，中國在聲明中保證支持緬甸的不結盟政策。聲明加速了兩國數項經濟、技術協定的簽訂，進一步擴大了貿易和經濟的合作❹。一九六六年四月，當時的國家主席劉少奇訪問緬甸。

一九六七年六月，危機突然發生。緬甸教育部禁止仰光的中國留學生佩戴毛澤東像章。於是，親北京的居民和緬甸政府官員間爆發了暴力事件。結果，緬甸政府使用強硬手段來鎮壓中國人的活動。北京向緬甸政府發出「最緊急最強烈」的抗議❷，兩國關係迅速惡化。十月，緬甸向中國遞交一分照會，要求中國立卽撤走它的所有援緬項目、專家和技術人員。一直至一九六八年底兩國政府互相發出了一系列抗議，關係頗爲緊張。

一九六七年和一九六八年兩年中，中國和印尼的關係同樣發生惡化。一九六七年初，印尼發生了一系列襲擊未撤走的中國外交機構和羞辱其外交人員的事件❸。十月一日，印尼軍隊強行進入雅加達中國大使館進行搜查，與中國外交官發生衝突，中國外交人員受傷總數達二十人之多❹。自此以後，兩國關係更迅速惡化了。十月二十三日，

❹ 《人民日報》，一九六五年七月十四日。
❷ 《人民日報》，一九六七年六月二十九日。
❸ 《人民日報》，一九六七年一月十四日、二十二日、二十六日。
❹ 《人民日報》，一九六七年十月三日。

印尼政府下令中國大使館全部關閉，二十七日，北京正式與印尼斷絕外交關係[45]。

　　一九六七年至一九六八年期間，中國國內的政治動亂對中國的對外關係有著明顯的影響。部分中國外交官員，受國內政治宣傳的鼓動，在國外散發毛選和掀起學習毛澤東思想的運動。這些運動一再遭到當地政府的壓制，而北京則一一還以抗議。發生事件的國家和地區有突尼斯、法國、尼泊爾、捷克、錫蘭、蒙古、香港、澳門、南斯拉夫、日本和印度。不過，這些事情並不是北京當時的主要憂慮。在整個時期中，充斥北京報章的一是「蘇聯修正主義」，一是「美國在越南的侵略」。

表 9-1　一九六七年至一九六八年中國代表團出訪各國次數

	1967	1968
非共產國家		
日本	1	0
巴基斯坦	1	0
尼泊爾	2	0
幾內亞	2	2
桑給巴爾	2	0
坦桑尼亞	1	1
剛果（布）	2	1
毛里求斯	0	1
總計	11	6
共產國家		
羅馬尼亞	2	0
阿爾巴尼亞	5	2
東德	0	1
北朝鮮	0	1
北越	1	0
總計	8	4
歐洲		
芬蘭	1	0

資料來源：一九六七年至一九六八年，《人民日報》概覽。

---

[45]　《人民日報》，一九六七年十月二十八日。

四、文革中中國的排外

文化大革命中，儘管內部動亂不定，北京卻比以往更無保留地抨擊蘇聯和「美國在越南的侵略」。中國對美、蘇兩國的態度愈來愈敵對。左派分子充分利用大眾傳媒和動員手段來擊敗和抨擊其國內、國外的敵人。如上所述，在國內政治和對外敵對中均表現出強烈的排外情緒。對外敵對性從《人民日報》的內容、羣眾排外示威以及社會和政治變化中都可看出。

反蘇：

中蘇關係自一九六五年公開分裂後迅速惡化。一九六六年文化革命開始後，關係又進一步緊張。一九六七年，兩國緊張關係達到了前所未有的地步，在中國報章上天天可以見到對「蘇修」的抨擊。

一九六八年，中蘇關係緊張未減。四月，在蘇聯駐華大使館外爆發了一場強烈抗議，指責一艘蘇聯船隻在廣州從事間諜活動。該船在武裝護衛下押解出境❹。同月，一名中國航空專家在塔什干被驅逐，北京又提出抗議。八月，在蘇軍入侵捷克之後，《人民日報》大量登載這類「新沙皇」擴張主義和「蘇修殖民主義」的報導。九月，北京因蘇聯飛機非法飛入黑龍江省上空一事對蘇聯發出強烈抗議。照會譴責蘇聯製造糾紛，從事挑釁行動。抗議說：

應當指出，近年來蘇聯方面派遣軍用飛機侵犯中國領空是一貫的，僅在最近一年內，就有一百一十九批、一百三十一架次。但是，在短短的二十一天之內，集中對中國一個地區領空進行如此頻繁、如此放肆、如此猖狂的軍事挑釁，則是罕見的。尤其應當指出，這些軍

---

❹ 《人民日報》，一九六八年四月十日。

用飛機的入侵事件，是在蘇聯八月二十日出兵侵略捷克斯洛伐克前後發生的，這絕不是偶然的[47]。

十月，北京已公開討論同蘇聯發生戰爭的可能性。儘管仍處在內部政治動亂之中，全國上下都進入了備戰狀態。由於與蘇聯敵對和內部政爭是相互關聯的，它們將在下一章中詳細討論。

反美:

中國的反美主要集中在越南戰爭上面。一篇《人民日報》評論文章聲稱，在毛澤東思想指導下的七億人民的中國是世界革命人民大同盟中心，而「美帝國主義」則是世界反革命勢力的罪魁禍首。[48]

越南戰爭升級之後，中國對越南共產黨的支持亦愈堅決。一九六七年三月，中國外交部聲明:

中國政府和中國人民對英雄越南人民的嚴正立場，表示最堅決的支持! ……用毛澤東思想武裝起來的七億中國人民，正密切注視著越南局勢的新發展，隨時準備爲支援越南人民的正義鬪爭作出更大的貢獻[49]。

《人民日報》的報導次數從二月的二十六次增加至五月的五十次。但北京只舉行了一次聲援越南人民、譴責「美帝」的集會。此外，表示支持越南的文章篇數，從四月至十二月陸續增長。十二月，爲慶祝越南民族解放陣線成立七周年，全國二十七個大城市舉行了集會，包括北京、上海、哈爾濱、青島、濟南等。毛澤東和周恩來再次保證爲越南人民提供強有力的支持[50]。《人民日報》登載了一系列予越南人民道義支持、譴責美帝國主義侵略的文章。這類文章的數目從

[47]　《人民日報》，一九六八年九月十七日。
[48]　《人民日報》，一九六七年一月二十三日。
[49]　*Beijing Review*, No. 11, March 10, 1967.
[50]　《人民日報》，一九六七年十二月二十日。

十一月的十三篇升至十二月的六十九篇。

　　但是北京最強烈的支援發生在一九六八年二月的春節攻勢之後。京、津、滬三地再次舉行集會。《人民日報》讚揚勇敢的越南人民取得了「英雄的偉大勝利」，譴責美國在越南和世界各地的侵略。不過，這一事件沒引起全國性的羣眾運動。有關文章的數目升至二月的八十四篇，又迅速降至三月的二十四篇。此後，對美國捲入越南戰爭的批評和抨擊便回到最低水平。從一九六八月三月到一九六九年二月，中國批評美國干涉越南的次數平均每月五起。看來，這一急速轉變乃與美國停止轟炸有關，且暗示了對召開巴黎和談的支持。

五、文化革命中排外的特點

　　如上所述，權力鬪爭和「左」的趨勢勢必導致排外的升級。這一理論已在文化革命中證實。除了由大眾傳媒和羣眾示威中的言語抨擊所表達出來的排外敵意以外（這些將在以後章節中系統討論），排外的高漲也可以從這一時期的文化、政治、經濟發展中看出。

　　這一時期最驚人的發展便是全盤否定西方的文化藝術，「極左分子」對之大興撻伐。大多數西方古典翻譯作品被紅衛兵燒毀。大學裏介紹西方文化藝術的課程停辦。大眾傳媒常常出現對西方哲學的嚴厲批判。西方音樂舞蹈受到紅衛兵的猛烈批判。一種革命的舞蹈以芭蕾舞的改良形式出現，成爲無產階級文化的代表作。對西方文化藝術的全盤否定在文化革命的排外新浪潮中達到頂點。

　　在政治領域，對那些曾在西方接受教育和有海外關係的人的懲罰更嚴厲。按照文革當時的政治規範，所謂「海外關係」就是「間諜」一詞的同義詞。對那些有親屬在海外的人加以監視。許多人因「間諜

活動」罪名而受到鞭打、控罪或公開批判[51]。街道上常常看到公開騷擾外國人的場面。由於一般人對外國人的懷疑和敏感，外國人要在中國旅行幾乎是不可能的。

此外，大眾傳媒還宣傳一種「戰爭狂熱」心理。領導層宣布，同「社會帝國主義」和「美帝主義」爆發戰爭隨時可能發生。他們號召「備戰」、「備荒」。在文化革命後期，全國均處於人民解放軍控制之下。紅衞兵受到壓制，政府由人民解放軍接管。中國此時對外敵入侵十分警覺。同蘇聯在東北邊境上發生衝突，可部分歸因於這種「戰爭狂熱」。

在經濟方面，「自力更生」政策尤其受強調。大眾傳媒上常常出現關於中國科研和技術進步的誇大了的報導。領導幹部常常虛報生產新紀錄。爲促生產而強調階級鬥爭。對外國產品的嚴厲批判和對本國產品的誇耀，常常在大眾傳媒的報導中出現。不過，這一時期的宣傳重點是對「資產階級思想」和「走資派」的批判。大批工廠停產，因爲工人拒絕上班，經濟發展於是受阻。這樣，先前曾促進生產的「左」和排外，現在卻延阻了中國經濟的發展。

六、文革期間之排外示威

一九六七年至一九六九年期間羣眾排外示威與一九六〇年至一九六二年期間有顯著的不同。針對的不再是美國一個目標，而又加上了蘇聯、印尼、印度、蒙古、港英、緬甸和日本。

時間最早和規模最大的一次羣眾運動發生於一九六七年一、二月間，對象是「蘇修」，它是抗議莫斯科的鎮壓中國留學生和其「反華

---

[51]　作者曾自訪問資料中獲得許多這種迫害資料。

罪行」。兩個月裏全國各大城市一共舉行了六十三場羣眾大型集會。第二次羣眾排外活動發生於一九六七年四月，名目是譴責「印尼反動派」，始於四月二十五日，止於二十九日。在這幾天中，計有十四個大城市一共舉行了十七次羣眾集會。北京、廣州、上海、昆明、貴陽、哈爾濱、福州等地的規模較大。

　　第三次羣眾示威活動始於五月十五日，內容是譴責港英迫害香港的中國同胞。這次運動只在三個大城市進行卽北京、上海、廣州。第一階段於六月二十七日結束，不過在七月、八月、十月這三個月中仍有斷斷續續的活動。以上三次羣眾排外運動主要都是由紅衞兵、「革命羣眾」和解放軍領導組織的。

　　一九六七年，搞了兩次針對美國的羣眾集會。第一次始於五月二十五日，止於六月初，名目是支援巴勒斯坦和阿拉伯人民反對「美帝國主義和以色列侵略者」的鬥爭。僅有北京一處舉行了集會，並無形成全國性運動。第二次的目的是支援越南人民反抗美國侵略的鬥爭。在十二月九日卽民族解放陣線成立七周年紀念的當天，北京舉行了一場集會。其他城市未見舉行集會。

　　一九六八年中最大規模的一次羣眾排外運動乃於五月下半月舉行。從二十一日至二十四日，舉行了全國性的運動以支持「全世界人民反對美國帝國主義和蘇聯修正主義的偉大鬥爭」。這次運動涉及五十三個大城市。此運動呼籲全世界人民動員起來，高舉馬克思列寧主義、毛澤東思想的偉大旗幟，將「反對美蘇反動派的正義鬥爭」進行到底❺❷。大眾傳媒強調，這次運動在每個城市裏都是由紅衞兵、「革命羣眾」、人民解放軍領導幹部三結合共同發動的❺❸。

---

❺❷　《人民日報》，一九六八年五月二十四日。
❺❸　同上註。

　　同年，又另舉行了三次針對美國的羣眾運動。第一次發生於四月十八日，名目是支持美國黑人反對美國政府鎮壓的鬥爭。全國有二十九個城市舉行了集會⑭。第二次反美運動是聲援柬埔寨人民政府和印度支那人民反美鬥爭的，發生於五月七日，各省會均舉行了集會，規模與第一次不相上下。第三次運動是聲援「越南人民反對美帝的正義鬥爭」的，發生於十二月十五日，各個省和自治區的首府以及直轄市均舉行了集會。它們並沒提及這些集會的主要參與者，不過看來各處的集會都是由當時各省軍隊領導出面組織的。因為當時，省、市、縣政府均已處在軍人控制之下，而軍人當時成為聯絡各地方政府和毛派的中央政府之間的主要環節。

　　文革中的羣眾排外運動顯示了，儘管國內政治動亂不安，北京仍熱衷於表示它與美蘇等為敵的立場。此一時期，積極組織這類運動的主要是毛派人士。他們有可能是在利用這些運動來激化排外情緒，以鞏固和加強他們在國內政治中的權力和領導地位。

　　雖然國內發生了政治危機、發生了毛派和反毛派之間的政治鬥爭，排外運動仍在全國到處發生。這些運動和一九六○年至一九六二年期間的運動相比，有極不相同的目的。那時高層領導中的分歧並沒有導致大的政治分裂，也沒有導致黨和政府公開的激烈鬥爭。但在文革中，原有的黨政機關和行政機構，全在奪權運動和批判運動中陷於癱瘓。處在這嚴重政治危機的情況下，這類全國性的排外運動如何能夠組織起來？這一時期，只有毛派或左派積極參加這些運動，而被指稱走資派或修正主義分子的人是被拒之門外的。因此，這些羣眾排外運動是由毛派或左派自行組織的，而不是由那些日常負責黨政的幹部組織的。

――――――――――

⑭　《人民日報》，一九六八年四月十八日。

　　下一個需要考慮的問題就是：爲甚麼左派分子在極度投入政治鬪爭的同時，還能組織起這麼多次的羣衆排外運動。一九六七年初，一如一九六六年，奪權運動遇上了許多未曾預料到的困難。羣衆的混亂、老幹部和行政人員的抵制，以及劉少奇的支持者和其他反毛人士的反對，還有擁毛的「革命左派」內部的派別鬪爭，都令奪權運動未能順利展開。面對這一困難形勢，毛命令人民解放軍支持奪權運動。在人民解放軍的支持下，「革命左派」便可在各級黨政機關中清除他們的敵人。不過，也有許多問題看來軍隊是無法解決的。至一九六七年中期，人民解放軍介入奪權鬪爭六個月之後，只有六個省成立了革命委員會。這可能顯示，在爭取羣衆支持、消除持對立態度的幹部的抗拒，甚至在解決左派內部宗派主義問題方面，人民解放軍無法對「革命左派」提供足夠的幫助。在這一困難情勢下，排外運動如對毛派不利，他們就不會不遺餘力地去推動它。所以，很清楚的，毛派是在利用這些排外運動達成其國內的政治目的。他們利用反帝反修運動發起的熱情消除奪權運動遇到的阻力。

　　此外，在政治危機中，羣衆排外運動還可爲毛派起幾種積極作用。其一，這些運動可使「革命左派」在共同的民族主義及排外精神的基礎上團結起來。在這混亂時勢中，正常的溝通渠道中斷，這些羣衆排外集會可提供一共同相處的機會，並可能平息相互間的衝突和矛盾。其二，通過反對外敵的運動，毛派宣誓他們反帝反修及捍衛中國的決心，這些排外運動又可加強毛派的領導地位及在羣衆中的形象。其三，這些運動，集合羣衆，爲宣傳毛的思想和斥責他的敵人提供了一個公開講壇。對毛派來說，羣衆集會和各種會議是一種極爲有效的宣傳手段。最後，這些運動還爲毛派提供了一項刺激作用，令他們在奪權運動和批判「走資派」運動中保持激昂鬪志。這就是爲甚麼當文

化革命中奪權運動處於高潮時，羣眾排外運動大行其道的原因㉟。

小　　結

對文革中中國外交活動的研究顯示，北京此時與其他國家的正式接觸遠較一九六〇年至一九六二年時期爲少。由於中蘇公開分裂，中國與共產黨集團國家的關係已疏遠。此外，由於企圖在當地宣傳毛澤東思想，北京和好幾個國家的關係多遭受了嚴重挫敗。

如《人民日報》對蘇聯和美帝捲入越南戰爭的譴責所示，中國當時言語上的敵意（verbal　hostility）達到了空前的高度。不過，雖有邊界緊張局勢，對蘇聯的言語敵意於一九六七年至一九六八年期間卻降低了。對美國捲入越南的抨擊於一九六七年初至一九六八年初這一時期增加，但在美國停止轟炸北越和巴黎和談於一九六八年三月開始後，便逐步減少。一九六七年七月至一九六八年三月，羣眾排外示威減少；但於一九六八年四月至六月以及十一月至十二月，再度增加。

自然的，這類言語敵意和排外示威的增減變化受外部刺激的影響極大。但是上述研究亦顯示，其敵意乃受毛派操縱而因國內政治演變而變化的。例如，對蘇修的譴責使與毛派對中國國內的修正主義分子的譴責息息相關。爲了將劉鄧路線說成與蘇修同流合污，紅衞兵指稱劉少奇是「中國的赫魯曉夫」。毛派強加給劉少奇集團最嚴重的一項帽子，便是指責他們同蘇聯勾結，企圖將中國的革命扭轉進修正主義的道路。

對外部敵人的公開譴責可用來加強毛派對劉鄧集團的批判，進一

㉟　參閱Kuang-sheng Liao, in "Linkage Politics in China", *World Politics*, vol, XXVIII, No, 4, 1976, pp. 590-610.

步貶低他們的公眾形象。因此，在批判蘇修運動與國內的批判運動和向「走資派」奪權的運動之間，存在著密切關係。同樣，對美國的抨擊和羣眾排外示威，也與國內問題有關。爲驗證這一說法，作者將於下章針對對蘇敵意和國內運動兩者間的關係作進一步詳細的探討。

表 9-2　一九六七年排外示威次數

月份	美國	蘇聯	其他	總計
一	0	18	2	20
二	1	36	0	37
三	1	0	0	1
四	0	0	17	17
五	4	0	13	17
六	1	0	28	29
七	0	0	9	9
八	0	0	5	5
九	1	0	3	4
十	0	0	1	1
十一	0	0	0	0
十二	1	0	0	1
總計	9	54	78	141

資料來源：一九六七年《人民日報》

表 9-3　一九六八年排外示威次數

月份	美國	蘇聯	其他	總計
一	0	0	0	0
二	0	0	0	0
三	0	0	1	1
四	29	0	0	29
五	82	0	0	82
六	0	0	0	0
七	0	0	2	2
八	0	0	0	0
九	2	0	0	2
十	0	0	2	2
十一	0	0	2	2
十二	31	0	5	36
總計	144	0	12	156

資料來源: 一九六八年《人民日報》

第 十 章

文革時期的權力鬥爭和反「蘇修」

　　一九五九年，毛澤東將日常工作交給政治局常委的其他成員，自己退居「二線」❶。他辭去國家主席一職後，劉少奇與其他負責行政與決策的幹部勢力日益壯大。在此情況下，毛怎麼能夠復出並能公開地發動一場激烈的全國性羣眾運動來奪回政權和將這些「走資派」推翻呢？在這場劇烈的政治鬥爭中，成千上萬的工人、學生和解放軍戰士捲入了運動之中。羣眾武鬥四處發生，政府行政工作中斷。不少研究者認為，軍隊為了恢復社會秩序，來幫助毛重新取得領導地位❷。但是，毛又如何能動員全國羣眾來支持他奪權呢？這個問題卻常常被人忽視了。以為毛是完全依靠軍隊來擊敗他的敵人的說法未免太簡單。在以下的討論中便可看到，毛的策略包括利用大眾傳播媒介公開譴責「蘇修」和「走資派」。這類由毛和他的左派支持者發動的抨擊，目的在於激起人民對劉少奇的敵對情緒。為了推動從「走資派」手中奪回政權的運動，這一敵對情緒是很重要的。文革中發生的許多事件證明，在奪權過程中，毛既善於操縱大眾傳媒和動員羣眾，又善於利用軍隊。

---

❶　〈在中央工作會議上的講話〉（一九六六年十月二十五日），《毛澤東思想萬歲》第四輯，頁四〇至四一。

❷　Ellis Joffe, "The Chinese Army after the Cultural Revolution: The Effects of Intervention", *The China Quarterly*, No. 55, July-September, 1973, pp. 454-455.

一、文革中的權力鬥爭和排外

本書第六章曾根據五十年代中國政治的發展就權力鬥爭及其與排外的關係提示了一種理論：在中國，權力鬥爭會導致更「左」和更劇烈的排外。顯然，在第九章關於「左」的討論中，這一理論得到了有力的證實。本章將專門就權力鬥爭和反修的問題做進一步的討論。

文革中的權力鬥爭有兩個運動，即毛派的奪權運動和對「頭號走資派」的批判。爲了全面清除黨和政府中的走資派以及那些把持著黨的最高權力機構及政治局和中央委員會的人，毛派發動了一場煞費苦心的鬥爭。自一九六六年黨的八屆十一中全會後，林彪便成爲僅次於毛的第二號人物，而劉少奇和他的支持者卻被貶職。十一次全會公報有這麼一段話：

> 全會強調，毛澤東同志對無產階級文化大革命的一系列指示是我國當前文化革命的行動指南，它們是對馬克思列寧主義的一個重大發展❸。

在此期間，毛派的當務之急是奪權；他們控制的《人民日報》，便成了協助其在奪權鬥爭中取勝的主要工具。《人民日報》此一時期在對外政策上所表現的排外顯然與奪權有關。爲了摧毀劉少奇的權力和他在羣眾中的聲望，毛派發動了一場旨在揭露劉少奇反毛的「罪行」和劉的「資本主義道路」的口誅筆伐的運動。很明顯，這場大批

---

❸ 〈中國共產黨第八屆中央委員會第十一次全體會議公報〉，《紅旗》，一九六六年第十一期，（八月二十一日），頁二至七。

判的目的在於從「走資派」手中奪回權力。面對著嚴重的政治鬥爭，毛派不遺餘力地動員一切力量去擊敗自己的政敵。在此期間，毛爲了爭取羣眾的支持，不得不利用排外情緒。

第六章已討論過，一九六六年以前，黨內高層領導人中的政治糾紛尚未釀成全國性的政治鬥爭。毛和他的對手當時只在權力機構最高層中你爭我鬥。然而，在從一九六七年到一九六九年二月的文化大革命期間，權力鬥爭不僅在最高層發生，而且也擴展成爲了一場羣眾性的運動。這場運動的最終目的在於推翻劉少奇的領導地位，從他及其支持者手中奪回政權。

國內政治既然如此混亂，排外的升級便對全國動員產生了雙重影響。首先，和延安時期相似，毛派在文革中自稱他們是愛國者，不斷抨擊外敵，呼籲民族獨立；指責劉少奇企圖與蘇聯「社會帝國主義」勾結是背叛中國革命。這同一九四五年到一九四九年內戰期間，指控蔣介石勾結美國的民族叛變一事頗爲相似。將內部敵人說成是內奸是由大眾傳媒公開進行的。正是通過傳媒，毛的敵人變成了人民的公敵。既然內敵同外敵串通一氣，對外敵的口誅筆伐當然有助於對劉的批判。

其次，將批外敵升級可以提高毛的領導地位。文革期間，大批高層領導人被粗暴地整肅和撤換。奪權運動並不限於使用合法手段，其所作所爲皆由其目的來論是非。由於文革期間的政治派系四分五裂，毛派希望用外敵的威脅和準備與蘇聯和美國作戰來消除派系之間的對抗性。儘管政治動亂，毛仍是「最高統帥」，並享有黨主席這一最高地位。由於同外敵的作戰需要國內的團結和一致領導，便號召全國上下緊跟毛的領導。因此，對外戰爭的威脅可減少內部阻力和增強毛派的領導地位。總之，抨擊外敵的目的在於摧毀劉少奇的公眾形象，鞏

固毛派的領導地位，減少阻力和動員羣眾的支持。所以，當動員羣眾升級時，排外情緒也跟著升級。

二、文革前的政治爭執

文革是一場 圍繞著文化、社會和政治 經濟問題的思 想和政治鬥爭。 自五八年人民公社成立後， 中國在文化、 社會和經濟方面發生了巨大變化，這導致了最高層領導意見的分歧。關於毛爲何發動文革有著各種不同的解釋，任何一種單一因素的解釋必定會失於偏頗和局限。因此，本節對毛及其對手在政策問題上的討論亦難免失於偏頗和局限。顯然，這些政策分歧並非是毛文革前面臨的唯一問題。不過，作者希望，搞清楚毛在決策中的立場，可幫助我們了解他在文革中擊敗對手的策略。

一九五九年後，劉少奇在黨和政府中頗爲活躍，因此，他得以在黨內聯合一些較「務實」、意識形態較「溫和」的幹部❹。例如，在經濟陣線，一九六一年九月劉少奇、彭眞、薄一波三人起草的「工業七十條」，便背離了毛六〇年的「鞍鋼憲法」。「工業七十條」將企業領導權和基層黨組織分開，並將後者的職責限制爲監督權。這同毛在「鞍鋼憲法」中提出的「政治應該領導企業」形成了對照❺。

---

❹　參閱Merle Goldman, "Party Policies Toward the Intellectuals: The Unique Blooming and Contending of 1961-1962", in John Wilson Lewis (ed.), *Party Leadership and Revolutionary Power in China*, London: Cambridge University Press, 1970, pp. 268-302.

❺　〈彭眞反黨集團與劉鄧的勾結〉，《新北大》，一九六七，頁一。該文指出一些文化界與教育界人士違反毛澤東的「政治掛帥」的指示而提出「專」重於「紅」以及寫作的題目及體裁應自由發揮不受黨的控制。

　　反毛派的實力在黨政中央機關中日益成長，終於對毛的領導地位形成了威脅。爲了加強領導地位，毛於六二年秋發動了「社會主義教育運動」。這場運動最初是針對農村幹部的。毛認爲這是一場牽涉許多重大問題的尖銳的階級鬥爭。至六三年六月，運動又擴大到城市，隨之又在農村展開。其目的在於清除政治、經濟、組織、思想四個方面的腐化現象❻。這場「社會主義教育運動」同時也牽涉六三年至六四年間關於政策制定問題的鬥爭❼。

　　據報導，毛發動「社會主義教育運動」的計畫，六五年以前曾遭其對手的阻撓❽。六四年到六五年間，黨的機構似乎操在毛的兩個對手彭眞和鄧小平的手中❾。毛在六四年給彭的一封信中指出，許多部門的社會主義改造至今收效甚微，仍然是「死人」把持著。但毛的指示並未受到尊重。彭眞就對毛的指示加以抵制和拒不執行。彭常常架空毛的指示，說「主席的指示是戰略性的，不必當做戰術性的指示來執行」❿。據報導，劉少奇之妻王光美就曾公開向毛的社教運動挑

❻ Richard Baum and Frederick C. Tewes, *Ssu-Ch'ing: The Socialist Education Movement of 1962-1966*, Berkeley: University of California Press, 1972, p. 190.
　　作者估計當時毛的反對者控制書記處及中央委員會的多數，令毛很難反擊。
❼ 例如對於社會主義教育，一九六三年五月毛澤東提出之《農村工作主要問題的決定》曾受鄧小平與彭眞修改，毛強調兩條路線的鬥爭及清算中央黨政組織的資產階級分子，而鄧則強調清除農村幹部的貪污，可見毛的意向是整肅一些反對他的高級幹部。
❽ Philip Bridgham, "Mao's Cultural Revolution", *The China Quarterly*, No. 29, Jan.-March, 1967, pp. 14-15; also see *Hongqi*, August 21, 1966, editorial which implied the movement was blocked by those who looked like "Leftists" but were actually "Rightists."
❾ 〈反革命修正主義分子 彭眞反黨、反社會主義、反 毛澤東思想的罪行〉，北京，《東方紅》，一九六七年六月十日。
❿ 同上註。

戰。她稱這場運動的目的是清除黨內幹部的腐化⓫，據報導，劉少奇夫婦曾想盡方法阻撓毛的「二十三條」的推行⓬。

這些例子表明，毛的對手當時曾極力封鎖他的指示，而毛又絕不讓他們得逞。毛清算黨內高層領導人的意圖顯然遭到了有力的抵制。這迫使他計畫發動另一場運動。而這場運動需繞開黨的機構，直接訴諸下層廣大羣眾。

三、對蘇修的抨擊

毛派在控制了大眾傳播媒介之後，便把它用作攻擊對手的武器。劉自一九五九年起一直擔任國家主席一職，因此，可以想像，他在羣眾中已建立了有力的領導形象。要從劉的手中奪回政權，就必須設法破壞劉的形象。六七年上半年，毛派開始動員羣眾從「走資派」手中奪權，大眾傳媒加緊了對毛的對手的抨擊。與此同時，對蘇修的抨擊也急劇增加⓭。這一時期對劉派及蘇修抨擊升級表明，這兩種現象可能存在著某種聯繫。為了進一步探討兩者的關係，作者對一九六六年至一九六八年的《人民日報》進行了內容分析。這一分析對批劉和批蘇修的關係提供了線索。

六六年文革剛開始時，北京與莫斯科的關係已經惡化。然而，當時的《人民日報》並未報導任何批蘇修的羣眾運動。組織羣眾抨擊蘇

⓫　〈劉少奇和王光美在四清運動的罪行的報告〉，北京，《東方紅》，一九六七年五月七日，頁八。

⓬　同上註。

⓭　參閱 Daniel Tretiak "Is China Preparing to 'Turn Out'?" *Asian Survey*,, March 1971, p. 224, Table 2. 作者指出《北京周報》攻擊蘇聯的文章從一九六六年七月至十二月間的六‧八二％至一九六七年一月至六月增加到一八‧七五％。

修只是在毛派控制了大眾傳媒之後才開始的。六七年一月，莫斯科的中國留學生向列寧及斯大林陵墓獻花圈時同蘇聯警察發生了衝突，有三十人挨打和受傷。北京於當月爲此發動了羣眾抗議運動。此時大眾傳媒便刊出言詞激烈的文章，宣稱文革亦有其國際目標，卽同現代修正主義作鬥爭。當時的《北京周報》這樣寫道：

> 中國的無產階級文化大革命也具有其國際目標，這就是要進一步加強同現代修正主義的鬥爭[14]。

這一事件後不久，緊張局勢加劇了。紅衞兵開始在蘇聯駐北京大使館門前輪番進行示威，反蘇修的抗議活動擴展到全國。二月三日，蘇聯警察強行拆除了中國駐莫斯科大使館的六個圖片框格，並與在場的三十一名中國外交官和工作人員發生衝突。此事發生後，北京向莫斯科提出「最強烈、最嚴正的抗議」。《人民日報》發表社論，譴責此舉爲「外交史上罕見的野蠻行爲」，並號召蘇聯人民推翻「修正主義政府」。社論聲明說：

> 列寧、斯大林領導下的蘇聯人民，是一個偉大的、具有光榮革命傳統的民族，他們絕不會容忍蘇聯修正主義集團的一小撮叛徒騎在自己頸上作威作福的……蘇聯革命人民一定會推翻蘇聯修正主義，列寧主義的旗幟一定會高高飄揚在蘇維埃遼闊的土地上，這一天一定會到來[15]。

在此種氣氛下，《人民日報》於一月和二月分別刊登了五十八篇和九十一篇指責蘇聯反革命活動的文章。直到六月，這類文章的數量

---

[14] *Beijing Review*, No. 6, February 3, 1967, p. 27.

[15] 《人民日報》，一九六七年二月六日。

仍很多，到八月才降爲二十八篇。《人民日報》和其他傳播媒介對「蘇修」的譴責已司空見慣，以致「蘇修」一詞已成了該報每天用來辱罵受批對象的術語，它已成了不分青紅皂白的流行罵人語。紅衞兵、工人、農民和解放軍用「骯髒的烏鴉」、「蒼蠅」、「瘋狗」、「幽靈」這樣的字眼來辱罵蘇聯領導。六七年以前，中國很少有以個人名義署名對外國進行評論和譴責的文章，卽使一九六七年至六八年間，此類對「美帝」、「印度反動派」或是「日本軍國主義」的文章也很少見。唯獨蘇修成了眾矢之的，受到大量個人署名文章的抨擊。

另一新發展便是聲討「蘇修復辟資本主義」。六七年以前，中國的報章很少評論蘇聯的內部事務。但六七年到六八年間，抨擊蘇聯經濟和蘇聯壓制人民的文章便大量出現。例如，〈人民日報〉六七年十一月的一篇題爲〈蘇聯推行「新經濟體制」惡果纍纍〉的文章寫道：

> 蘇聯實行「新體制」已給蘇聯經濟帶來了嚴重後果，不僅造成生產混亂，產品質量大大下降，生產計畫完不成，而且投機盜竊成風，進一步加劇階級分化[16]。

另一題爲〈蘇聯修正主義者加緊資產階級專政〉的評論寫道：

> 在勃烈日涅夫、柯西金叛徒集團的統治下，特權階層利用權力進行欺騙榨取，貪污公物。他們殘酷地壓迫和剝削蘇聯的廣大人民[17]。

這類評論不僅反映了兩國領導的分歧程度，而且也反映了他們之間的敵對性強度。

---

[16] 《人民日報》，一九六七年十一月二十日。
[17] 同上註。

　　一個如此深陷於國內政治鬥爭的國家，竟能同時介入如此激烈的外部爭端，這一點是很值得注意的。如圖10-1所示，對蘇抨擊最多的時間是六七年上半年，此時也正是毛及其支持者同對手爭奪權力最激烈之時。毛派既然控制了大眾傳媒，便可隨心所欲地利用它。如果對其奪權鬥爭有利，他們絕對可以於六七年一月和二月間降低傳播媒介聲討蘇聯的頻度。相反，他們卻增加了這一頻度。顯然，他們有意將此事擴大成國家大事。所以，六七年上半年批蘇的高頻度並非巧合，它是毛派控制《人民日報》，操縱編輯部的結果。

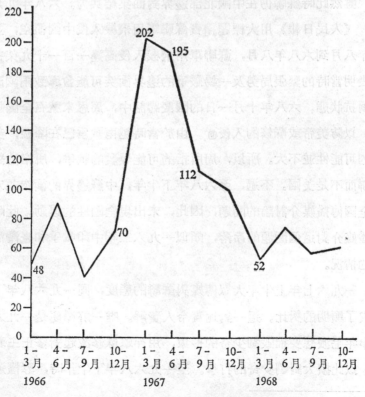

圖 10-1　人民日報譴責蘇聯的頻度
資料來源: 一九六六年至一九六八年的《人民日報》

蘇修是此時最受抨擊的外國目標，而劉少奇則是最受批判的國內目標。這一點在下一節還要談到。換句話說，六七年上半年對「蘇聯社會帝國主義」的批判實際上是用來推動傳播媒介對劉少奇一派的攻擊的。因此，批外敵，激起羣眾情緒便是第一步。當此目的達到後，下一步便是利用傳媒批劉並動員全國羣眾從當權的「走資派」手中奪權。結果，如圖10-1所示，這一時期之後，傳媒批蘇修的文章逐步急劇地下降了。

同六七年後期相比，一九六八至六九年二月的批蘇頻度大大下降，雖然此時蘇聯仍在中國北部邊界對面集結兵力。六八年九月十七日，《人民日報》用大標題譴責蘇聯軍用飛機入侵中國領空，並稱六七年八月到六八年八月，蘇聯軍用飛機入侵高達一百一十九架次⑱。這表明當時的緊張局勢及一場嚴重的邊界衝突可能會導致兩國政府進入對抗狀態。六八年十月一日的國慶講話中，周恩來號召全國加緊備戰，以防美帝或蘇修的入侵⑲。由於當時越南戰爭已在降級，美國入侵的可能性並不大。所以，周所指的可能爆發的戰爭，所指的對象是蘇聯而不是美國。不過，至六八年下半年，中蘇邊界的衝突並未發展成全國傳播媒介討論的問題，因此，未出現全國性的運動。此時大眾傳播媒介對這個問題的冷落，頗似一九六二年中印戰爭和臺灣海峽危機的情況。

一九六七年上半年大眾傳媒對蘇聯的態度，同一九六八年下半年形成了顯明的對比。這一對比實令人費解。唯一解釋便是一九六七年上半年毛派想要摧毀劉少奇的形象，用抨擊蘇修激起對修正主義的憤怒，以此擴大對劉少奇的打擊。至一九六八年下半年時，奪權運動勢

---

⑱ 《人民日報》，一九六八年九月十七日。
⑲ *Beijing Review*, October 4, 1968, No. 40.

頭已去，劉的形象已遭摧毀，所以，這段時間不再需傳媒對蘇聯進行大肆攻擊了❷。

四、批判劉少奇的運動

一九六六年後期，紅衛兵的《大字報》開始出現批判劉少奇的文章。例如，一九六七年初的一張題為〈炮轟劉少奇〉的文章。列舉了劉的七大罪狀——反對毛主席，反對毛澤東思想，反對學習闡述階級鬥爭學說的《毛選》，反對社會主義，企圖復辟資本主義，破壞「四清」運動，企圖打進公安部，以及鎮壓無產階級文化大革命❷。顯然，這張大字報的目的在於揭露劉在文革中的立場，它預示了一場政治風暴即將來臨。

為了使運動更進一步，《紅旗》開始清算劉在幾項問題中的立場，它於三月發表了兩篇文章：〈愛國主義還是賣國主義〉、〈幹部路線上的資產階級反動路線必須批判〉。

在前一篇文章中，戚本禹利用電影《清宮秘史》作文章，宣稱劉少奇這個「黨內的高層領導」對該電影所持的資產階級反動觀點是同毛唱反調❷。這篇文章還指出劉在內戰時，「假反帝，真投降」；並抨擊劉在二次大戰後在他所謂的「和平民主新階段」時期，在黨內推行資本主義路線❷。此外，該文還指控劉少奇推行一條反對對資本主

---

❷　參閱 Liao Kuang-sheng, "Linkage Politics in China", *op. cit.* The author conducts an empirical test for this theory.

❷　〈炮打劉少奇〉，《首都紅衛兵》，一九六七年，一月十日。參閱丁望編《中共文化大革命資料匯編》卷一，頁二五〇至二五三。

❷　〈愛國主義還是賣國主義？〉，《紅旗》，一九六七，第五期（三月三十日），頁九至一一。

❷　同上註，頁一三至一四。

義工商業進行改造的「資產階級路線」，企圖抹煞階級鬥爭㉔。最後，此文還指控劉一九六二年以出版《論修養》來反對馬列主義和毛澤東思想㉕。簡而言之，戚本禹企圖揭露劉以往的言行，來貶低其在文革前的地位和貢獻。戚最後總結說，劉是一個應當受到徹底批判和徹底清除出黨的「走資派」。

在〈幹部問題上的資產階級反動路線必須批判〉一文中，《紅旗》雜誌評論員指控「黨內一小撮走資派」在玩弄「一箭雙雕」的把戲，即推行一條一方面挑動羣眾鬥幹部，一方面又挑動幹部壓羣眾的資產階級反動路線㉖。這篇文章指責黨內某些領導人企圖阻撓幹部鬧革命，挑起羣眾和幹部之間尖銳的對立。此外，文章還批判《論修養》宣傳自我修養的唯心主義理論，在許多方面宣揚資產階級個人主義和奴隸主義，反對馬列主義毛澤東思想。這些是在黨內刊物上最早出現的公開批劉文章，不過尚未指名道姓。

繼此之後，《人民日報》於四月四日發起批劉運動，這顯示了運動已進入了一個新的階段，並開始在全國各地展開。（見表 10-1）四、六兩月的文章主要來自京滬兩地，矛頭主要對準劉的《論修養》。該書被說成是痲痺大眾的「革命精神」和爲劉在中國復辟資本主義的毒草㉗。此外，也有文章批判劉的「三自一包」、「和平過渡」和「階級鬥爭熄滅論」等復辟資本主義的理論㉘。一九六七年上半年最積極參與批劉的是北京的院校和文化機構，如北京大學、中國人民大

㉔ 同上註，頁二二至二三。
㉕ 同上註，頁二三。
㉖ 同上註，頁二四至二五。
㉗ 參閱《人民日報》一九六七年四月四日、五日、六日、七日，五月十四日。
㉘ 參閱《人民日報》一九六七年四月十一日、十五日、十六日、二十三日，五月十二日、十七日。

表 10-1 各省市參與大眾傳播批判「最大的走資派」運動的情況

省市	1～6月 (1967)	7～12月 (1967)	1～6月 (1968)	7～12月 (1968)
北京	36	65	47	73
天津	2	8	4	9
上海	9	37	13	17
河北	2	2	14	32
山西	3	8	6	4
內蒙古	—	3	—	3
黑龍江	1	12	2	2
吉林	5	—	2	—
遼寧	2	8	13	12
山東	2	16	1	17
江蘇	5	21	7	18
安徽	—	2	—	2
浙江	1	2	—	5
江西	—	2	9	6
福建	—	—	—	—
廣東	1	5	—	9
廣西	—	—	—	—
湖南	—	—	1	4
湖北	—	2	1	4
河南	2	3	1	14
四川	—	—	1	2
貴州	1	3	—	1
雲南	—	—	—	—
西藏	—	—	—	—
新疆	—	—	—	—
甘肅	—	—	6	1
陝西	—	—	1	—
青海	—	—	1	—
寧夏	—	—	—	—
總計	72	206	136	234

注：此表不包括《人民日報》、《紅旗》雜誌的社論。

來源：一九六七年至一九六八年的《人民日報》。

表 10-2 解放軍、工人、農民和文化機構左派 一九六七和一九六八兩年中對「最大的走資派」的批判

省市	1～6月(1967)				7～12月(1967)				1～6月(1968)				7～12月(1968)			
	解放軍	工人	農民	文化機構	解放軍	工人	農民	文化機構	解放軍	工人	農民	文化機構	解放軍	工人	農民	文化機構
北京	1	7	2	26	11	5	7	42	17	20	6	4	16	39	15	3
天津	—	2	—	—	—	3	3	5	—	4	1	—	1	8	3	2
上海	—	6	—	3	2	22	3	10	1	11	13	—	2	10	22	—
河北	—	1	2	—	—	—	8	1	1	1	6	—	—	10	2	—
山西	—	—	—	—	—	—	—	—	—	—	—	—	—	—	—	—
内蒙古	—	—	2	—	—	2	—	1	—	—	1	—	—	1	2	—
黑龍江	5	—	1	—	—	1	—	1	—	1	6	—	—	—	2	—
吉林	—	1	1	—	—	—	10	1	—	—	1	1	—	—	2	1
遼寧	—	—	2	—	2	2	5	1	1	1	13	—	1	6	3	2
山東	—	1	—	—	1	3	6	2	1	—	—	—	3	2	11	1
江蘇	—	—	5	—	3	—	21	2	5	—	6	—	2	3	13	—
安徽	—	1	1	—	—	—	1	1	—	—	—	—	1	—	—	—
浙江	—	—	—	—	—	—	—	2	—	—	—	—	—	—	5	—
江西	—	—	—	—	—	—	—	2	—	—	4	—	—	—	4	—
福建	1	—	—	—	4	—	1	—	—	—	—	—	—	—	—	—
廣東	1	—	—	—	—	1	1	2	—	—	1	1	5	2	4	—
廣西	—	—	—	—	—	—	—	—	—	—	—	—	—	—	—	—
湖南	—	—	2	—	2	1	2	—	6	—	6	—	—	2	4	—
湖北	—	—	—	—	—	3	3	—	—	—	—	—	—	—	—	—
河南	—	1	2	—	—	1	1	1	4	2	—	1	1	1	13	1
四川	—	—	—	—	—	—	—	—	—	—	1	1	—	—	1	—
貴州	—	—	—	—	—	—	—	—	—	—	—	—	—	—	—	—
雲南	—	—	—	—	—	—	—	—	—	—	—	—	—	—	—	—
西藏	—	—	—	—	—	—	—	—	—	—	—	—	—	—	—	—
新疆	—	—	—	—	—	—	—	—	—	—	—	—	—	—	—	—
甘肅	—	—	—	—	—	—	—	—	—	—	—	—	—	—	—	—
陝西	—	—	—	—	—	—	—	—	—	—	—	—	—	—	—	—
青海	—	—	—	—	—	—	—	—	—	—	—	—	—	—	—	—
寧夏	—	—	—	—	—	—	—	—	—	—	—	—	—	—	—	—
總計	7	18	18	29	25	40	70	71	33	38	60	5	32	88	104	10

資料來源：一九六七年至一九六八年的《人民日報》。

學、中國電影協會等。他們在批劉運動中起了帶頭作用。(見表10-2)

到了一九六七年下半年，批劉運動擴大到其他城市。雖然這時的主要參與者仍是北京的院校和文化機構，上海也有十個文化機構和二十二家工廠加入了批劉運動。農村公社參加批劉運動的數目也在增加，最顯著的是黑龍江和江蘇，分別有十二個和二十一個公社公開批判了劉的農業發展政策。對劉的各項政策的批判日益增加，軍隊也越來越積極地介入了批判。此期間由他們撰寫的批判文章達二十五篇，主要是針對劉的經濟政策。劉在此時第一次被稱作企圖在中國復辟資本主義的中國的「赫魯曉夫」㉙。同劉的鬥爭被稱爲「人民和走資派」間的鬥爭。

北京市在六八年仍扮演著運動的領頭角色。同其他地方相比，上海、河北、遼寧顯得較爲積極。北京的工廠在此期間發表了二十篇批劉文章，軍事單位十七篇。在上海，批劉文章主要來自工廠。此時軍事單位介入運動的程度頗深，在他們發表的文章中，有十七篇來自北京，其餘來自江西、甘肅等省市。同前一時期比較，來自院校和文化機構的文章幾乎不見蹤影。

一九六八年下半年，批判「黨內最大走資派」的文章已達二百三十四篇。投稿最多的是北京、上海、江蘇和河南等地。這一期間院校和文化機構寫的文章只有十篇，而軍事單位三十二篇，工人寫的八十八篇，農民一百〇四篇。在軍事單位的文章中，十六篇來自北京，其餘來自全國各地。工人的文章主要來自北京、上海、河北，農民的批判文章主要來自京郊、河北、山東、江蘇和河南。和前一時期相比，批判文章的內容大同小異，但工人的批判文章篇數大增。這些文章主要針對「多中心主義」、「專家治廠」和「利潤掛帥」，其目的並不

㉙　參閱《人民日報》一九六七年四月二十二日、二十四日，八月九日。

在於討論，而在於譴責「修正主義和資本主義」的劉少奇的工業路線。總之，批判「黨內最大當權派」的運動，乃由北京院校及文化機構的左派於一九六七年四月率先發起的。這說明一九六六年初毛派接管北京市委和中宣部的行動乃在於為上述批劉做準備。至一九六七年下半年，羣眾批判運動進一步擴大，到了一九六八年中已成為全國性的運動。由於這兩年大眾傳媒猛烈抨擊的結果，劉的聲望和領導地位受到極大削弱。這當然有助於毛派為打擊劉派而發起的奪權運動。

五、向「黨內的資產階級」奪權的運動

毛派操縱大眾傳播媒介，並用它掀起批劉運動，破壞劉派的聲譽和形象，這便為以後的奪權運動打下了基礎。結果，派性鬥爭擴大，不僅在中央政府層面出現，而且也蔓延到省級政府和各種地方機構，如醫院、工廠、院校和人民公社以及中央政府在地方的派出機構。毛派稱此為「以無產階級和勞動人民羣眾為一方，以資產階級及其在黨內的代理人為另一方的決定性的戰鬥」。

在中央一層，毛利用自己的權力來排除他心目中的敵手，其策略是：首先奪取最高層面的權力。一九六九年中央出現了大調整，政治局常委的六名成員中只剩下毛本人、林彪和周恩來。至一九六七年春，政治局十三個成員中有七個遭到撤換，六名候補委員中只剩下了兩人。中央書記處的十名成員有六人被打倒，其餘被調到次要崗位上。九十三個中央正式委員中有四十八人從政治舞臺上消失，不少人受到紅衞兵的嚴酷批鬥。六個地方局中的五個地方局第一書記遭到批鬥。國務院的十四個副總理有八個挨批，其中有些遭到整肅。

毛的文革對軍隊也不放過。軍隊領導也經歷了大變動，在勢力極

大的中央軍委裏，七名成員中有三名被趕下臺。軍內的主要受害者包括：國防部七名副部長中的三名，總參謀長和他的八名副手中的四名。權力極大的總政治部主任以及他的五個副手中的兩名，等等。這些重大變動均發生在一九六七年上半年。

中央政府和黨中央機關也在一九六七年下半年和一九六八年間經歷了大換班。然而，上述換班和整肅並未保證毛派抓住全國的領導權。抵抗勢力仍然強大，劉的許多支持者仍佔據著中央和地方政府的許多領導職位。因此，毛派必須將奪權運動擴展到黨政機關的所有部門及國家機構的各個角落㉚。

地方的奪權運動主要是依賴紅衞兵羣眾。任何讀過這一時期的《人民日報》、《解放軍報》、《文匯報》和《光明日報》等主要報紙的人，都能明顯看出毛派利用這些報紙來發動羣眾，爭取羣眾支持。例如，一九六七年初的《人民日報》每天都以近兩版的篇幅報導文革活動，後來又擴大至三或四版。至一九六八年一月，《人民日報》的六個版面有四個都用於報導文革的活動及奪權運動㉛。

一九六七年一月，上海有三十一個紅衞兵組織在從事「革命活動」。其中有一些是毛派直接從北京派去的，如北京航空學院「紅旗戰鬥隊」駐上海聯絡站。但是，毛派在上海卻遇到了眾多工人的強烈抵制㉜。張春橋領導的毛派組織反對「資產階級經濟主義路線」時，上海的「資產階級當權派」便以維護社會治安和生產爲名，對他們採取了強硬鎮壓㉝。在此情況下，張在動員工人支持方面碰到了很大困

㉚　Stanley Karnow, *Mao and China: From Revolution to Revolution*, London: MacMillan, 1972, pp. 317-337, 339-366.

㉛　此乃在這一期間從《人民日報》大略的估計。

㉜　參閱 Neale Hunter, *Shanghai Journal*, New York: Praeger, 1969, pp. 223-228.

㉝　《人民日報》，一九六七年一月九日。

難。一月十一日中共中央、中央軍委和中央文革小組利用傳媒表明他們對上海各派紅衞兵的支持。《人民日報》、《光明日報》和《文匯報》以大字標題公布這一指示。上海紅衞兵在獲悉這一支持後數小時內，來自工廠、學校和政府機關的「革命造反派」成羣結隊地湧向街頭。他們手中高舉毛的巨幅畫像和紅旗，口中高唱當時流行的「大海航行靠舵手」和「造反有理」等歌曲❸。緊接著，上海造反派又派出宣傳隊四處廣播毛對他們的支持。一隊隊的紅衞兵沿著上海的主要街道到處貼紅字大字報和大幅標語❸。 十二日， 數十萬造反派 舉行集會，發布火藥氣味極濃的清除上海「走資派」的綱領。據報導，至一月十三日，毛派已經控制了上海❸。

從這天起，《人民日報》、《光明日報》等便以相當的版面逐日報導「革命造反派」的活動❸。這些報紙稱上海的奪權樹立了革命榜樣，並號召全國向他們學習，與他們並肩戰鬥。接著，北京、天津、瀋陽、西安、廣州、武漢、成都和重慶等大城市和其他許多城市的毛派分子也起而對當地的「走資派」採取猛烈的打擊行動❸。據報導，昆明、武漢、廣州和北京的陸海空三軍及內蒙、新疆、西藏軍區也學上海的樣子，打倒當地的「走資派」❸。整個國家於是陷入了一場激烈的權力鬥爭之中。這場發生在一九六七年一月的全國大動亂被毛派稱爲「一月革命」。在這個一月裏，毛派操縱大眾媒介動員羣眾支持他們從「走資派」手中奪權是相當成功的。他們用傳播媒介將上海一

❸ 《人民日報》，一九六七年一月十二日。
❸ 《人民日報》，一九六七年一月十二日。
❸ 《人民日報》，一九六七年一月十三日。
❸ "Red and Expert Relationship Analyzed", *Ta Kung Pao Weekly Supplement*, No. 618, April 27–May 3, 1978.
❸ 《人民日報》，一九六七年一月十三日。
❸ 《人民日報》，一九六七年一月十三日。

地的奪權鬥爭擴大爲全國運動。不過，紅衛兵是否能够全面接管，這
又當別論。

　　利用紅衛兵 早在 一九六七年一月末 就出現了問題。一月三十一
日，《解放軍報》發表社論，號召各派紅衛兵團結起來，進行大聯合，
消除「各自派別的利益」。《人民日報》於二月三日以全版轉載了這
篇文章，《紅旗》雜誌也採取了同樣態度。該刊二月號的評論指出，
毛一直強調「革命紀律」的重要性：「毛主席反覆指出，必須反對小
資產階級的極端民主，反對破壞紀律的自由主義。」「我們必須加強
黨內紀律教育，因爲團結一致的紀律是革命勝利的前提。」

　　《人民日報》立即於二月四日全文轉載了這篇文章。幾日後，該
報也討論了這一問題。例如，一篇題爲〈加強紀律性，革命無不勝〉
的文章指出，紅衛兵運動受到非組織觀點、極端民主化、自我中心、
主觀主義 等的污染。文章接著說，有些同志 忽視了革命紀律的重要
性，缺乏無產階級的組織紀律性❹。《解放軍報》、《紅旗》雜誌等
主要報刊雜誌也經常發表類似的文章。爲了減少紅衛兵、幹部和解放
軍之間的磨擦，《人民日報》於二月號召他們進行「三結合」❹。在
較高層面，「三結合」能够有效地聯合所有革命力量。但在羣眾中，
這期間「三結合」並不能有效地聯合四分五裂的紅衛兵。解放軍因此
被派出維持和恢復社會秩序❹。由於廣泛的權力鬥爭，農村的生產活
動中斷，許多農民離田參加奪權運動。公社、大隊、和生產隊的許多
幹部遭到批鬥和清除。於是，毛及其支持者又面臨著生產急劇下降的
嚴重問題。這一形勢迫使毛號召工人和農民回到自己的工作崗位上去

---

❹　《人民日報》，一九六七年二月八日。
❹　《人民日報》，一九六七年二月十一日。
❹　《人民日報》，一九六七年二月十八日。

從事生產活動➍。

在文革後來的 發展過程中， 毛及其同伙 繼續控制著 大眾傳播媒介，並不斷利用來鞏固自己的地位。傳媒被多方面地用來發動羣眾，爭取支持；而它明顯地所扮演的角色，乃是不斷地抨擊蘇修和「美帝侵略越南」。這對奪權運動和鞏固毛的領導地位來說是極其重要的。

小　　結

毛擊敗對手的策略是：利用傳播媒介來詆毀劉少奇和發動羣眾奪權。把劉少奇和蘇修相提並論，「反蘇修」便成了一件強有力的政治武器。毛派於一九六七年一月初接管中宣部後不久，便掀起了一場向各大報紙奪權的鬥爭。到了一月中旬，《文匯報》和《解放軍報》便已被他們控制。緊接著，高層的毛派分子便加緊了對「蘇修」和「美帝侵略越南」的攻擊。值得注意的是，對蘇修於六七年的公開抨擊運動對傳媒批劉起了推波助瀾的作用。在此期間，《人民日報》的批判文章急劇增加，將蘇修和劉派聯在一起。通過這種手段，毛得以迅速破壞劉的政治形象。如果當時不首先詆毀劉少奇的形象，毛派在一九六八年的奪權運動中將會遇到更多的困難。總之，排外在當時的政壇上成了一件摧毀內部敵人的有力武器，是顯而易見的。

➍　一九六七年三月十三日《人民日報》社論呼籲春耕期間停止奪權活動。同年三月十八日中共中央命令工人回廠工作加強生產。黨並且命令解放軍幫助管理工廠、維持秩序，工人必須與解放軍合作，導致軍管的局面。

卷 四

現代化與排外

卷 四

第十一章

排外的低落與四個現代化

一九四九年至一九六七年間，中國的對外政策以及國內政治，深受毛的反帝思想以及其對世界形勢的看法所支配。隨著毛的去世，中國的內部發展與對外關係均進入了一個新的時期。本章將探討促使排外在一九七〇年以後逐漸低落的諸因素，分析四個現代化與反帝思想的矛盾。對這段時期中國的排外情緒的觀察和分析，仍將基於當時大眾的傳媒和羣眾排外示威。

一九七二年，傳播媒介對外國的攻擊和羣眾排外示威急劇減少。北京政府的這一對外政策上的變化，似乎不僅僅與領導階層的變動有關。國內外形勢的發展 也是造成這種 變化的重要原因。 本書研究認爲：中國對外關係的發展，特別是對美國關係的改善，中國加入聯合國，四個現代化，均使北京修正其反帝的基本信念；過去，反帝的基本信念正是毛澤東對外政策的核心。

一、 排外與現代化

「反美帝」的意識導致了中國與西方的隔絕。「反美帝」不僅反「美帝」，而且反所有的西方國家。排外情緒藉助強大的宣傳機器，

包括傳播媒介、傳單、宣傳隊等等，滲透到了社會的每一個角落。學生、工人、士兵和幹部不斷受到此類宣傳，耳濡目染，以致許多人無形中接受了這種思想。歸納起來，排外宣傳對一九四九年至一九七〇年這段時期中國的現代化發展至少產生了如下三種負作用。

其一，文化上，由於長期與外界隔絕，西方的文化藝術難以進入中國社會，雖然西方古典文學藝術作品還得到中國當局的尊重。例如，柴可夫斯基、貝多芬、蕭邦等人的作品仍被中國當局所接受，並介紹給中國的藝術家和人民。莎士比亞的作品被譯成了中文。但是，當代西方藝術家和社會科學家的作品在這個封閉的社會裏則完全遭到禁止。在中國當局看來，西方的近代藝術代表著資本主義文化情感的腐朽和道德的沒落，西方社會科學背離馬克斯主義，近於異端邪說。除了批判西方文學藝術的論述之外，西方的作品極少被介紹進中國❶。與西方國家交流的中斷，不可避免地阻礙了思想文化上的發展。

其二，排外對中國國內安全政策發生了巨大影響。即使在文革之前，外國人在中國也是不受當局信任的。一般說來，當局往往懷疑他們在從事間諜活動。當局對「間諜」下的定義相當廣泛；任何與外國人有聯繫或給外國人提供信息的人，都被視為「裏通外國」❷，因此，當局不鼓勵人民與外國人交朋友或互通信息。這自然地形成了一種將外國人與中國社會隔離的政策。此外，一大批受過西方教育的學者、知識分子以及和外國人有聯繫的人，都在反右和整風運動中被清算。其中有不少人被指控為特務而被判刑。

這種禁止與外國人溝通的政策，自一九四九年以後便開始了。和外國人接觸，必須經公安和政府的外事部門批准，聽其安排。該政策

---

❶ 作者與大陸出來的文化界人士面談資料（以下稱「面談資料」）。
❷ 同上註。

一來使中國人完全與外界隔絕，從而在中國人民和世界各國人民之間造成了鴻溝，使中國無法接受外界的影響；另一方面，令中國人民對外國和所有外國人都不信任。在政治運動期間，激進分子還會對外國人表示出激烈的敵視態度。

其三，排外對中國經濟發展同樣產生了嚴重的影響。甚至在文革以前，中共當局便推行自力更生的經濟發展政策。假如中國有發展本國工業技術堅實的基礎的話，這種政策或許有情可言。但是，在文化革命中，由於反帝思想和排外情緒的衝擊，這項政策導致了全面地排斥西方先進技術，帶來了嚴重後果。

由於與外國溝通中斷，中國科學家和工程師無法從西方獲得新的資料與信息。「閉關自守」的政策令中國科學家無從學習西方的先進科學技術和新的管理方法。再加上阻止購買西方工業品和缺少資金，這一激進的「自力更生」政策為中國的經濟發展帶來了自殺性的後果。對西方經濟和科技、社會科學盲目的批判所造成的偏見，使中國科學家和知識分子無法從西方的發展中學到東西。

二、四人幫與四個現代化

在七十年代初期，排外對於強調採用西方先進技術和購買外國設備的現代化政策來說，成了一種思想上的障礙。如前所述，「左」與排外相互促進，螺旋式上升，導致了無休止的政治運動。文革奪權運動之後，左派的排外思想依然存在。中央一級的黨政機關裏，在「四人幫」領導下，極左分子形成了一股政治勢力。文革後期，經濟發展停滯不前，迫使中國務實派的領導人再次向國外尋找解決的方法。這種現代化的政策，原可導致中國與西方關係的和解，但卻遭到了極「

左」派的反對。「左」與排外相互唱和，反對周恩來的務實的經濟政策。如同五十年代中排外被用作政治武器來發動一系列運動並清除與西方國家有關係的「右派分子」一樣，七十年代初，排外被利用來反對從西方進口技術設備的現代化政策❸。

一九七〇年三月，《紅旗》雜誌刊登了一篇題爲〈打倒買辦洋奴哲學〉的文章寫道：

> ……「尋找別人幫助」實際上是依靠甚麼人的問題，是依靠資產階級還是依靠無產階級的問題。假如你凡事都要「洋、大、全」，凡事都要「尋找別人幫助」，那麼你只有向資產階級乞求幫助，做外國人的奴隸。我們依靠的是用毛澤東思想武裝起來的中國工人階級。我們依靠我們自己，促進社會主義協作，發動轟轟烈烈的、腳踏實地的羣眾運動❹。

這篇文章不僅攻擊那些有意購買外國設備的人，同時也攻擊那些曾對西方技術發展有興趣的人。文章又寫道：

> ……買辦洋奴哲學的另一表現就是盲目地相信外國數據。在某些人眼裏，所有西方工業技術數據都可稱爲「文獻」，而「文獻」是「基礎」。一旦他們找不到這種「基礎」，便不敢越雷池一步。一旦他們找到了這種「基礎」便視每一個字爲金科玉律，全盤照抄、移植。即使對已經長期被否定的東西，他們也不肯做任何改動❺。

---

❸　〈爲革命沒有克服不了的困難〉，《紅旗》，一九七〇年一月一日，第一期。

❹　〈打倒洋奴哲學〉，《紅旗》，一九七〇年四月，第四期。

❺　同上註。

一九七一年至一九七四年間，排外又一次成了左派手中的有力武器，他們巧立名目，再次發動了政治運動，批判周恩來及其同事支持的「資本主義政策」。結果導致了一九七四年國民經濟生產的衰退❻。西方先進技術的引進，再次受到了左派的挑戰。

當時反對現代化政策的左派總代表「四人幫」掌握了黨的宣傳工具和大眾傳播，廣爲宣傳他們對現代化政策的抨擊。周恩來去世後，左派對引進西方技術設備的政策的攻擊，可以從一九七六年初對鄧小平的批判之中明顯地看出來。例如，當年四月，左派將學習西方技術和購買外國設備的政策斥爲「洋奴買辦哲學」和「爬行主義」。這種政策被視爲代表了反社會主義的修正主義路線❼。他們發表了大量文章，反對鄧小平的政策及其政治思想。一九七六年中期，左派的論調變得更強硬。七月份，《紅旗》雜誌刊登的一篇題爲〈評鄧小平的買辦資產階級經濟思想〉的文章指出：

> 近百年的歷史經驗告訴我們，企圖依靠帝國主義提供技術和貸款來發展經濟，使中國富強，只是一種幻想。清末的洋務派曾經鼓吹所謂「借債興利」，認爲只有用國家資源作抵押，向帝國主義國家大量借款，「仿行」外國技術辦工業，才是中國「自強之機」和「安身立命之端」。事實恰恰相反，正是他們的這一套完全適應了帝國主義傾銷商品、輸出資本、瓜分中國的需要。洋務運動不是甚麼中國的「自強之機」，而是使中國越來越陷於民窮財盡；不是甚麼「安身立命之端」，而是使民族危機日益加深❽。

---

❻　〈艱苦創業三十年〉，《紅旗》，一九七九年十月，第十期。
❼　〈批判洋奴哲學〉，《紅旗》，一九七六年四月，第四期。
❽　〈評鄧小平的買辦資產階級經濟思想〉，《紅旗》，一九七六年七月，第七期。

　　左派在這裏運用毛關於帝國主義的理論做思想武器，批判吸收外國技術和購買外國設備的方針。他們將這種政策斥責爲「復辟資本主義」、「反對社會主義革命」、「繼承了資產階級洋奴和賣國賊的衣鉢」。這類意識形態鬥爭一直持續到一九七六年十月「四人幫」被捕，卽大約在毛逝世後一個月。

三、一九七一年以後的社會變化

　　一九七一年以後，排外在中國已有低落的跡象。雖然這段時期的政治控制並沒有放鬆，反帝政策，特別是反美帝政策，仍然在黨的路線中佔主導地位，可是由於文革中的社會政治動亂，強烈的排外已逐漸失去社會支持。當時，政治上已出現嚴重的問題。例如，黨的組織被「革命左派」所破壞，一大批曾任主要領導職務的老幹部受批鬥，遭到公開污辱。黨的領導地位及其理論和權威已受到懷疑。解放戰爭時的大英雄，如彭德懷、朱德、陳毅、羅瑞卿等都受到嚴厲的批判與凌辱。國家主席劉少奇，沒有通過任何法定程序，便遭逮捕。這些事件使人感到困惑不安，對與錯、左與右、革命與反革命之間的區別變得模糊而混亂。這使得很多人對政治變得冷漠，對黨的領導及其理論表示懷疑。他們再無興趣參加甚麼政治運動❾。正是這種心理使人們不再積極地參與國內政治。

　　另一項變化是對從西方發達國家尋求技術知識和經驗發生興趣。特別出人意料之外的是與西方接觸的增加。中國到一九七〇年爲止，

---

❾ This is based on my interview with several youth who came from China around 1977-1978. Hereafter cited data from interview.

與西方世界隔離已近二十年之久，因此向西方學習的慾望之強烈異乎尋常。長期的隔絕刺激了對西方發展探討的興趣。實際上，當時社會的貧窮，「左」與排外帶來的痛苦經驗，皆使人們產生了對西方的好奇心和與西方接觸的興趣。同時皆使人們感到要解決中國問題，必須多與西方國家接觸。

　　如上所述，中共早先曾將西方社會視爲腐朽、混亂、不人道的以及人剝削人的社會。在長期地和西方隔絕、中外交往受到嚴格控制之後，雖然有些知識分子常對傳播媒介描寫的西方形象表示懷疑，大部分人一時仍無法改變這種現象。在共產黨奪取政權以後的二十年中，「腐朽、沒落」、「一天天爛下去」的西方形象已深入民心，似乎無可懷疑。然而，中國乒乓球隊在一九七二年訪問美國、加拿大和墨西哥時所攝的一部電影，卻震撼了千萬觀眾，造成對以往西方形象的挑戰。這部影片顯示出這些西方國家的人民並非青面獠牙，反而對中國人非常友好。此外，它還向人們展示了這些國家的市容、建築物、工廠以及工人們的生活環境，讓人們看到了這些國家的繁榮。這部電影在中國各地上映，中國人看到的不是頹廢和墮落，而是西方在技術上遠比中國人先進的事實。繼這部電影之後，又出現了越來越多的關於一些歐洲國家工農業發展的報導。這些報導反映了一種觀點，即西方並非像中國人從前相信的那般墮落和混亂⑩。不久又有大量的日本產品輸入中國。日本產的小轎車、貨車、工具、錄音機、收音機、手錶、衣料等相繼在中國市場上露面，成爲消費者爭購或嚮往的東西。所有這些都進一步證明了中國比日本和其它西方國家落後。自然地，一種想在消費品和生活方式方面效仿西方的強烈願望，很快流行整個社會。

⑩　面談資料。

政策方面的某些變化也反映出排外在中國社會中的低落。最明顯的例子便是對西方藝術政策的改變。如同一九六七年以前一樣，西方古典音樂和歌曲再度流行⓫。對西方思想文化的否定態度開始動搖。有些社會科學科目重新在大學課程裏出現。對藝術和文化的公開討論已不再被禁止，以往的禁忌放鬆了。這些社會變化和態度的轉變並非無緣無故。中國越是意識到自己的落後，西方文化便對中國越具有吸引力，「左」及其排外傾向便越失去了號召力。

四、排外的衰落

一九七一年至一九八○年期間排外的低落顯然與北京一九四九年至一九七○年期間強硬的反美論調成對照，中國對美國在印度支那所扮演的角色所持的低調，成了中國一九七一年以後的國際行為的特點。這一特點最早見於一九七○年和一九七一年的巴黎和談。除了少數例外，中國政府不會發表聲明，對美國的政策僅僅發表了一些敷衍了事的指責。北京對美國在一九七二年五月對北越港口佈雷封鎖以及美國在一九七二年對河內和海防的聖誕節大轟炸兩件事的反映，進一步印證了北京的這一新態度⓬。從那以後，譴責「美國侵略罪行」的言論和羣眾示威遊行越來越少見了。

對北京的羣眾排外示威的仔細觀察，可以幫助我們了解中國對美國態度的急劇變化。（見圖表11-1）首先在一九七一年，反美羣眾示

⓫　面談資料。

⓬　Kenneth P. Landon, "The Impact of the Sino-American Detente on the Indochina Conflict", in Gene T. Hsiao (ed.) *Sino-American Detente and Its Policy Implications*, New York: Praeger, 1974, pp. 210-213.

表 11-1 排外示威之衰落，一九六七年至一九八〇年

年份	對象			總計
	美國	蘇聯	其他（包括印度）	
1967	9	54	78	141
1968	144	0	10	154
1969	0	337**	25	362
1970	260	0	0	260
1971	27	0	0	27
1972	16	2	0	18
1973	10	1	2	13
1974	5	3	2	10
1975	6	0	0	6
1976	3	1	1	5
1977	1	3	0	4
1978	0	0	0	0
1979	0	1	0	1
1980	0	0	0	0

＊＊這些示威主要是針對蘇聯且與邊境衝突有關。不過，其中多次示威也有針對「美帝」及其與「蘇聯」的勾結。

資料來源：一九六七～八〇年的《人民日報》。

表 11-2 反美排外示威，一九七〇年五月、六月

日期	越南	朝鮮
五月21	4	0
22	24	0
23	3	0
24	93	0
25	62	0
26	61	0
六月25	1	11
總計	249	11

資料來源：一九七〇年五月——六月，《人民日報》。

威活動的次數爲二十七，其中十一次與越南有關，九次是針對美國在老撾和柬埔寨的「侵略罪行」，七次與朝鮮問題有關，一次是與臺灣問題有關。這與中國以往的做法大不相同。一九七〇年，中國羣眾排外示威有二百六十多次，其中二百四十九次是反對美國在越南的「侵略罪行」，十一次是與朝鮮有關的。（見圖表11-2）這表明中國不但改變了對「美國在越南」的態度，而且也改變了對美國整個國際行爲的態度。

到一九七二年，羣眾排外示威減少到二十次，其中十八次是針對美國，但只有兩次是具體指責美國在越南的侵略罪行的。一九七三年，羣眾排外示威次數降至十三次，其中有十次是針對美國的。羣眾排外示威在一九七四年減少到十次；一九七五年減少到六次；一九七七年減少到四次；一九七八年降至零。一九七九年一月，發生一次譴責越南在蘇聯支持下侵略柬埔寨的羣眾示威❸。雖然北京與河內關係緊張，但對越南迫害歧視華僑以及其對中國領土的多次進犯，北京並沒有組織任何羣眾示威。

排外示威次數的減少是一個指標，藉此我們可以看出北京排外的低落。另一個指標是排外示威規模的減小。一九四九年至一九七〇年期間，有多次至少有十萬人參加的示威活動。一九五〇年到一九五二年間的反美侵朝的示威活動，參加人數動輒超過百萬❹。在一九六七年至一九七〇年期間，反美侵越的示威大部分超過十萬人參加。（見圖表11-3）但是一九七一年以後，沒有任何一次羣眾示威的參加人數超過十萬的。將圖表11-3與11-4作對照，我們便可以看出一九七〇年

❸ 參閱《人民日報》，一九七九年一月十九日。

❹ 參閱 Peter Cheng, *A Chronology of the People's Republic of China*, A Littlefield, Adams, New Jersey, 1972, p. 12. 根據此資料，近兩億人口參加一九五一年五月一日之抗美援朝的示威遊行。

排外運動與一九七一年排外運動的明顯差別。

表 11-3 反美排外示威，一九七〇年五月二十一日至二十二日

對象	日期	次數	地點	大概參與人數
支持越南	五月二十一日	4	北京	100,000
人民抗美			上海	500,000
			天津	400,000
	五月二十二日	24	瀋陽	200,000
			廣州	400,000
			武漢	400,000
			西安	400,000
			南京	200,000
			昆明	200,000
			福州	120,000
			南寧	150,000
			杭州	200,000
			哈爾濱	200,000
			長春	100,000
			宜川	50,000
			蘭州	200,000
			拉薩	50,000
			烏魯木齊	200,000
			南昌	150,000
			濟南	300,000
			石家莊	100,000
			太原	300,000
			合肥	130,000
			鄭州	250,000
			長沙	300,000
			西寧	100,000
			貴陽	200,000

資料來源：一九七〇年五月的《人民日報》

表 11-4 一九七一年反美排外示威

對象	日期	地點	大概參與人數
支持越南抗美暨	1月1日	昆明	100,000
慶祝越南民族解放	1月2日	昆明	6,000
陣線成立十周年	1月3日	南寧	100,000
	1月9日	南寧	6,000
	1月11日	南寧	3,000
支持越南抗美	3月19日	北京	3,000
支持越南抗美暨歡迎	11月23日	北京	10,000
越南民主共和國代表來訪			
贊揚越南反帝傳統	12月17日	南京	解放軍

資料來源: 一九七一年《人民時報》

五、美國和聯合國

如前所述, 北京的排外低落可見於一九七一年, 到了一九七九年, 排外進一步日趨低落。一九七一之後, 願與西方和解談判的跡象已經顯而易見, 中國與外國的外交關係在一九六九年至一九七一年間有了極大的發展。一九七一年, 北京的對外政策變得更加實際和富有彈性[15]。一般人認為, 在一九六八年蘇聯入侵捷克和一九六九年中蘇邊界衝突以後, 中國對美國的政策已趨向緩和。但排外的低落絕不僅僅是因為某一單一原因。各種國內外形勢的發展變化, 促使北京放棄了羣眾排外示威。

一九七一年以來的國際形勢的發展, 令北京對外來威脅的看法有所改變。美國外交政策的改變, 是世界形勢中最重要的變化。特別是美國決定從越南撤軍, 修改其在亞洲的承諾及決定和中國接觸等等。中

---

[15] Byron Weng, *Peking's UN Policy: Continuity and Change*, New York: Praeger Publishers, 1972, pp. 172-174.

美緊張關係的緩和開始於 一九七二年二月二十八日 的 《上海聯合公報》。與華盛頓改善關係，對北京的全球戰略來講至關重要。這顯然使北京減輕了對「美帝國主義」和國民黨入侵的威脅的擔憂。另外，這種關係的改善也改變了自一九四九年以來就形成的「反美帝」心理⑯。如前所述，一九七一年以前大部分的示威都是針對美國的，一貫強調美國的形象一是「反華」，二是「敵人」。隨著美國威脅的降低，這兩個形象也逐漸失去其心理影響。上海公報簽署以後，中國感受的外部威脅，進一步從「美帝」轉向「蘇修帝國主義」。美國對華和對亞洲的政策影響極大，其作用實難以衡量。不過，自一九七一年以來，北京也盡量不用羣眾示威來抨擊蘇聯的威脅。

第二項重要的變化就是中國加入聯合國。回顧當初，聯合國對中國擴大其外交關係有著極大的價值。北京加入聯合國後，四處活動，致力在外交上孤立臺灣，終於令臺灣被逐出聯合國。加入聯合國不出三年，北京便取得了重大的政治突破，特別是在亞洲。到一九七五年秋，已有一百多個國家承認中華人民共和國，或恢復了同中國的外交關係。中國和日本、菲律賓、泰國建立了正式關係⑰。雖然直到一九七九年初， 中美關係才恢復正常化， 但在這之前， 美國在亞洲的盟國，除了南韓、新加坡和印尼以外，都斷絕了同臺灣的外交關係，而與北京建交。

此外，聯合國又為北京提供了對各種問題發表意見的渠道。在一九四九年至一九七〇年這段時期裏，北京常通過羣眾排外示威來表達

---

⑯　Jerome Alan Cohen, "China and the United States: When will the 'Normalization' of Relations be completed?" in Francis O. Wilcox (ed.) *China and the Great Powers*, New York: Praeger Publishers, 1974.

⑰　《學時事》，香港文匯報，一九七五年二十期，頁一九至二一。

其對重大國際衝突的立場。一九四九年至一九七〇年間北京經常發動
羣眾排外示威遊行，表明她在國際爭端中的立場，最爲突出的是對越
南的支持。從一九七〇年加入聯合國後，北京則充分利用聯合國大
會和安理會來對有關越南的問題提出抗議。在一九七九年和一九八〇
年，聯合國渠道的重要性變得更加明顯。例如：北京抨擊殖民主義，
對柬埔寨波爾布特政權的支持，對越南入侵柬埔寨和一九七九年初進
犯中國邊境的抗議，對蘇聯自一九七六年以來在東南亞擴張勢力的攻
擊，都是通過聯合國發表的❸。在表達抗議時，中國是以充分利用聯
合國來取代羣眾排外示威的。羣眾排外示威是一九七一年以前北京的
主要抗議渠道❾。而自中國加入聯合國以來，在發表意見和提出抗議
方面，北京已不是那麼需要用言論攻擊和羣眾的排外示威去反對外國
了。

六、四個現代化與意識形態的變化

　　國內因素也是促使中國國際行爲發生變化的重要因素。它與美國
外交政策的改變和中國加入聯合國同等重要。許多事實證明，自一九
七一年以後，以周恩來爲首的務實派，已逐漸穩固地控制了國務院的
權力。在對外關係上，他們對美國採取溫和政策；在國內發展上，推
行務實主義的經濟政策。自一九七二年二月尼克森訪華之後，中國領
導人馬上降低了他們對美國的敵意。雖然兩國之間仍有許多問題尚待

---

❸　參閱Samuel S. Kim, *China, The United Nations, and World
Order*, Princeton: Princeton University Press, 1979, pp. 97-
177.

❾　〈聯合國與反對霸權主義〉，《學時事》，一九七五年，第十九期，
頁二〇至二一。

解決。除此之外，周恩來在一九七五年提出的新經濟政策，強調通過經濟發展實現現代化，更進一步加強了北京對美國和其它西方國家所採取的溫和政策。

如果說美國外交政策的改變和中國加入聯合國減輕了來自美國的威脅，並給中國提供了向外界發表意見的適當渠道，那麼「四個現代化」的政策，無疑逐步消除了北京的「反帝」思想。這一思想是多年來反西方的基礎。四個現代化是一套在經濟方面西化來促使中國現代化的計劃。農業、工業、國防和科學技術現代化的目標，在於為中國的整個物質生產領域帶來全面的、根本性的技術改革，用世界上最先進的科學技術改善國民經濟和國防❷。自一九四九年，在北京的意識形態領域裏，毛澤東思想與馬列主義一直起著主導作用。可是現在，階級鬥爭、自力更生和動員羣眾已不再是促進中國經濟發展的手段。不斷地強調四個現代化無疑表明北京的意識形態已發生了極大的變化。

由於技術和科學知識是發展四個現代化的根本，北京在政策上亦作了一些重要的改變。首先是減少黨對文化和教育的控制。多年以來，北京政府不大注重教育，特別是高等教育。培養「專家」或專業人員曾被認為是使少數人獲益。這些人會高人一等，會成為一個特權階層。因此，一九七七年以前，高等教育普遍不受重視，特別是在文化革命期間，知識分子不被看作是勞動者，常受到嚴厲的批判或整肅。在一九七八年四月的教育工作會議上，鄧小平公開斥責了對知識分子和腦力勞動者的舊政策❷。他呼籲重視教育，主張教育政策與國

---

❷ Xue Yongying, "The Four Modernization: A Deep-going Revolution", *Beijing Review*, September, 1978.

❷ 鄧小平：〈在全國教育工作會議上的講話〉，《紅旗》，一九七八年，第五期。

民經濟發展結合起來。推行高等教育現被視爲推廣和提高技術和科學知識的必要條件，是實行四化建設的關鍵所在。他要求領導幹部在工作中表現出民主作風，虛心聽取科技人員的意見，積極支持他們的合理化建議，鼓勵他們大膽地分析問題，解決問題㉒。這樣，以往受到批評和清算的「專家」，逐漸恢復了名譽。

第二，有關思想解放的討論不斷增加。隨著思想控制的放鬆，對解決問題的方法可以開展更多的討論。這樣，思想上的解放令意見的交換更自由，給人們更多的選擇，從而提高人們爲四化工作的熱情㉓。總之，推行新的經濟政策需破除以往對領導者的神化，並摒棄情緒化的羣眾運動。思想解放意味著比較能够接受外國的對四化有幫助的思想。它允許人們與外國的事物接觸，以增加他們的知識面。思想解放還允許人們與外國的知識分子交換意見，以及交流科技和敎育。雖然如此，思想解放仍受種種限制。七十年代末民主運動如魏京生、傅月華等，顯然是超過了界限。卽使務實派的領導也認爲，任何對領導人和國家的批評，仍必須在民主集中制的範圍內進行㉔。思想上的自由化在藝術、社會科學、管理以及科學技術方面已愈來愈明顯。期刊、雜誌數目不斷增加，便是思想開放的體現。

雖然現時對思想開放的前景作預言仍爲時過早，但許多事實表明，黨採取這一政策，放鬆意識形態的控制，旨在配合四化的發展，並非毫無限制的。

㉒　〈論對知識分子的政策〉，〈人民日報評論員〉，一九七九年二月二日。

㉓　郭羅基：〈思想要解放，理論要徹底〉，《紅旗》，一九七九年，第三期（三月一日）；〈解放思想，加强四個現代化步伐〉，《人民日報》一九七八年十月二十三日。

㉔　王福如：〈四個現代化和社會主義民主〉，《紅旗》，一九七九年，四月，第三十四期。

第三，接受外國科技和投資成爲必要。因爲四化的目的是在整個物質生產領域進行根本的技術改革，科技就顯得極爲重要。中國本身沒有足夠的科技，必須從外國引進。可是進口外國科技需要資金，北京政府不得不吸引外國投資來發展其工業。向西方開放勢在必行。除了增加對外貿易外，中國也努力發展旅遊業，招徠外資在中國興建賓館㉕。最重要一種吸收外資的途徑是創辦「經濟特區」。

以前，毛澤東抨擊資本主義國家通過帝國主義政策剝削人民，破壞經濟。這是他譴責外國在華投資的理論。毛擔心中國經濟會像殖民地時代那樣落入洋人手中。時移世易，這樣的看法如今被修正，中國竭力鼓勵外國投資，不再擔心外國人全盤控制工廠。而且，按「中外合資經營法」與外資合辦的工廠和賓館，過一段時期之後，大多數將自動轉爲中國當局經管。北京希望外國可以給中國帶來先進的技術、管理方法和資金，以促進中國經濟的發展。四個現代化是中國共產黨歷史性的發展。四化的目的和以往洋務運動的目的一樣，但計劃和方法卻有所不同。這令中國面貌一新。毛曾相信，即使在社會主義階段，階級鬥爭也是必要的，但進行四化的先決條件便是要有一個安定團結的社會環境。因而鄧小平呼籲全國安定團結，而不是階級鬥爭。雖然目前的四化運動的目標與以往相同，即要建設一個以現代化工業和先進科學技術爲基礎的社會主義強國，但用以實現這一目標的政策卻大相徑庭。實際上，新的變化並不限於思想開放、重視教育和接受外國科技和投資，更重要的是人民基本信仰的普遍的更新。

㉕ Susumu Awanhara, "Leaning on a New-found Friend", *Far Eastern Economic Review*, Hong Kong, December 1, 1978.

七、國防現代化與反對蘇聯帝國主義

總的來說，目前的四個現代化與晚清和二十世紀初期的現代化計畫一樣，都具有內求國富、外爭國權的雙重性。與人民戰爭的概念相比，新的政策強調國防和軍事科技的現代化。四個現代化對反對帝國主義，特別是蘇聯帝國主義的侵略有極大的意義。與以前的那種倚重羣眾路線、羣眾運動，動員成千上萬學生、工人、農民和士兵參加反帝集會的作法相反，新政策主張以國防現代化來抵禦外部敵人的進犯。五屆人大以後，《人民日報》和《紅旗》雜誌的一篇聯合社論寫道：

> 我們必須使人民意識到，實行社會主義現代化不僅僅是經濟領域內的艱巨任務，而且更是政治領域中的當務之急。它關係到我們能否有強大的國防以抗擊帝國主義和社會帝國主義的侵犯的問題㉖。

可見與過去一百多年一樣，四化的政治目標仍然是建設一個能够攘外安內的強大的中國。在《北京周報》一九七八年五月發表的一篇題爲〈中國進入了一個新時期〉的文章中，說得很明白：

> 沒有四個現代化，建設一個強大的社會主義國家是不可能的，對內來講，強大的社會主義國家就是階級敵人不可顛覆的國家。對外來講，她是一個任何敢於入侵的敵人所不能征服的國家，無論它們是用核戰爭還是用常規戰爭，這些敵人最後還是

㉖ 〈愚公移山，改造中國〉，《人民日報》，社論，一九七八年三月六日。

要被我們消滅。只有當我們將中國建設成了一個強大的社會主義國家，為我們無產階級專政奠定了豐富的物質基礎，我們才可穩步地向共產主義的光明未來邁進㉗。

強調先進軍事技術，就需要有世界先進水平的工業部門，這樣才能鞏固國防。《北京周報》的一篇題名為〈加速現代化的國防建設〉的文章寫道：

> 在建設一個現代化國防過程中，我們必須處理好國防建設與經濟建設的關係問題。強大的國防必須有強大的經濟建設做基礎。只有更快地進行經濟建設，才可能有國防建設的更大進步。假如工業、農業、和科學技術不進步，國防如何能取得現代化？……生產更多的糧食、鋼鐵、石油和其他的工農業產品，發展科學技術，便是對我們的國防建設作貢獻了㉘。

目前的現代化顯然同時也對國防承擔了義務。工業、農業、科學技術的現代化不僅對國民經濟來說是重要的，對國家軍事實力來說也是重要的。只要中國一天對中蘇邊境上的強大軍事感到威脅，加強軍事實力對中國來講，便是不可忽視的。雖然中國的排外已低落，反對蘇聯帝國主義卻仍然繼續，所以，排外的低落並不一定意味著防蘇政策的改變。因此，反帝國主義這一目標，在目前北京政策中仍然存在。反帝雖然仍是爭取民族平等獨立自由的目標，但現在卻不帶有強烈的羣眾情緒色彩了。這同國民黨時期的反帝政策頗為相似。

㉗ "China Enters A New Period," *Beijing Review*, No, 20, May 19, 1978.

㉘ "Speed Up the Modernization of National Defence", *Beijing Review*, No. 32, August 5, 1977.

八、四個現代化與反帝思想

一九七四年，毛主席說：「在我看來，美國和蘇聯是第一世界。日本、歐洲和加拿大是第二世界。我們是第三世界。除日本以外，亞洲屬於第三世界。整個非洲和拉丁美洲也屬第三世界。」㉙ 美國與蘇聯均被視為帝國主義超級大國，是世界上最大的剝削者和壓迫者，是最大的戰爭勢力與侵略勢力，是全世界人民的共同敵人。根據北京的分析，蘇聯是「更兇惡的、更冒險的、更奸詐的、更具危險性的世界戰爭根源。」一九七六年毛指出：「美國要保護他在世界上的利益，而蘇聯要擴張，這是不可改變的事實。」㉚ 同時，北京仍然認為，「美帝國主義」並沒有改變其侵略與霸權主義政策，也沒有放棄對國內外人民的剝削。因此，美國與蘇聯這兩個霸權主義國家不可避免地會陷入衝突和戰爭㉛。第三世界是由非工業化的亞洲、非洲和拉丁美洲國家組成的，它們是美蘇兩個超級大國侵略和剝削的主要受害者。北京宣稱，第三世界國家和人民是反帝反霸的主要力量。而在反霸鬥爭中，第二世界可以和第三世界團結一致㉜。

㉙ *Chairman Mao's Theory of the Differentiation of the Three Worlds is A Major Contribution to Marxism-Leninism*, Foreign Language Press, Beijing 1977, p. 33.

㉚ 同上註，頁三三。

㉛ 同上註，頁三六。

㉜ 〈不結盟國家的一次重要會議〉，〈人民日報評論員〉，一九七八年八月四日。該文指出：廣大不結盟國家是第三世界重要組成部分。中國一向同情和支持不結盟運動的原則和宗旨，自然十分關心不結盟運動的發展和壯大。中國人民堅決支持不結盟國家所奉行的獨立自主、維護和平和不結盟的政策，堅決支持它們反帝反殖反霸和反對一切形式的外國統治的正義鬥爭。同廣大的第三世界國家和人民一樣，中國人民堅信不結盟運動將在反對外來干涉和反對分裂的鬥爭中繼續團結前進，在國際事務中發揮日益重要的作用。

　　三個世界的理論代表了一種國際統一戰線政策。這一政策可以使中國團結所有反對和遭受威脅的國家。實際上，這種理論給了「反帝」以新的定義，將其轉變爲一種新政策，使中國減少對反帝的民族解放運動的支持，而增加了對第三世界國家政府的支持。這一理論允許中國與歐洲的第二世界國家有更多的合作，甚至在某種程度上，允許與一個超級大國合作，反對另一個超級大國。五十年代和六十年代，反帝思想曾被用來發動羣眾，參加社會主義建設。支持社會主義建設，就是支持反對帝國主義。而在有新定義的反帝概念中，不再如此解釋。

　　首先，反帝思想在中國原本有強烈的排外色彩。自從二十世紀以來，由民族主義激發起來的排外，是針對西方列強對中國經濟的控制的。這種排外情緒後來發展成爲一股強大的反帝政治力量，並被國共兩黨所利用。在五十年代，北京政府執行一條強硬的反西方政策和「一邊倒」的對外政策。反西方情緒在人民中間盛行，構成了中共反帝思想的感情基礎。

　　中國的現代化，在極大程度上意味著西方化和工業化，因爲不論是工業的現代化還是科學技術的現代化，都需要向西方國家學習。就像鄧小平在一九七八年三月召開的全國科技大會上指出的：

> 科學技術是人類共同創造的財富，任何民族和國家都一定要向其他民族和國家的長處學習。學習他們先進的科學和技術。並不是因爲我們今天在科學技術上落後，我們才要向其他國家學習。即使有一天，我們趕上了世界科技先進水平，我們仍然必須學習其他國家的長處㉝。

㉝　鄧小平：〈在全國科學大會開幕式上的講話〉，《紅旗》，一九七八年四月，第四期，頁九至一八。

在全國財貿會議上，華國鋒也號召學習外國的先進經驗。他說：

> 多年來，「四人幫」打著革命的旗號，到處打棍子，不讓人們
> 學習其他國家的先進經驗。因此我們許多同志不清楚國外的發
> 展情況。有些同志取得一點進步，便驕傲自大、固步自封，這
> 種態度是危險的。假如這種態度不徹底改變的話，我們便不能
> 更好地進步，不能認真地學習國內外的先進經驗，更不要說趕
> 上其他國家的先進水平了❸。

為了推動四化，必須消除反對西方的情緒，特別是反對美國的情
緒。換言之，從意識形態上說，推行四化就必定要以放棄反帝情緒和
思想為代價。一邊通過學習西方進行現代化，一邊在國內提倡反資本
主義、反資產階級自由化，實際上將面臨重重矛盾。

第二，反帝活動曾被認為是社會主義建設中階級鬥爭的一部分。
這在一九六三年的三大革命運動中，表現十分明顯。如上所述，階級
鬥爭是三大革命運動的統率，它為工人、農民提供了與國內階級敵人
鬥爭的驅動力。

四個現代化被稱為是「社會主義生產力的一場大革命。」它需要
全體人民團結一致。階級鬥爭因而失去它的重要性了。階級鬥爭只適
用於反對四化的敵人，例如，「四人幫」，而不再適用於一般人民。
政治活動不如以前那樣重要了。現在需要的是一大批專家和專業工作
者。要求科技人員專心於本職工作。黨不再要求科技人員參加頻繁的
政治活動了。正如鄧小平指出的：

---

❸ 華國鋒：〈在全國財貿學大慶學大寨會議上的講話〉，《紅旗》，一
九七八年八月，第八期，頁二五。

我們不能要求科技人員，或者說他們中間大部分人，學習許多
政治和理論書籍，參加繁多的社會活動以及和他們專業沒有聯
繫的各種會議㉟。

為了實現四個現代化，限制階級鬥爭，必須減少政治鬥爭。「四
人幫」曾經不斷地指責科技人員走「白專道路」、「脫離政治」。為
了支持四化建設，鄧駁斥了對科技人員的這種指責。他說：

> 只有政治上反動，攻擊黨，攻擊社會主義的人才能被稱為「
> 白」。你怎麼能稱一個為增長知識和技術而努力學習的人「
> 白」呢？假如不是反黨反社會主義，科技人員在思想和工作方
> 法上有這樣那樣的缺點，不能稱為「白」。我們的科技人員在
> 為社會主義科學事業勤奮工作時，我們怎麼能說他們是脫離政
> 治呢㊱？

因為階級鬥爭在中共政治中已失去其重要性，它亦不需要用反帝
的思想去衝擊它。因此反帝思想亦失去了本來的重要性。顯然地，要
推行四化必須壓制反帝思想。四個現代化除了「紅」以外，還需要大
量的「專」。實際上「專」比「紅」的角色更重要㊲。這與反帝和階
級鬥爭思想中強調「紅」在社會主義建設中起主導作用的觀點恰形成
對比。

第三，在五十年代與六十年代，經濟政策的制定和執行在理論上
都是走羣眾路線的，即所謂「從羣眾中來，到羣眾中去。」黨要求工

㉟　鄧小平：〈在全國科學大會開幕式上的講話〉，同前註。
㊱　同上註。
㊲　"Red and Expert Relationship Analyzed", *Ta Kung Pao
Weekly Supplement*, No. 618 April 27-May 3, 1978.

人、農民參加政治學習和社會活動。當時黨不斷地組織反帝羣眾示威，因爲需要反帝思想去增加人民的士氣，提高他們對國內外階級鬥爭的思想意識❸。

而在現行政策中，工業和國防現代化並不依靠羣眾路線，相反的，現在強調管理和技術。這同五十、六十年代社會主義建設過程有著明顯的不同。如《北京周報》指出的：

> ……我們應該引進外國技術，這樣可以節省我們很多的時間。
> 引進外國新技術的目的是學習其他國家的優點，以便依靠我們
> 自己的力量趕上他們，超過他們……
> 爲了提高現代科技的管理效率，我們要逐步在管理工作中使用
> 電腦。一個聯繫全國各地區、各部門的電腦網，將會給整個國
> 民經濟形成一個自動管理系統。這個系統將大大地提高我們的
> 效率❸。

這種依靠「專家」和專業幹部，如經理、工程師的新趨勢，使思想刺激的重要性降低了。

同樣，羣眾路線這種方法在國防現代化中也不像以前那樣受重視❹。與以往毛強調在戰爭中「人的因素第一」和動員羣眾的觀點相去甚遠，目前的國防建設優先考慮武器裝備的改進。一九七八年八月，前國防部長徐向前，一邊給人民戰爭思想以口頭上的稱讚，一邊說：

---

❸ 《學習毛主席論紙老虎文獻》，香港文匯報，一九五八年頁五至二五。
❸ Chi Ti, "Industrial Modernization", *Beijing Review*, No. 26, June 30, 1978.
❹ Vice-Chairman Ye Jianying's Speech, *Beijing Review*, No. 32, August 5, 1978.

我們加速發展國防科技和國防工業，改進我軍的武器裝備，是為在現代條件下的人民戰爭的力量建立物質基礎。在加速我們的經濟建設的基礎上，我們一定要努力使我們的國防盡快現代化。我們要注意學習其他國家的先進經驗。同時，我們也要努力改進我們陸、海、空三軍和民兵組織的武器裝備，使得我們有新型的常規武器裝備、足夠的彈藥和更好的原子彈、導彈和其他尖端武器❹。

小　結

中國自二十世紀初期發展的排外思想，曾經成為北京國際行為最重要的組成部分，至七十年代已急劇衰落。羣眾排外示威的減少始於一九七一年，而至一九七七年以後，幾乎全部絕跡。最後一次羣眾示威，是於一九七九年初對越南入侵柬埔寨的抗議。自那以後，北京便不再使用羣眾示威來反對美國和蘇聯了。同樣，通過傳播媒介攻擊外國的次數也降至一九四九年以來的最低水平。

自從一九七一年以來，美國開始減少其在越南的承諾，同時也開始加快與北京政府的接觸。從此，中國針對美國的外交活動及其在越南、柬埔寨兩處的「干涉」而舉行的羣眾排外示威便急劇減少。中國進入聯合國後，北京對美國在其他國家的外交活動的示威抗議進一步減少。此外，四化政策強調從西方引進先進技術的必要性修正了反帝思想，使排外情緒進一步平息了下來。因此，現代化政策的推行也是導致排外活動和排外思想低落的一個重要因素。

---

❹ Xu Xiangqian, "Heighten Our Vigilance and Get Prepared to Fight A War", *Beijing Review*, No. 32, August 11, 1978.

「反帝」從二十世紀初期以來，一直是刺激人民羣眾反抗外國壓迫的一種思想。可是在現行的四個現代化的計畫中，反帝思想已不再能與強調管理與技術的新思想並行。雖然偶爾口頭上還會指責帝國主義，其實它已漸漸從國內政治中消失。現在要對抗帝國主義必須從國防現代化著手，不能再訴諸羣眾了。目前，中國對外國的抗議大部分是由中國在聯合國的代表提出的，不再舉行羣眾示威。

總之，北京排外的低落是因國內外形勢的發展所導致的。本文的分析認爲，北京的國際行爲是由於它外交政策的變化、中美關係的改善、美國從亞洲撤軍和中國加入聯合國等因素造成的。外部環境的改變導致了國內政策的改變，從而加速了排外思想與活動的低落。自一九七六年以來，中美以及中日關係日益密切，中國與西歐的貿易亦有了極大增加。這些發展在一九七九年十一屆三中全會以後更加迅速。目前北京全力加速發展四個現代化，強調經濟發展。其外交的重點在吸取外國資金及先進技術。這些在下一章將有更詳盡的討論。

第 十 二 章

開放政策與排外情緒

過去二十多年北京外交政策風雲變幻，直到一九七九年才穩定下來。自一九七九年中共十一屆三中全會以來推行對外開放政策，發展四個現代化，一改以往的孤立政策，積極鼓勵外國參與中國經濟發展，投資各種企業，以補中國資金及科技之不足。但是在政治與思想方面，北京仍固守其四項堅持、反對西方國家的資本主義自由思想。一九八三年展開清除資產階級精神污染即是一項明證。在開放政策之下，北京雖然放棄以往公開反對西方國家的宣傳，實行友好外交，但是它並未能完全消除排外情緒。在四項堅持之下，如果北京與外國發生嚴重糾紛，羣眾一受鼓動仍可能隨時產生激昂的排外情緒。一九八五年學生反日示威即是一個好例子。

本文旨在探討在開放政策之下排外情緒的變化。首先討論開放政策的理論及人民在思想上發生的變化。再則討論清除精神污染及反對西方自由思想的含義。最後集中探討一九八五年學生反日示威的背景及其幕後原因。由此可進一步看出，在此期間北京內政及外交仍與排外情緒有密切關係。

一、中國開放政策的理論根據

中國現正積極發展四化，追求一個經濟現代化、政治穩定、政策具有連續性的社會主義中國，爲了達到這個目標，中國必須開放及加強對外關係。

開放政策是以發展四化爲前提，主要目的是吸收外資、擴大貿易、發展科技以加速四化。建立經濟特區及開放十四個沿海城市，都是對外開放的重要步驟。

就中共的歷史來說，現行開放政策是一個破天荒的發展。自一九四九年以來，中國與西方國家長期處於緊張的敵對狀態，中國與美國、日本及其他西方國家沒有密切的經濟關係。一方面是西方國家跟隨美國對中國實行經濟封鎖，另一方面是「左」的思想在中國特殊的歷史條件下，推行「鎖門」政策，使「鎖門」成爲當時社會主義建設的一項原則，凡是有關對外開放的主張，均成爲「賣國主義」、「爬行主義」、或「洋奴哲學」。

一九八二年一月胡耀邦曾提出：

> 我們十億人口大國的現代化事業，應當而且只能放在自己力量的基點上。但是，我們又決不能囿於過去的狹小的圈子裏，把自力更力曲解爲閉關自守，孤立奮鬥。我們一定要在自力更生的基礎上，把視野從國內範圍擴展到國際範圍，不但要放手調動國內一切可以調動的積極因素，而且要放手利用國外一切可以爲我所用的因素，以天下之長，補一國之短❶。

近幾年中國的開放政策在理論上已見成熟，首先是提出社會主義本來就應該是一個開放的社會。一九八四年十月十五日《人民日報》

---

❶　楊榮坤：《對外開放縱橫談》，求實出版社（北京），一九八五年，第一八九——一九〇頁。

一篇討論「社會主義和對外開放」的文章提出：「經濟生活以及它所決定的整個社會生活，都有這種從關閉到開放，從民族走向世界的客觀趨勢。任何國家在這個趨勢面前，都是『順之者昌，逆之者亡。』」❷

　　文章還指出， 馬克思和恩格斯在《共產黨宣言》曾說： 「資產階級由於開拓了世界市場，使一些國家的生產和消費都成爲世界性的了。 不管反動派 怎樣惋惜， 資產階級還是挖掉了工業腳下的民族基礎。……過去那種地方的民族的自給自足和閉關自守的狀態，被各民族的各方面的互相往來和各方面的互相依賴所代替了。物質的生產是如此，精神的生產也是如此。」❸ 因此這篇文章有所根據地指出：攻擊「開放政策」而主張「鎖門政策」是違反馬克思主義。其次，中共理論家普遍肯定開放政策的價值，以及在堅持主權獨立的前提下，對外開放是符合經濟發展的客觀趨勢。該文又指出：

> 世界經濟發展的歷史告訴人們，眞正要使本國經濟迅速發展，必須在堅持主權獨立的前提下面向世界，在日益擴大的對外經濟往來中增長力量。 一定的保護措施只能作爲必要的輔助手段。如果實行保護主義，把它作爲發展國民經濟的主要途徑，必然使自己孤立於世界經濟生活之外。……但從長遠看，是失策的。 因爲躲開了競爭壓力， 同時也失去了外界的營養和刺激，這是得不償失的事情。如果對外開放，民族工業面臨國際競爭，當然會受到壓力，甚至被壓垮一些。但從長遠看，總是得大於失，因爲它符合經濟發展的客觀趨勢。

　　再者，從中國經濟發展的實際看來，對外開放政策是符合三十多

❷　〈社會主義和對外開放〉，《人民日報》，一九八四年十月十五日。
❸　同上註。

年經驗的科學總結。一九八四年十二月十六日的《紅旗》雜誌一篇文章〈對內搞活、對外開放政策的客觀依據〉說：「……社會主義建設的成功與否，就在於是不是把馬克思主義與中國社會主義建設的實際結合起來……對內搞活經濟、對外實行開放政策，正是我們三十多年經濟的科學總結，它充分體現了尊重實際、尊重客觀規律的精神，因而閃耀著實事求是的思想路線的光芒。」❹

可見開放政策不但被視爲符合馬列主義及客觀經濟趨勢，而且是三十多年來中國社會主義建設經驗的結論；因此目前的領導曾強烈支持開放政策，反覆肯定它不是權宜之計，而是一項長遠的國策。

二、對外開放與思想變化

五十年代與六十年代，中國社會與文化皆因反帝、反西方思想的衝擊而趨向孤立，「自力更生」是當時流行的口號。很多曾受西方思想影響的知識分子或與外國人有往來的人在各次政治運動中被打成反革命、右派，搞得對外溝通中斷，閉關自守。這種情況在七十年代初期仍然顯著，「四人幫」曾批評那些學習西方科技的人爲「洋奴思想」、「爬行主義」。二十幾年反西方思想對中國科學、文化與教育的發展阻礙非常大❺。

世界上所有國家都有自己的長處與短處，任何國家都不能擁有發展本國經濟所需的全部資源，也不可能掌握所有先進技術，因此各國皆須互相溝通、互通有無。就是今日歐美國家亦必須不斷的與國外科技交換，推展國際貿易。例如日本資源缺乏，但由於對外開放，鼓勵

---

❹　張啟華：〈對內搞活，對外開放政策的客觀依據〉，《紅旗》，一九八四年十二月十六日，第二八一二九頁。

❺　見本書第十一章《四人幫與現代化》部分。

對外貿易，如今已是全世界經濟最發達的國家之一。對外開放是發展經濟的必須條件。鄧小平一再強調「對外開放」和「對內搞活經濟」，原因在此。

惟長期以來，中國的文化與思想皆由黨嚴密控制，普通人與外界沒有接觸機會，對外經驗極少，認識很少。現在電視及報章報導外國社會甚多，一般人很清楚的看出西方國家、日本比中國進步很多。以往許多醜化他們的概念及看法不攻自破。以往以爲外國的東西是腐朽的，現在以爲外國的東西都是好的，一下子轉變很大，所以這幾年突然對外開放，思想上不免發生混亂與誤會，這是普遍的現象❻。

中共自建立北京政權以來，即全面控制整個社會。大眾傳播和一般教育，皆以馬列主義與毛澤東思想爲主導，強力推行全民政治教育與思想灌輸；加上對外消息的封鎖與反對「資本主義」思想，連續不斷的反右鬥爭使人民壓抑對物質的慾望，不敢公開追求物質生活，造成愈窮愈革命的社會輿論。這些政治、思想與社會的壓力迫使人民過著簡單、樸素或貧窮的生活。

我們必須承認當人民生活困難的時候，必然產生許多挫折與怨言。但是如果大家一樣貧苦，勢必沖淡受挫折的心理。在毛澤東時代的中國，社會與經濟的流動性是很低的。經濟的發展與社會由黨控制，不許私人有自由的經濟活動，每個人在工廠與公社工作，二十多年來，工資沒有增加。由於思想、社會、經濟皆在黨的嚴密控制之下，人民根本沒有機會追求經濟利益。

目前中國全力積極發展四個現代化，對外開放，推動經濟發展。一方面准許學者到外國訪問，派遣學生到北美與歐洲留學，另方面歡迎外國學人到中國講學，並且與一些先進國家簽定了文化或科技的交

---

❻　同上註。

換計畫，使高級科技人員與知識分子有機會與西方接觸。這些與外國的溝通對國內的知識水準當然有相當大的衝擊❼。因爲二十多年來的封鎖，他們對外國認識太少，現在發現西方實在比中國先進很多，歐美人民的生活水準遠比中國人優越，社會環境比中國自由，經濟發展穩定，使他們對黨的宣傳的可靠性，產生了莫大的懷疑❽。

近幾年來中國新聞報導比以往客觀。報紙、雜誌與電視對西方國家的社會環境與人民生活常有報導，使許多人對歐美人民的生活產生很大的嚮往心理，羨慕物質豐富的生活。加上目前國家鼓勵生產，實行生產責任制，強調提高人民生活水平，思想控制放鬆，社會政治安定，使一般人民的物質慾望大大提高，人人皆希望能過更舒適的生活。

這種普遍物質慾望的劇升是很正常的，與其他發展中國家的經驗並無不同。但是中國實行計畫經濟與公有制在這一方面與其他發展中國家比較起來，個人要提高生活水平的機會受到較大的限制。換句話說，滿足這些物質慾望的能力增加比較慢。一方面物質慾望迅速上升，另一方面滿足這些慾望的能力只能緩慢地增大，這種挫折感很容易使人傾向不滿，貪污、受賄或其他經濟犯罪增加。從這個角度看，開放政策會引起不滿及社會與政治的不安。除非經濟迅速發展，人民的生活水準提高，滿足慾望能力增大，否則這些不滿及社會與政治的不安是不會消失的❾。

---

❼　〈中國海外留學生〉，《人民日報》，一九八五年四月二十八日第三頁。

❽　作者在香港接觸過不少過境的出國學者與學生，發現他們都不相信「社會主義的優越性」。

❾　廖光生：〈中國經濟犯罪與開放政策〉，《信報財經月刊》，香港，一九八五年三月第二八一三〇頁。

三、反對精神污染與排外

開放政策很明顯的產生了挫折感及對現實社會的不滿。不可避免地，這種挫折感及不滿引起了許多針對黨思想與政策的討論。這些討論大都從目前社會情況出發檢討馬克思主義的局限，批評黨與政府的政策，造成思想上的衝擊。但是中共不承認社會普遍存在的挫折感及不滿，也不承認馬克思主義及社會主義制度在目前社會普遍存在的許多問題，反而把這些不滿與問題歸咎於資產階級自由化的衝擊。用「反對資產階級自由化」及「堅持四項堅持」的政治手段加以壓制。反對精神污染運動就是為打擊這些批評社會主義的思潮及目前普遍存在的不滿而發起的。

一九八三年十月中旬，鄧小平首先在中共十二屆全會提出消除精神污染。不久中宣部鄧力羣帶頭批評王若水的人性論及人道主義。接著全國文化界、出版界掀起了消除精神污染的一股風氣。甚麼是精神污染呢？鄧小平指出：「精神污染的實質是散佈形形色色的資產階級和其他剝削腐朽沒落的思想，散佈對於社會主義、共產主義事業和對於共產黨領導的不信任的情緒。」⑩ 許多單位、報紙雜誌皆參與批評。雖然其重點在於批判人性論和異化論，但是其中含有強烈反右與反西方資產階級思想的意義。精神污染可簡單分為下列五項：

1. 人道主義及人性論；
2. 資產階級自由思潮，抽象的人性和愛；
3. 否定人的階級性；

---

⑩ 〈高舉社會主義文藝旗幟，堅決防止和清除精神污染〉，《人民日報》，評論員，一九八三年十月三十一日。

4. 宣揚宗教信仰與情緒;

5. 宣揚資產階級的自由民主及個人主義。

　　鄧小平的一派主張壓制一些批評黨及馬克思主義的知識分子與作家，以加強意識形態的領導。王若水的社會主義異化論，承認社會主義有異化現象。同時他還提出了「人的尊嚴」及「人的價值」。這些都被批評爲曲解馬克思主義及詆毀社會主義的發展，因爲異化現象違反了馬克思主義本身。異化論被認爲是散佈對社會主義、共產主義事業和共產黨的不信任情緒。因此掀起了一股反對精神污染的輿論，羣起而攻之，一時似乎又走向反右，批資的路線。在中共領導看來，精神污染不僅是文藝政策存在的資產階級思想或道德問題，而且是政治問題，因爲它最終牽涉到黨的領導。〈文藝報評論員〉指出：「我們要解放思想，是指沿著馬克思主義的軌道去解放，而不是解放到形形色色的資產階級和其他削剝階級的腐朽沒落思想那裏去。」⓫

　　反對精神污染於一九八三年十一月及十二月在全國盛行，但至一九八四年初已很迅速的收緊下來。主要是由胡耀邦總書記帶頭反對這個運動，恐怕它影響四化的發展⓬。因此其重點主要指向黨內的一些文化工作者。在反對精神污染中雖然有許多文章、言論及演講，但沒有組織羣眾運動，沒有發生公開的政治鬪爭。很顯然，黨的最高領導雖然一方面要加強思想戰線的建設，但同時亦提防它演變成以往反右

⓫　文藝報評論員：〈清除精神污染與解放藝術生產力〉，≪文藝報≫，一九八四年，第一期，第一六四頁。

⓬　據從大陸出來的人報導：一九八三年底中央文件傳達全國各地，胡耀邦曾指出不要浪費時間去搞左傾的反對精神污染，並極力鼓吹加強現代科技信息，推薦大家研讀≪第三個浪潮≫，了解當今國家面對的問題及世界的進步情況，據說當時曾激起了一股閱讀≪第三個浪潮≫熱。參閱〈「第三個浪潮」熱在北京〉，≪爭鳴月刊≫，一九八四年五月，第十五頁。

的政治鬥爭而妨礙四化的發展。但是從消除精神污染的許多言論中可以清楚地看出目前在意識形態上的矛盾及黨內意見上的分歧。在開放政策之下，北京所要的是西方科技與資金。至於西方自由民主及個人主義乃是其所反對的。換句話說，這又是一個「中學為體，西學為用」的治標方法。開放政策只是一種手段並非像其所說的是一種根本的國策。在這種情況下，中國與西方的關係尚有一層堅厚的隔膜。這也就是說中、西思想上障礙並未因開放政策而消除。

如前所述，自一九七六年，中國排外情緒已因四個現代化的發展而衰微。一九八○年以後在開放政策之下，中國與西方國家的來往更加頻繁，關係比以往更加密切。在對外貿易方面亦有很迅速發展。但是排外情緒並非絕對地消失。其實在四項堅持之下，中國與資本主義國家的矛盾並未解決，在強調經濟發展的四化中，思想上的矛盾只不過暫時擱置而已。由於北京堅持其所謂社會主義的優越性，中、西意識形態的矛盾尚很尖銳，反對資本主義的思想可像以往反右運動一樣發展為盲目的排外情緒。另一方面，排外是一種壓制異己的武器，雖然它目前被束之高閣，但是在政權不穩定時它仍然隨時可被用來消除異己。因此對外開放政策雖改變以往中國與西方、日本的敵對狀態，但是不一定可以消除這種排外的意識。如果中國本身產生新的政治和經濟上的嚴重問題，排外情緒隨時可因而迅速上昇，羣眾隨時可被利用。

總之，北京目前面對的一個重要矛盾是一方面它必須開放，另一方面它仍須排除西方思想。為了維護政權，它必須堅持四項堅持而在思想與意識形態上反對西方思想，排除外來的影響。反對精神污染是開放政策下黨領導人策動的一種排外運動，雖然它未發展成廣泛的羣眾運動，但這是黨再次利用它的例證。

四、開放政策與學生反日情緒的背景

反對精神污染是黨領導下的反對資產階級自由化的運動。它在一九八四年初就冷卻下來。雖然反對資產階級自由化含有反對西方思想的政治意義，但它基本上是 黨的自衞政策，主要在加強 黨的思想戰線，清除一些攻擊黨及社會主義的輿論與著作。但是它並未能減低上述開放以後思想上的變化及普遍存在的挫折感及不滿。

開放政策之下發生另一種排外情緒是學生反日示威。它反映學生一種獨特的排外情緒。自從一九七九年以後大學教育變成發展四化的一個重要部分。各大學學生數目大量增加。學校對學生的政治與思想的控制較以前鬆弛，校園言論的自由幅度擴大，學生比以往更具獨立地位。在開放政策之下，學生接觸外國的新聞的機會很多，因此對時事比以往更了解。加上大眾傳播比以前開放，電視廣播比以前普遍。這些變化不但使學生可以有較大的自由談論國家大事，也刺激他們討論政治、外交的興趣。因此大學生一般能比以往更自由地關注政治與外交大事。他們本身亦受物價上升之害，因此他們很關注目前存在的問題。眼見物價急升，社會物質分配不公平，他們亦對目前的經濟情況有所不滿。

由於政治環境不同，因此一九八五年學生反日事件不能與一九七九年以前的排外運動混爲一談。要了解一九八五年學生反日情緒必須深入探討中日近年來的關係及其背景與刺激學生示威的近因。

自從一九七九年，中、日兩國關係日益改善，但是兩國在某些方面看法尚有重大歧異。中國人心目中的日本形象，有兩個不同及互相矛盾的方面。一方面，中國佩服日本明治維新以來的發展與成就，尤

其是科技的發展可與西方競爭；昔日的一個東方小國，今日卻是世界
經濟大國。日本的成就激勵了中國對未來發展的信心，一般中國人以
為日本人可以做到的，中國人沒有理由做不到。另一方面，中國人對近
百年的日本侵華史非常憤恨。五十歲以上的中國人，大部分仍記得當年
日本在中國的暴行。日本的復興使中國人想起日本軍國主義復活的可
能性⓭。一九八二年八月，北京因日本修改教科書事件曾激烈批評日
本軍國主義的復辟。這個形象是恐怖可怕的。這種舊怨餘怒的心態，
完全與第一個形象矛盾，這使中國人談及中日關係都不免有點激動。

　　八十年代以後的中日關係，深受這兩種不同的心態影響。第一種
形象刺激中國人向日本學習，增進中國對日本科技發展的興趣，促進
兩國經濟文化交流。第二個形象使中國人對日本人更進一步的接近與
友善產生猶豫與懷疑，擔心日本軍國主義的復活，阻止了兩國真誠合
作的熱望。

　　一九八三年十一月胡耀邦訪問日本，並在日本國會演說強調中日
長期友好，兩國政府決定設立「中日二十一世紀友好委員會」。胡耀
邦並邀請三千名日本青年於一九八四年秋天訪問中國。一九八四年三
月二十三日日本首相中曾根康弘與外相安倍訪華，兩國領導一再強調
中日必須維持長期穩定。鄧小平曾對中曾根表示「兩國的民間經濟技
術合作還很薄弱」。一九八四年十月初，日本三千名青年訪問中國，
中國熱烈歡迎，中日關係空前密切⓮。中日密切關係發展至一九八五
年中期，雙方政府對兩國長期友好皆抱著相當樂觀的態度。不料在一
九八五年下半年即不斷發生學生反日事件。

⓭　解放日報評論員：〈警惕軍國主義的邏輯〉，《人民日報》，一九八
　　二年八月三日。

⓮　〈鄧小平會見中曾根縱論天下大事暢敘兩國友誼〉，《人民日報》，
　　一九八四年三月二十六日。

從外交史看來，中國是不記舊仇的國家。國民黨與共產黨爲表現大國的大方風度，對日本戰爭皆未曾索取賠償。但是這並不表示中國人已忘掉舊日對日本人的仇恨。

日本於一九三七年至一九四五年之間，對中國人命的摧殘與財產的破壞不可計數，其對中國人心靈的創傷也甚深。這些都一直留在中國人的腦海裏。但是戰後不久，中國內戰爆發，政治混亂，中國領導階層無暇處理戰後問題。接著韓戰爆發，一九五〇年代反美情緒高漲，每年有許多反美示威，每次有幾萬，甚至上百萬的人參加示威遊行，反對美帝國主義。這種情形一直持續到一九七〇年代初。在這一期間，四十多年前與日本的舊恨好像已一筆勾銷。「反對美帝」當時是中共對外政策的重心。宣傳機器一直針對著「美國帝國主義」。成千上萬的雜誌、手册、書籍、報紙都不斷地渲染反對「美帝」。但是自從一九七二年美國總統尼克森訪華以後，北京反美宣傳已較以前緩和，遊行、示威也大大減少。至越戰停止以後，中國已很少有反美的示威遊行。但是摒棄反美政策卻產生反日情緒的復燃❺。以往反美運動掩蓋了中、日舊恨，當反美旗子已扯下，中、日舊日的歷史問題又重新湧到中國人民的心上。

再則，因爲日本侵略中國是中國二十世紀歷史重要的一部分。每一個在中國大陸的學生在初中時期學中國歷史，高中時學革命史，大學時期學政治課，一再接觸日本侵華的歷史事跡❻。因此，年輕的一代亦很熟悉日本以往對中國侵略與破壞。每年紀念「七‧七」蘆溝橋事變，「九‧一八」事變都令人們回憶起日本人侵華的殘酷事實，這

---

❺ 廖光生：〈目前中國反日情緒透析〉，《九十年代月刊》，一九八五年十一月，第二一～二四頁。

❻ 同上註。

種強烈的記憶是中國社會反日情緒的暗流。

一九八五年適逢抗戰勝利後第四十年，各方面都展開紀念活動。報章、雜誌處處刊登抗戰時期日本人殘殺中國人的暴行，電視中亦播放了許多抗戰紀錄片，這些都無形中促成了一股反日的情緒。

五、反日情緒的近因

（一）中日貿易的新問題

自一九八〇年代初期以來，日本的外交政策與中國有許多一致的地方。中日如能進一步在經濟關係上繼續發展，對目前中國現代化，當有很大幫助。一九七八年中日簽訂了中日和平友好條約，雙方確立了中日關係四原則：和平友好、平等互利、相互信賴、長期穩定。此後兩國領導人互訪頻繁，增進了兩國間的了解與信賴。在財經方面，日本財經與銀行金融界亦陸續訪華與中國方面討論發展中日經濟關係。日本六大壟斷集團、九大綜合商社和許多大廠家都曾組團訪問中國。日本商社在北京、上海、天津等地設立常駐機構已超過二百個以上。

目前日本是中國最大的貿易伙伴。自一九七九年以來，中日貿易總額佔中國總貿易額五分之一強，貿易額遠比美國與香港為大[17]。隨著中國對外貿易的增加，中日貿易亦不斷增加。中、日貿易儘管發展迅速，卻存在著兩個主要問題。第一是日本在中國投資問題。在中國全力發展四個現代化之時，北京積極鼓勵外國投資中國企業。但日本商人幾年來猶豫不前。根據目前的資料顯示中外合資經營企業主要來

---

[17]　廖光生：〈中國開放政策與中日經濟關係〉，《信報月刊》，一九八五年四月，第四八頁。

自香港，其次是美國、日本、英國、菲律賓和法國。但日本的總投資資本至一九八三年底不過一千七百萬美元，比英國與比利時還少。鄧小平屢次促請日本在中國投資⑱。一九八四年三月底日本首相中曾根康弘訪問北京曾表示：「中國必須先提供較好的條件，特別是立法保障專利、版權和投資。雖然日本歡迎中國改善商業環境，但中國在保障投資和專利方面如果不採取進一步行動的話，便難以鼓勵私人投資。」

第二個問題是中國入超的問題。中日之間貿易雖然迅速增加，但是幾年來中國都是入超。一九八四年中國入超近十五億，中國方面已有埋怨。一九八五年上半年入超二十三億，比上一年同期還多了幾倍，因此當政者更加緊張。中國方面一再要求日本當局增加輸入中國石油與煤炭。但是日本方面皆謂石油與煤炭供給與外國皆有長期合同限中制，一時尚難大量增加輸入中國石油與煤炭。因日方不能增加輸入國產品，北京只好大量減少輸入日本產品。當然中國這樣做是迫不得已的，因為減少日本產品的輸入對中國目前發展經濟不利。

貿易問題本來可以由雙方政府耐心談判解決。但是日本海外市場遍及全世界，與中國貿易佔其總貿易額的分量尚不及百分之五，因此中國無法與之討價還價。儘管中國方面一再要求日本增加輸入中國物質，但都未見效。這一點是最令中國領導階層惱怒的。

（二）中曾根拜祭靖國神社及北京反日示威

中曾根康弘首相於八五年八月十五日前往靖國神社拜祭日本於第二次世界大戰中戰歿者，中國方面立即指責中曾根此項行動傷害在第二次世界大戰中受苦難的中國人民的感情⑲。因為靖國神社供奉著日

⑱　同上註。

⑲　〈譴責中曾根參拜靖國神社〉，《瞭望》，一九八五年八月二十六日，第七頁。

本第二次世界大戰的一些一級戰犯。雖然日方解釋「訪問靖國神社的原意是祈求和平及我們重新致力於和平」，中國方面對此事件仍憤憤不滿，指其標誌了日本軍國主義復活㉕。

中曾根在日本自民黨派別中是屬於比較右的。遠在他接任首相之際，日本各方面的評論已喚起海外的注意。他被選任首相不久即提出日本要從「經濟大國」發展爲「政治大國」，使日本在重要的國際問題上可以發揮一些影響力㉑。

爲何在中曾根拜祭靖國神社一個月以後，北京在紀念「九・一八」時才發生示威？本來，時間愈長，其刺激已消失，自發性愈弱，其起於自發的可能性已很低；再則，天安門對面就是公安部，附近公安警察到處皆是。如果該次示威事前未獲當局同情，要幾千人聚集該地是很難的。就一般常識判斷，示威的自發可能性是很低的。最後就示威者的口號是「打倒日本軍國主義」、「打倒中曾根」、「強烈反對第二次入侵」看來，這個示威活動不只是單純的反對日本軍國主義及中曾根祭靖國神社而已。它充分地表示對目前中日經濟關係的不滿。換句話說，它強烈抗議日本對中國貿易政策，並支持中央改變目前中、日貿易關係。這明顯地給日本政府就中、日正在談判中的貿易關係施加壓力。

另一方面「反對日本經濟侵略」反映著目前社會的一些問題。在

㉕　〈胡耀邦談中日友好，不能同情戰爭罪魁〉，《文匯報》（香港），一九八五年十月十九日。

㉑　筆者一九八五年九月初曾就中、日關係與北京中國社會科學院日本研究所及北京國際問題研究所的人詳談這個問題。他們皆以爲日本目前是世界第二經濟大國，它要發展爲「政治大國」是必然的趨勢，中國在這一方面是沒有辦法的。他們皆表示日本人做生意很厲害，中國人吃了不少虧。不過日本科技很發達，中日如能長期合作對兩國皆有益。這些談話是在中曾根祭靖國神社十天以後，可見當時中國專家們並未受到中曾根祭靖國神社所困擾。

對外開放、對內搞活經濟的政策之下，社會發生了一些變化。人們的收入差距增大，物價上漲，在這種情況下，「反對日本經濟侵略」含有對目前中國的經濟政策不滿的含意。從這些跡象觀察，「九‧一八」示威很明顯不是單純因中曾根祭靖國神社事件而起。在全國紀念抗戰勝利四十周年，重新掀起對日本的舊仇恨，及在中、日兩國貿易的磨擦之下，沒有「中曾根祭靖國神社事件」，很可能也會出現北京的反日示威。

從北京大學校園的大字報可以進一步了解當時北京反日情緒的含意。根據當時住在北京大學校園裏的人報導，北大校園曾有許多大字報及許多大小不同的標語，一直到九月底尚留著二十幾張。這些大字報及標語大概可以分三類：第一類是有關日本經濟侵略的，談及日貨充斥，「日立」與「卡西歐」及其他許多日本商品廣告證明日本經濟侵略，警告中曾根拜祭靖國神社及日本軍國主義復活。第二類是批評黨與政府官僚與日本人簽約，讓日貨進入中國，及他們在與日商交往中漁利的勾當。第三類是「打倒學生會」的大字報，指責學生會與校方壓制反日情緒與活動。從第一類與第二類大字報可以看出學生不但反對日本經濟侵略，而且同時亦批評高層領導過分對日本優待，使日本人獲得許多經濟利益。

另外也可以看出當反日情緒在學校醞釀初期，校方並未加以制止。到大字報四處出現，情緒激昂時，校方及學生會才出面干預。據報導校方亦未採取強硬手段，且繼續允許貼各種樣式的大字報及標語。最後公安局與學生妥協，有條件的讓學生在天安門和平示威。事後亦沒有懲罰參與示威者，只組織一些演講安撫他們㉒。可見初期與

㉒　〈北京用勸說手段，減學生不滿情緒〉，《明報》，一九八五年十一月二十一日；〈薄一波對大學生演講，呼籲學生把反日情緒，轉移作爲支持政府〉，《明報》，一九八五年十一月二十四日。

後期政府皆有意藉機向日本警告一下，政府一直同情學生的愛國心。由此看來，此次學生示威是有當局默許的。這表示學生反日示威幕後可能有人慫恿，並非是單純的學生運動。它既有反日的性質，同時亦有批評中國領導的含義。雖然有一些自發的性質，但政府的默許是一個很重要的因素，否則不可能在天安門公開舉行反日示威。

（三）對政策及領導人之不滿

反日情緒並不限於北京，武漢與西安亦有類似的反日活動。武漢華中大學於九月底出現「呼籲學生反對日本的經濟侵略和組織全國示威」的標語❷。於十月一日國慶之際，西安有約一千個學生示威抗議日本首相拜祭靖國神社❷。並且有些示威者公開譴責中國政府採取優待外國的政策，這進一步說明了此次反日情緒並非單純的反日事件。

像北京反日示威一樣，武漢與西安的反日情緒表面上皆以反對中曾根拜祭靖國神社為主要對象，不過西安的示威公開表示「反對採取優待外國的政策」。這明白地表示反日情緒是指向政府的政策。它除了反對日本經濟侵略，亦反映了對某些中國領導階層的不滿。很顯然，這個口號是指向那些負責中日貿易的最高層領導人。幾年來胡耀邦是從事改善中日關係最努力的人物之一。自一九八三年他卽積極支持「中日二十一世紀友誼委員會」，努力改善中日關係。並且於一九八四年邀請幾千日本青年到中國訪問，當時在國內曾引起議論❷。從這些線索可以約略看出「反對採取優待外國的政策」可能是指向胡耀邦。北京高層領導存在著嚴重的分歧，某些高層人士對胡耀邦的作

❷　〈反日情緒蔓延，武漢學生抗議〉，《明報》，一九八五月十月十二日。

❷　〈西安有反日示威，對崇外風氣不滿〉，《明報》，一九八五年十月三日。

❷　參閱羅冰：〈震撼中南海的學潮〉，《爭鳴月刊》，一九八五年十一月一日，○九至一○頁。

風不滿。他們幕後對這次學生反日示威可能給予某種鼓勵或同情。

一九八七年初胡邦耀邦辭職以後，「黨中央二號文件」曾列舉鄧小平批評胡耀邦六項重大錯誤。其中之兩點證實這一分析。其一是指胡耀邦對日本採取懷柔政策。其二是指胡耀邦未經黨中央准許，擅自邀請三千名日本青年到中國。可見鄧小平與胡耀邦在對日的政策方面存在著嚴重分歧㉖。這進一步證明鄧小平早在幾年前即反對胡耀邦對日本的懷柔政策。

此次反日示威的規模頗小，並且只限於幾個大學的學生而已，時間亦很短暫。公安當局雖然出面制止，但對於參與者的愛國熱忱皆表同情，事後亦未加以處罰。可見它是一件頗為受控制的排外事件。

總之，學生反日情緒有三個重要因素。第一是單純的反對日本的愛國熱忱。它包括歷史的舊恨，這可能受紀念抗戰勝利四十周年刺激而已。第二是學生對目前 經濟政策的不滿及 對一些負責中、日關係的領導者的抗議。這是此次學生反日示威的表面理由。在正常情況之下，這種不滿是不會造成排外示威的，可能幕後有高層人士慫恿。第三種是政府幕後的默許，這種默許是促成學生聚集示威可能的主要因素。可能是一些領導人對中、日貿易問題不滿，幕後慫恿學生引起示威。只有前兩者是不能够發展成學生反日示威。只有在政府的默許之下才可能讓學生聚集醞釀反日示威。

從這些資料看來，一九八五年反日學生示威，當時「反對採取優待外國的政策」即在反對胡耀邦，而幕後慫恿學生反日示威可能與反對胡耀邦的政策的一些人有關。而這些人很可能是地位很高很有威信的最高領導階層人士。

㉖ 〈鄧小平批評胡耀邦〉，《明報》，中國消息版，一九八七年一月二十八日。

小　　結

　　北京推行開放政策，其目的在於吸取西方科技、外資，促進中國經濟發展。但是各種西方的思想透過大眾傳播媒介很快地流傳到中國社會。以往「頌窮」的思想在物質崇拜的新觀念衝擊之下已消失其蹤跡。隨之而起的激烈崇拜物質與現實生活，令人民的物質慾望急升。在公有制及集體所有制之下經濟發展的速度緩慢，人民收入增加有限，無法滿足急升的物質慾望，因此社會普遍存在著挫折感，對急速的社會變化產生不安，對領導階層及新的政策不滿。但是北京用清除精神污染及反對資產階級自由化來壓制這些思想與不滿，加強思想戰線的宣傳。這證明在思想上及政策上北京與西方國家仍存在著嚴重矛盾。這種矛盾帶有強烈反對西方的自由主義色彩，與以往排外情緒一樣，可能被利用而擴大為激烈的排外運動。

　　一九八五年抗戰勝利四十周年，到處舉行紀念活動，令人回憶中日舊仇，令反日的情緒上昇。這幾年中、日經濟往來中存在的一些問題，造成幾年連續大量入超，引起不少人關注。很顯然，黨的有些上層領導對此亦頗不滿。在這種情況下，中曾根拜祭靖國神社恰恰火上加油，令許多學生氣概更加激昂，引起羣眾示威。

　　雖然學生反日示威一方面反映了中國內部社會不安的問題，另一方面反映了對日本的不滿情緒，但是如果沒有政府默許是不可能公開組織示威遊行的。它很可能是上層一些對中日關係不滿的人在背後慫恿。

　　從上述分析，很清楚的可以看出在開放政策之下，北京雖然公開重申對外開放，發展對外交友好外交，但是在困境之際仍不免訴諸利

用排外情緒。在開放政策之下，黨可以用「消除精神污染」及「反對資產階級自由化」公然壓制學生及一些離心分子，但是當黨上層因對政策產生歧見而發生分裂時，上述「消除精神污染」及「反對資產階級自由化」皆不能適用。因為兩者皆只能適用於一些對黨不滿的下層分子，不能用來對付黨內最高領導階層。如用它對付上層領導人士，將會造成黨的分裂，影響黨的團結及威信。

中、日貿易問題令一些黨的高層領導人士不滿，但北京政府又缺乏討價還價之力。在開放政策之下，政府如像以往公開利用傳播媒介宣傳及抗議或利用羣眾示威，將影響政府威信及開放政策。其後果將嚴重影響外資及四化的發展。在這種進退兩難的困境之下，有些黨的高層人士利用紀念抗戰四十周年及中曾根拜祭靖國神社慫慂學生示威反日，給日本施壓力。這仍不失是一個深謀遠慮的策略。可見在開放政策之下對內對外還須用排外情緒解決一些重要問題。但是此次排外情緒主要是用來對付日本，如果它是用來打倒黨內的領導人則不免造成內部鬥爭，引起內部政治上的混亂。因此它必須隨時加以控制，否則很容易造成動亂。

總之，以往由黨公開領導的排外運動，在開放政策之下已不合時宜了。今後黨或領導人在內政困境之際，只能退居幕後，間接利用羣眾排外示威而已。當內部緊張，而領導階層意見不一致時，最可能發生排外事件。

第 十 三 章

結 論

　　上述排外的研究，清楚地表明中國一百多年來排外歷久不衰，既有其內部政治因素，亦有外部的因素。在二十世紀初期，西方的壓迫和干涉，及中國民眾中民族主義的抬頭，皆令排外日甚一日。毫無疑問，排外這時已變成中國社會中一種突出的情緒。民族主義和排外情緒結合，共同體現於收回路、礦二權運動以及廢除不平等條約的鬥爭中。

　　國民黨政府曾利用反帝的排外情緒來維護中國傳統文化，而共產黨則以它來推動革命。雖然國共兩黨均立誓反帝，但兩者的目的不同。反帝曾是國民黨對外政策的主要綱領，不過，一當廢除了不平等條約、外國租界和治外法權之後，國民黨便採取了同西方合作的政策。反帝的目的局限於爭取國家獨立平等的目標。

　　中共則將排外轉爲他們意識形態體系中之一重要部分。反帝意識成爲動員羣眾、爭取支持的一種重要的政治力量。所以，在一九四九年以後，排外與中國國內政治局勢密切相關。大量證據表明，這一時期的排外被領導人操縱。從一九六〇年至一九六二年期間，反帝運動一方面被利用來動員生產，另一方面則被利用來促進與第三世界的「統一戰線」。同樣，文革期間的排外則主要針對「資產階級當權派」。

二十世紀七十年代初以來排外趨向低落，一九七六年以後中國推行四
個現代化政策以來，排外進一步淡化。

自一九七九年對外開放以後，儘管中國與美、日與其他國家外交
關係發展迅速。但其重點在於發展經濟關係，卽獲取先進國家的科技
及資金以促進中國四化的發展。北京仍繼續四項堅持，尤其是黨的領
導及社會主義。開放政策令社會產生變化，人民物質慾望增高，思想
現實化，產生意識形態與價值觀念的危機。一九八三年黨以消除精神
污染打擊一些新生的思想，加強社會主義意識形態教育。其實「反對
資產階級自由化」含有強烈排外的意識。這表示在思想上與政治上，
中國與西方國家的隔膜尚很深，像以往一樣，領導者可利用這個矛盾
使之變成排外的藉口。

在開放政策之下，雖然政府沒有再動員羣眾排外，但一九八五年
九月間卻發生了學生排日示威遊行。這是一種由學生自發、政府默許
的新的排外示威。它與一九四九年至一九七六年間的排外羣眾運動不
同，它不但反映了一般學生關注外交事務，也暴露一般人對目前政府
發展經濟的政策存在著不滿情緒。它說明了在開放政策之下，排外可
能被利用來表示對內的不滿。由於政府可以操縱排外，當中共的意識
形態發生急劇轉化時，排外便不可避免地隨之發生轉變。基於這些分
析，便可進而對以下關於排外和政治文化、羣眾動員、權力鬥爭以及
現代化之間的關係提出一些觀點。

一、排外和政治文化

對一八六○年至一九八○年的排外所作的研究表明，中國的排外
多半是一種對外來威脅的政治反應，而非中國政治文化所固有的。以

往有人誤解排外爲中國政治文化之一重要組成部分❶，其實，中國人在感情上對外國人的敵視是在列強不斷侵略中國之後才形成的。一八六〇年至一九〇〇年中國排外的發展，乃是由外來入侵引發的。一九〇〇年至一九二七，外國對中國的政治、經濟的干涉造成民族主義的興起，排外情緒愈形高漲。一九二七年，國民黨政府在南京成立之後，日本強佔滿洲得寸進尺。國民黨時期，抵抗日本侵略爲首要任務。「反對日本帝國主義」是一次愛國運動。因此，一九四九年以前時期的排外是一民族主義運動，排外的政治文化只是該運動的一種表現。換句話說，反對敵人而形成的排外政治文化，只不過是一種針對外來入侵的反應。對一敵國採取敵對態度，乃是所有遭受過外來入侵的民族的共同反應。

一九四九年以後的排外則以「反帝」或「反美帝」一類詞語表述之。如前所述，排外此時成了當時中共意識形態中一個重要部分，並被用以動員人民，爭取支持。換言之，一九四九年後排外的起起落落，並非單純由外部因素所致。當政者對排外的情緒的操縱也是同等重要的原因。因此，這一時期的所謂排外政治文化，其實就是受政治所左右的排外現象。若無當局的政治支持，排外不可能長期存在的。如果說排外是中國政治文化的一部分，那是由領導階層所製造的暫時現象，而非來自中華的廣大民眾。

一九八五年的學生反日情緒亦非囚政治文化而起。三十年代及四十年代日本帝國主義侵華固然是一個潛在因素，但如果不是中、日貿易存在大量入超引起一些上層領導人憂慮，刺激學生抗議對日本的優

---

❶ For Example, see Lucian W. Pye, *The Spirit of Chinese Politics*, Cambridge, Mass.: The M. I. T. Press, 1968, pp. 67-70.

待政策，它是不可能釀成羣眾抗議的。可見用政治文化解釋排外情緒是很難令人信服的。

二、現代化和革命

在討論十九世紀末二十世紀初中國的現代化時，作者曾指出激起排外發展的一連串因素。首先，激發中國排外情緒最重要的原因是外國武力對中國政治的干涉以及外國投資者對中國經濟的滲透與壓迫。對以維護社會現狀為己任的統治階層而言，外國的武力構成了直接的威脅。外商是中國商人的競爭對手，不少中國商家在競爭中垮臺，只得棄商改行。城市居民對外國人的反感大部由此而來。至於傳教士，儘管他們有所貢獻，卻往往成為「洋鬼子」的替罪羔羊。他們教育了成千上萬的中國青年，卻又同時激怒了那些執著於中國文化傳統的人。在這個混亂時期，傳教士極易受到中國地方社會保守分子的攻擊。簡言之，此一時期的外國武力和政治干涉乃是促使排外升級的關鍵因素。

其次，外國知識的引進不可避免地會帶來一些社會變遷。因為中國的現代化基本上就是西方化。所以不斷擴展「洋務」，必然會導致教育制度的變革以及社會流動性的增加。作為連鎖反應，社會價值觀念亦為之改變。當這些社會變化發生時，社會便產生許多不安的情緒和抵制的心理。守舊的人和提倡革新的人形成對壘。在這種情況下，前者便極易變成外國文化知識的反對者，產生強烈的排外情緒。社會上層人士、政治高官，為保全他們的既得利益，大部分反對變革，支持排外。提倡革新的人基本上是知識分子。他們在社會中屬於少數，銳意改革，卻困難重重。

　　再者，現代化的失敗進一步增加了排外情緒。反對社會變遷的人本來就對變革心懷不滿，如今用現代化拯救中國的信念也破滅了。人們發現政府已不能够保衞他們，他們只有自己起來對付外國人。這導致了本世紀一十年代和二十年代中的全國性的羣眾排外。國民黨成立南京政府，取得了反帝運動的領導權之後，這一趨勢才暫時結束。

　　現代化於十九世紀末至二十世紀初亦爲中國帶來了統治危機。現代化強調理性思考和現世的理想以及破除政治迷信，這是對中國朝廷的震盪與挑戰。隨著教育的普及、技術的進步發展以及社會的變遷，清廷的封建制度及其法統日益受到那些接受新式教育的人士以及那些新興的經濟人才的挑戰。他們對國家命運日益關注，他們的政治參與意識，對統治階級來說均構成嚴重的威脅。最後，變革統治者與被統治者之間的關係漸漸醞釀成熟——而這正是促成革命的因素。因此，對於中國這樣一個傳統的社會來說，現代化爲革命提供了一個社會基礎。

　　如前所述，現代化的失敗一方面導致了排外情緒的增長，另一方面又令人民對政府喪失信心。民眾不僅憎惡外國入侵，也抱怨他們的政府無能。中日甲午戰爭和八國聯軍侵華，中國戰敗使民心低落之至，埋伏了清朝最嚴重的政治危機。此一時期中，革命派力量在中國迅速增長。一九一一年清朝統治被推翻，原有的社會政治秩序皆崩潰了，現代化一方面帶來了經濟、社會發展，另一方面又因其產生排外和統治危機，在廢除封建政治制度過程中起了破舊作用。外國干涉令民族主義興起，成爲二十世紀初中國革命的催化劑。同樣，中共一九四九年打敗國民黨，雖然與國民黨政府的統治危機有關，但是最重要的還是它善於運用排外和反帝口號動員羣眾。排外變成他們革命的重要武器。

三、排外和動員羣眾

在統治危機（Authority Crisis）的時期，動員羣眾會導致排外的升級。這一推斷曾在前面詳細討論過。

國內動員會導致對外抨擊的理論是有根據的。動員羣眾是中國領導推行國內政策的重要手段。抗日戰爭中，中共利用反日民族情緒來動員羣眾支持共產黨的政治和軍事地位。自中共建立政府和完全控制了全國政治機器後，應用對外敵意來解決內部問題，對他們來說甚至更加可行了。毛澤東利用「反美帝」來刺激生產和推行民兵制度就是一個明顯的例子❷。

這種動員與排外的關係表明，對中國政治研究來說，必須提出一種新的動員理論。一般相信共產黨一向以意識形態來提高人民士氣，動員羣眾與幹部。舒門氏（Franz Schurmann）的見解是：意識形態是領導用來推動組織的工具❸。（見表13-1A）他的理論在沒有統治危機的時期，如一九五三年至一九五七年，第一個五年計畫時期比較合適。但事實證明，在危機時期，領導分裂，馬列主義與毛澤東思想發生許多對立的辯論，已不能有效地化解民怨。所以，正是在統治危機時期，中國領導便轉而求助於排外，利用排外來爭取國內的支持。（見表13-1B）排外宣傳和羣眾運動被用來振奮民心，提高民族精神，轉移國內不滿，減少阻力和加強領導地位。所以排外是動員羣眾有力

❷ Richard H. Solomon, *Mao's Revolution and the Chinese Culture*, Berkeley, Calif.: University of California Press, 1972, Paperback edition, p. 388.

❸ Franz Schurmann, *Ideology and Organization in Communist China*, Berkeley, Calif.: University of California Press, Enlarged second edition, 1968, pp. 71-73.

的工具。

表 13-1 動員理論

A.領導→意識形態→動員

B.領導→排外→動員

四、排外與權力鬥爭

　　有些國際政治學者業已提出：領導發生尖銳矛盾時會導致對外敵意的增長。觀察五十年代中國國內政治，可明顯看出，由於政治制度不健全，權力鬥爭在政治上將中國推向「左」的方向，此時發生一種連鎖反應：權力鬥爭愈烈愈導致「左」的發展，意識形態便愈強調反帝和反外部敵人。不斷的政治鬥爭於是導致了更「左」的意識形態，提高了排外的情緒。這形成了一種螺旋式發展令「左」與排外相互衝擊，不斷提高。排外情緒的高昂導致了對外國的激烈攻擊，大眾傳媒亦反映了這種情緒的氣勢。倘若不是由於意識形態的緩和與政治環境的劇變，如美國撤出遠東、中美修好、中國加入聯合國、毛澤東逝世、四個現代化的推行等事情發生，這種排外的激烈情緒是不會下降的。

　　五十年代和六十年代時期，上層內部之間的分裂和權力鬥爭導致了更高程度的排外。文革期間曾利用對「蘇修」的攻擊將劉少奇和排外聯繫起來。毛派操縱排外來加強他們的控制，幫助他們鞏固自己的權力。事實上，毛承認了對外衝突對國內統一的功用。例如，在一九六〇年的一次題為「關於反華問題」的講話中，他再次聲明「他們反華，損傷不了我們一根毫毛……他們反華，可以激發我們全黨全民團結起來，樹立雄心壯志，一定要在經濟上、文化上趕上並超過最發達的西方國家。」換句話說，毛明顯主張：外部的衝擊可以用作加強內

部團結和動員的工具。他的論點進一步證實了筆者的動員理論。權力鬥爭與排外密切關聯顯示，如果政治權力不穩定，像以往高層領導，陷於嚴重的權力鬥爭時那樣，排外可能再次興起，這裏潛伏著危險。

五、發展現代化與排外的低落

從一九四九年起至七十年代初，每當發生統治危機時，排外情緒就會變得更爲強烈。這些時期都是「左」的高潮時期。無休止的鬥爭推動意識形態走向「左」的極端，引起更強烈的排外，從而使中國與西方國家隔絕。因此，當統治危機和排外並發之時，便不可能發展現代化。因此推行現代化必須壓制排外。（見表13-2）

表 13-2 現代化模型

統 治 危 機

	高
革命	高
現代化	低

排外

低	高

七十年代初，人民對不斷的政治鬥爭和階級鬥爭運動逐漸冷落，引起排外的低落。美國干預越南戰爭降級以及對中國採取緩和政策，

又大大地助長了這一趨勢。後來的四個現代化政策又進一步壓制了排外的情緒。

　　雖然排外之轉入低調於七十年代初已見端倪，「左」和排外的終止卻是在一九七六年毛逝世和「四人幫」被捕後。從此鄧小平班子竭盡全力來維持政治安定，減少統治危機，強調安定團結，減少傳播媒介對西方和蘇聯的攻擊。一九八三年消除精神污染運動，在黨內改革派的抵制下未發展成羣眾運動，三個月即冷卻下來。一九八五年反日學生示威亦很快冷靜下來，盡量減少排外示威。這些都是爲與西方建立較密切的關係以及保持國內政治穩定，以便全面發展四個現代化。

　　在目前階段，只有將統治危機和排外控制在低水平上，中國的現代化才可能達到預期的目標。毫無疑問，中國迫切需要建立一種有效的政治制度來控制統治危機與排外情緒。不過，現代化無論在何時何地發展都會引起社會變遷、挫敗和政治參與的要求。中國亦難例外❹，而這些後果難免又會引起新的排外，新的統治危機。一九八五年學生反日示威就是一個明證。中國一百多年來，現代化發展似乎經常產生自我抑制的阻礙，它在解決舊問題的同時又製造出新的問題來。因此，除非建立一種可以控制統治危機和排外的政治制度，中國的現代化的發展可能再遭受到嚴重的阻礙。

❹　〈關於反華問題〉（一九六〇年三月二十二日），《毛澤東思想萬歲》，頁三一六至三一七。

後記： 一九八七年反對資產階級自由化

反日情緒在黨的安撫之下於一九八六年初已平靜下來，但是四項
堅持與開放政策以後產生的思想之間的矛盾並未解決。

一九八六年十二月初，中國大陸又發生學潮。從安徽開始，蔓延
至包括北京與上海在內的二十幾個省市的大學。其主要口號是民主與
體制改革，但也有些攻擊黨及領導人的標語，因此引起很大震動，雖
在一月中已被壓制下來，但它導致總書記胡耀邦辭職。事後中共發起
「反對資產階級自由化」。一方面繼續堅持四項基本原則，另一方面
又繼續實行對外開放、對內搞活經濟的政策。

受「反對資產階級自由化」運動的影響最大的是文化界。王若
望、方勵之、劉賓雁被開除黨籍。北京指責他們誣蔑黨及領導人，反
對四項基本原則，造成對一部分青年學生惡劣的影響❶。除此以外他
們亦被指責鼓吹「全盤西化」，宣揚西方資產階產的自由與民主及攻
擊馬列主義❷。因為他們鼓吹西方的多黨制及政治制度威脅了中共的
一黨專政及四項堅持，所以北京視之如洪水猛獸而必須加以清除。

反對資產階級自由化運動對傳播媒介的衝擊頗大，一些比較開放
的報紙例如深圳《青年報》、特區《工人報》、上海《世界經濟導
報》、廣州《現代人報》都受到批評與作了檢討，《上海社會報》

---

❶ 〈堅持共產黨的領導〉，《紅旗》，評論員，一九八七年第三期，第
三至四頁。
❷ 同上註。

停刊❸。由此可進一步了解黨的領導與四項基本原則在開放政策之下是不許攻擊或評論的。雖然目前反對資產階級自由化並非即意味著排外，但它清楚地說明中共在政治與社會領域上堅持反對西方的民主自由思想。這種反對西方的情緒在政治不穩定時極易被政治化而產生排外的情緒。以往文革初期也是因文化與思想上的矛盾而變成驚天動地的大動亂。上述排外情緒在中國政治不安時常被利用、誇大而導致排外的事件，層出不窮，不再贅述。所以反對「資產階級自由化」表面上是打擊反黨人士，加強黨的領導，其實長此下去影響政治安定，妨礙中國政治制度化與法制的發展，阻礙中國在政治制度上的發展。

學生對民主與政治體制改革的要求世界各地都有，並非一項嚴重的政治事件，應由各地公安人員處理，最多由部長級幹部負責即可❹。

但是中國這次的學潮卻變成保守派打擊開放派的藉口。保守派用「資產階級自由化」的帽子扣在學生身上而把它變成政治事件，結果胡耀邦及其支持者變成犧牲品。它的獨特之處是把學潮變成政治上敵我的鬥爭。與以往政治鬥爭一樣，誰有力量把對方與敵人拉在一起，扣上帽子就可以打倒對方，這是中國近代政治鬥爭的老方法，也是應用排外情緒為政治武器的典型例子。

顯然，反對資產階級自由化與文革時期反西方文化不同。此次反「自由化」的重點是反對在中國實行西方的多黨制及政治制度的思潮❺。但是反對資產階級自由化運動與反對精神污染一樣，反映了北

---

❸ 張結鳳：〈反自由化峯廻路轉〉，《百姓半月刊》，香港，一九八七年二月十六日，第五頁。

❹ 西歐國家、日本與南韓學潮甚為頻繁，近來南韓學生屢次示威遊行要求民主改革，甚至發生學生與警察衝突對抗或打鬥事件，皆由當地治安機關負責處理，內閣並未因之而震撼。

❺ 〈西方多黨制民主是大陸反資焦點〉，《明報》，一九八七年三月二十五日。

京不斷的在意識形態上竭力阻擋西方經濟與政治思想的影響。在開放政策之下，中國與西方國家在經濟上與科技上的交流日益密切，西方思想、文化難免將滲入中國。不斷地反對資產階級自由化將弄巧成拙，阻礙中外經濟關係及科技的交流。只要中國對西方的資金與科技的需要不減，北京必須調整意識形態，這是中國要吸取西方資金與科技的代價。除非北京可以降低其對西方思想的抗拒性，中西關係是很難穩定與長久的。從這個角度看來，要發展中西關係，今後應減少這種反西方思想的運動，降低反對「資產階級」的情緒，培養對不同文化與思想的了解與適應。

二十世紀中中國最大的成就是從帝國主義的壓迫下解放出來。目前帝國主義已遠離中國領土，領導人利用帝國主義或資本主義的帽子打擊異己，是中國政治最嚴重的問題之一。不從這政治惡習中解放出來，中國政治不能上軌道，經濟不能長久穩定發展，中國就不能富強。中國的問題是政治問題，政治的問題就是制度問題。如果不勵精圖治，大刀闊斧從事政治體制改革，而老是用「反對資產階級自由化」或「反對精神污染」去肯定馬列及毛澤東思想的正統性與權威，除了產生思想僵化，對外孤立以外，政治上不可能有突破。西方國家花了三、四百年才得到「沒有政治現代化就不能發展經濟現代化」的教訓❻。中國幾十年來政治上的折騰及經濟上的阻滯也證明這個教訓的實用性。政治體制改革是中國今後發展的瓶頸。在這個十字路口，中國的抉擇將決定二十一世紀十億中國人民的命運。

---

❻ 廖光生：〈經濟現代化與政治的發展〉，《中國經濟特區年鑑》（一九八六年），香港中國經濟特區年鑑出版社，第六〇七至六一四頁。

附錄㈠　主要中文參考書（按拼音字母排列）

C　陳端志：《五四運動之史的評價》，香港，波文書局，一九七四，重印版。

D　丁守和、殷敍彝：《從五四啟蒙運動到馬克思主義的傳播》，北京，三聯書店，一九七九。

　　丁望：《中國大陸新聞界文化大革命資料彙編》，香港，中文大學，一九七三。

F　傅啟學：《中國外交史》，臺北，商務印書館，一九七二。

G　《關於人道主義和異化問題論文集》，北京，人民出版社，一九八四。

　　郭廷以：《近代中國史綱》，香港，中文大學，一九七九。

H　胡濱：《中國近代改良主義思想》，北京，中華書局，一九六四。

　　胡適：《胡適文選》，臺北，遠東圖書公司，一九八二再版。

　　胡繩：《帝國主義與中國政治》，北京，人民出版社，一九七八。

　　胡繩：《從鴉片戰爭到五四運動》（上、下冊），北京，人民出版社，一九八一。

　　宦鄉：《縱橫世界》，世界知識出版社，一九八五。

J　蔣中正：《中國之命運》，臺北，正中書局，一九七五版。

　　蔣廷黻：《近代中國外交史資料輯要》，上海商務印書館，一九三一。

L　列寧：《列寧論帝國主義》，北京，人民出版社，一九七四。

李國祁： 《中國早期的鐵路經營》，臺北，中央研究院近代史研究所，一九七六再版。

李時岳： 《近代中國反洋教運動》，北京，人民出版社，一九八五。

李思涵： 《晚清收回礦權運動》，臺北，中央研究院近代史研究所，一九七八再版。

梁漱溟： 《中國文化要義》，臺北，正中書局，一九七五再版。

梁漱溟： 《東西文化及其哲學》，香港，朗敏書局，重印版。

呂實強： 《中國官紳反教的原因》，臺北，中央研究院近代史研究所，一九六六。

呂實強： 《中國早期的輪船經營》，臺北，中央研究院近代史研究所，一九七六再版。

M 宓汝成： 《帝國主義與中國鐵路》，上海人民出版社，一九八〇。

牟安世： 《洋務運動》，上海，人民出版社，一九五六。

《毛澤東思想萬歲》，香港，一山書屋，影印本。

Q 全漢昇： 《漢冶萍公司史略》，香港中文大學，一九七二。

S 孫中山： 《三民主義》，臺北，正中書局，一九七四再版。

W 王聖： 《中英開平礦權交涉》，臺北，中央研究院近代史研究所，一九七八再版。

王爾敏： 《中國近代思想史論》，臺北，華世出版社，一九七七。

王爾敏： 《清季兵工業的興起》，臺北，中央研究院近代史研究所，一九七七。

王若水： 《爲人道主義辯護》，北京，三聯書店，一九八六。

王明倫選編： 《反洋教書文揭貼選》，山東濟南，齊魯書店，一九八四。

王栻：《維新運動》，上海，人民出版社，一九八六。

吳承明：《帝國主義在舊中國的投資》，北京，中國史學社，一九五六。

吳玉章：《吳玉章回憶錄》，北京，中國青年出版社，一九七八。

X　夏東元：《鄭觀應傳》，上海，華東師範大學出版社，一九八五。

許冠三：《劉少奇與劉少奇路線》，香港，中道出版社，一九八○。

Y　嚴中平：《中國近代經濟史統計資料纂集》，北京，科學出版社，一九五五。

嚴家其、高皋編著：《中國文革十年》上、下冊，香港大公報，一九八六。

楊天石、王學莊：《拒俄運動》，北京，中國社會科學出版社，一九七九。

楊榮紳主編：《對外開放縱橫談》，北京，求實出版社，一九八五。

楊君實：《現代化與中國共產主義》，香港，中文大學出版社，一九八七。

Z　張國輝：《洋務運動與中國近代企業》，北京，中國社會科學出版社，一九七九。

張存武：《中美工約風潮》，臺北，臺灣商務印書館，一九六五。

鄒魯：《中國國民黨史略》，臺北，臺灣商務印書館，一九七四。

附錄㈡ 主要英文參考書：

Armstrong, J.D., *Revolutionary Diplomacy*: *Chinese Foreign Policy and the United Front Doctrine*, Calif.: University of California Press, 1977.

Bailey, Thomas A., *A Diplomatic History of the American People* New York: Meredith Corporation, 1969.

Banno, Masotaka, *China and the West, 1858-1961*: *The Origin of the Tsungli Yamen*, Cambridge, Mass: Harvard University Press, 1964.

Baum, Richard and Fewes, Frederick C., *Ssu-ch'ing*: *The Socialist Education Movement of 1962-1966*, Berkeley: University of California Press, 1972.

Berkowitz, L., *Aggression*: *A Social Psychological Analysis*, New York: McGraw-Hill Book Co., 1962.

Boyd, R.G., *Communist China's Foreign Policy*, New York: Praeger, 1962.

Brandt, Conrad, Schwartz, Benjamin and Fairbank, John K., *A Documentary History of Chinese Communism*, New York: Atheneum, 1966.

Chang, Chung-li, *The Chinese Gentry*, Seattle: University of Washington Press, 1955.

Ch'en, Jerome, *China and the West*, London: Hutchison & Co., 1979.

Chesneaux, Jean, *Popular Movement and Secret Societies in China, 1840-1950*, Stanford, Calif: Stanford University Press, 1972.

Cheng, Chester, ed., *The Politics of the Chinese Red Army* (Gong Zuo Tung Xun) Stanford: Hoover Institution Publications, Stanford University Press, 1966.

Cheng, Peter, *A Chronology of the People's Republic of China*, New Jersey: A Littlefield, Adams, 1972.

Ching, Julia, *Confucianism and Christianity*, Tokyo: Kodansha International, 1977.

Chow, Tse-tsung, *The May Fourth Movement*, Stanford, Calif.: Stanford University Press, paperback edition, 1967.

Clemens, Walter C. Jr., *The Arms Race and Sino-Soviet Relations*, Hoover Inst., 1968.

Clubb, O. Edmund, *The 20th Century China*, 2nd edition, New York: Columbia University Press, 1972.

Cohen, Paul A., *China and Christianity*, Cambridge, Mass: Harvard University Press, 1963.

Coser, Lewis, *The Functions of Social Conflict*, 5th printing, New York: The Free Press, 1969.

Criswold, A. Whitney, *The Far Eastern Policy of the United States*, New Haven: Yale University Press, 1964, 4th printing.

Dittmer, Lowell, *Liu Shao-chi and the Chinese Cultural Revolution*, Berkerly: University of California Press, 1974.

Dutt, Vidya Prakash, *China and the World: An Analysis of Communist China's Foreign Policy*, New York: Praeger, 1966.

Fairbank, John King, *The United States and China*, 3rd edition, Cambridge, Mass: Harvard University Press, 1971.

Fainsod, Merle, *How Russia is Ruled*, Cambridge: Harvard

University Press, 1963.

Fei, Hsiao-tung, *China's Gentry*, 1st Pheonix edition, Chicago: The University of Chicago Press, 1968.

Feuerwerker, Albert, *China's Early Industrialization*, Cambridge, Mass: Harvard University Press, 1958.

Gittings, John, *The World and China, 1922-1972*, New York: Harper & Row, 1974.

Gordon, Bernard K. , *The Dimensions of Conflict in Southeast Asia*, New Jersey: Prentice-Hall, 1966.

Halperin, Morton H. & Perkins, Dwight H. , *Communist China and Arms Control*, Cambridge: Harvard University Press, 1965.

Haas, Ernst & Whiting, Allen S. , *Dynamics of International Relations*, New York: McGraw-Hill, 1956.

Hinton, Harold C. , *Communist China in World Politics*, Boston: Houghton Mifflin Company, 1966.

Hou, Chi-ming, *Foreign Investment and Economic Development in China*, Cambridge, Mass: Harvard University Press, 1965.

Houn, Franklin W. , *To Change A Nation*, New York: Free Press, 1961.

Hsu, Leonard, *Sun Yat-sen*, Los Angeles, Calif.: University of Southern California, 1933.

Hunter, Neale, *Shanghai Journal*, New York: Praeger, 1969.

Israel, John, *Student Nationalism in China, 1927-1937*, Stanford: Hoover Institution, Stanford University Press, 1966.

Isaacs, Harold R. , *The Tragedy of the Chinese Revolution*, 2nd revised edition, New York: Atheneum, 1966.

Jansen, Marius B. , *Japan and China: From War to Peace,*

1894-1972, Chicago: Rand McNally College Publishing Company, 1975.

Johnson, Chalmers A., *Peasant Nationalism and Communist Power*, Stanford, Calif.: Stanford University Press, 1967. Reprint.

Knorr, Klaus, *The War Potential of Nations*, Princeton University Press, 1956.

Larkin, Bruce D., *China and Africa, 1949-1970*, Calif: University of California Press, 1971.

Levenson, Joseph R., *Liang Chi-ch'ao and the Mind of Modern China*, Berkeley: University of California Press, 1970.

Lewis, John Wilson, *Leadership in Communist China*, Ithaca, New York: Cornell University Press, 1964.

Li, Chien-nung, *The Political History of Chiua, 1840-1928*, trans. and ed. by S. Y. Teng and Jeremy Ingalls, Stanford, Calif.: Stanford University Press, Paperback edition, 1967.

Liu, Alan P. L., *Communication and National Integration in Communist China*, Berkeley: University of California Press, 1971.

Mao, Zedong, *Chairman Mao's Theory of the Differentiation of the Three Worlds is a Major Contribution to Marxism-Leninism*, Peking: Foreign Language Press, 1977.

Mao Zedong, *Selected Works of Mao Zedong*, Peking: Foreign Languages Press, 1967, vol. I-IV.

Mao Zedong, *Selected Readings from the Works of Mao Zedong*, (Selected Readings) Peking: Foreign Languages Press, 1971.

Masaya, Sasaki *Shinmatsu No Haigai Undo* (Antiforeign Movement during the Late Qing Period) Tokyo: Gan Nan Do Book Store, 1968.

Maxwell, Nevillie, *India's China War*, New York: Random House, 1970.

Meyer, Alfred G., *Leninism, New York: Praeger University Series, 1956.*

Morse, H.B., *The International Relations of the Chinese Empire*. Reprint. Taipei: Book World Co., 1960, Vol. 2, 1861–1893, vol. 2, 1894–1911.

Ojah, Ishwer C., *Chinese Foreign Policy in an Age of Transition*, Boston: Beacon Press, 1971.

Pruitt, Dean G. and Snyder, Richard C. ed., *Theory and Research of the Causes of War*, N.J.: Prentice-Hall, Inc. 1969.

Pye, Lucian W., *The Spirit of Chinese Politics*, Cambridge, Mass: The M.I.T. Press, 1968.

Rawlinson, John L., [*China's Struggle for Naval Development, 1839–1895*, Cambridge, Mass: Harvard University Press, 1967.

Rejai, M., *Mao Zedong on Revolution and War*, New York: Doubleday & Co., Anchor Books, 1970.

Remer, C.F., *A Study of Chinese Boycott*, Baltimore: John Hopkins Press, 1933.

Remer, C.F., *Foreign Investment in China*, New York: Howard Fertig, 1968.

Richman, Barry M., *Industrial Society in Communist China*, New York: Vintage Books, 1972.

Rosecrance, Richard [N., *Action and Reaction in World Politics*, Boston: Little, Brown and Company, 1963.

Rosenau, James N. ed., *Linkage Politics*, New York: Free Press, 1969.

Russet, Bruce M., *International Regions and the International System: A Study in Political Ecology*, Chicago: Rand McNally, 1967.

Schaller, Michael, *The United States and China in the Twentieth Century*, New York: Oxford University Press, 1979.

Schiffrin, Harold Z., *Sun Yat-sen and the Origins of the Chinese Revolution*, Berkeley, Los Angeles: University of California Press, 1968.

Schram, Stuart, *Mao Zedong*, Baltimore: Penguin Books, 1966.

Schrecker, John E., *Imperialism and Chinese Nationalism, Germany in Shantung*, Cambridge, Mass: Harvard University Press, 1971.

Schurmann, Franz, *Ideology and Organization in Communist China*, Berkeley, Calif.: University of California Press, enlarged second edition, 1968.

Schurmann, Franz and Schell, Orville, *Republic China*, New York: Vintage, 1967.

Schwartz, Benjamin, *Chinese Communism and the Rise of Mao*, Cambridge: Harvard University Press, 1966.

Sharman, Lyon, *Sun Yat-sen, His Life and Its Meaning*, Stanford., Calif.: Stanford University Press, 1968.

Sheridan, James S., *China in Disintegration*, New York: The Free Press, 1975.

Shieh, Milton J. T., *The Kuomintang: Selected Historical Documents, 1894-1969*, St John's University Press, 1970.

Skocpol, Theda, *States and Social Revolutions*, New York: Cambridge University Press, 1979.

Solomon, Richard H., *Mao's Revolution and the Chinese Culture*, Berkeley, Calif.: University of California Press, 1972, paperback edition.

Sorokin, P. A., *Social and Cultural Dynamics*, New York: American Book, 1937, vol. III.

Stoessinger, John G., *The Might of Nations*, New York: Random House, 5th edition, 1975.

Tan, Chester C., *Chnese Political Thought in the Twentieth Century*, New York: Doubleday & Company, Inc., 1971.

Teiwes, Frederick C., *Politics and Purges in China*, New York: M. E. Sharpe, Inc., 1979.

Teng, S. Y., *The Taiping Rebellion and the Western Powers*, Taipei: Rainbow-Bridge Book Co., 1968.

Teng, Ssu-yu and Fairbank, John K., *China's Response to the West: A Documentary Survey, 1839-1923*, Cambridge, Mass: Cambridge University Press, 1961.

Tong, Hollington K., *Chiang Kai-shek*, Taipei: China Publishing Co., 1953.

Townsend, James R., *Political Participation in Communist China*, Berkeley: University of California Press, 1972.

Tyau, Min-chien, ed., *Two Years of Nationalist China*, Shanghai: Kelly and Walsh, 1930.

Varg, Paul A., *Missionaries, Chinese and Diplomats*, New Jersey: Princeton University Press, 1958.

Wang, Y. C., *Chinese Intellectuals and the West, 1872-1949*, Chapel Hill: The University of North Carolina Press, 1966.

Weng, Byron, *Peking's UN Policy: Continuity and Change*,

New York: Praeger Publishers, 1972.

White, Theodore and Jocoby, Annalee, *Thunder Out of China*, New York: William Sloane Associates, 1946.

Whiting, Allen S., *The Chinese Calculus of Deterrence*, An Arbor: University of Michigan, 1975.

Wilbur, C. Martin, *Sun Yat-sen: Frustrated Patriot*, New York: Columbia University Press, 1976.

Willoughby, Westel W., *Foreign Rights and Interests in China*, Baltimore: The John Hopkins, 1927.

Woodhead, H. G. W., *Extraterritoriality in China*, Tientsin: Tientsin Press, Ltd., 1929.

Wright, Arthur, *Buddhism in Chinese History*, New York: Atheneum, 1965.

Wright, Mary C., *The Last Stand of Chinese Conservatism: The Tung-chih Restoration, 1862-1874*, Stanford, Calif.: Stanford University Press, 1957.

Wu, Yuan-li, Ling, H. C. and Wu, Grace H., *The Spatial Economy of Communist China*, New York: Praeger, 1967.

Yahuda, Michael B., *China's Role in World Affairs*, London: Croom Helm, 1978.

Yu, Frederick T. C., *Mass Persuasion in Communist China*, New York: Praeger, 1964.

附錄㈢ 排外示威統計表

表 3-1 排外示威（一九六七——一九七〇）

月份	1967	1968	1969	1970
一	26	0	0	0
二	37	0	0	0
三	2	1	256	0
四	17	29	0	0
五	17	82	21	248
六	30	0	7	12
七	12	2	1	0
八	8	0	52	0
九	4	2	12	0
十	1	2	0	0
十一	0	2	4	0
十二	1	36	9	0
總計	141	156	362	260

表 3-2 排外示威（一九七一）

月份	美國	蘇聯	其他	小計
一	6	0	0	6
二	7	0	0	7
三	1	0	0	1
四	0	0	0	0
五	1	0	0	1
六	1	0	0	1
七	4	0	0	4
八	0	0	0	0
九	0	0	0	0
十	2	0	0	2
十一	3	0	0	3
十二	2	0	0	2
總計	27	0	0	27

表 3-3　排外示威（一九七二）

月份	美國	蘇聯	其他	小計
一	0	0	0	0
二	0	0	0	0
三	0	0	0	0
四	0	0	0	0
五	6	0	0	6
六	0	0	0	0
七	1	0	0	1
八	1	0	0	1
九	1	0	0	1
十	2	1	0	3
十一	0	1	0	1
十二	5	0	0	5
總計	16	2	0	18

表 3-4　排外示威（一九七三）

月份	美國	蘇聯	其他	小計
一	0	0	0	0
二	1	0	0	1
三	1	0	0	1
四	1	0	0	1
五	0	1	0	1
六	1	0	0	1
七	1	0	0	1
八	0	0	0	0
九	1	0	0	1
十	0	0	0	0
十一	3	0	0	3
十二	1	0	2（南韓）*	3
總計	10	1	2	13

＊支持北朝鮮人民的鬥爭及譴責南韓法西斯主義政府。

表 3-5 排外示威 (一九七四)

月份	美國	蘇聯	其他	小計
一	0	0	0	0
二	2	0	0	2
三	0	0	0	0
四	1	0	0	1
五	1	0	0	1
六	0	0	1 (南韓) *	1
七	0	1	1 (北朝鮮) **	2
八	0	1	0	1
九	0	0	0	0
十	0	0	0	0
十一	0	1	0	1
十二	1	0	0	1
總計	5	3	2	10

＊支持南韓學生與人民反對法西斯主義政府。

＊＊支持北朝鮮關於和平統一祖國的三項原則和五點建議。

表 3-6 排外示威 (一九七五)

月份	美國	蘇聯	其他	小計
一	0	0	0	0
二	1	0	0	1
三	0	0	0	0
四	1	0	0	1
五	4	0	0	4
六	0	0	0	0
七	0	0	0	0
八	0	0	0	0
九	0	0	0	0
十	0	0	0	0
十一	0	0	0	0
十二	0	0	0	0
總計	6	0	0	6

表 3-7　排外示威（一九七六）

月份	美國	蘇聯	其他	小計
一	0	0	1*	1
二	0	0	0	0
三	0	0	0	0
四	0	0	0	0
五	0	0	0	0
六	0	0	0	0
七	2	1	0	3
八	0	0	0	0
九	0	0	0	0
十	0	0	0	0
十一	0	0	0	0
十二	1	0	0	1
總計	3	1	1	5

*支持北朝鮮人民爲自由與祖國統一的鬥爭。

表 3-8　排外示威（一九七七）

月份	美國	蘇聯	其他	小計
一	0	0	0	0
二	1	0	0	1
三	0	0	0	0
四	0	0	0	0
五	0	1	0	1
六	0	0	0	0
七	0	1	0	1
八	0	0	0	0
九	0	0	0	0
十	0	1	0	1
十一	0	0	0	0
十二	0	0	0	0
總計	1	3	0	4

表 3-9 排外示威（一九七九）

月份	美國	蘇聯	其他	小計
一	0	1	0	1
二	0	0	0	0
三	0	0	0	0
四	0	0	0	0
五	0	0	0	0
六	0	0	0	0
七	0	0	0	0
八	0	0	0	0
九	0	0	0	0
十	0	0	0	0
十一	0	0	0	0
十二	0	0	0	0
總計	0	1	0	1

註: 一九七八年及一九八〇年未有排外示威的報導。

附錄㈣　英文版《排外與中國政治》之書評

Dr. Liao has produced a fascinating study of his own people.

The facts and conclusions he offers, including 90 pages of detailed appendices, tables, glossary, bibliography (plus index) amply support his case.

Dr. Liao has revealed... the facts of turbulent history which are the foundations of the People's Republic today. But he also shows that much more lies hidden behind the rhetoric of its political leaders than is revealed in the somewhat predictable reports of the Chinese press.

—South China Morning Post

Kuang-sheng Liao has attempted in this ambitious work to trace the course of antiforeignism since the Tongzhi Restoration up to the present day. In so doing he raises many pertinent questions which will interest the historian, the observer of present day Chinese politics, as well as anyone concerned with the relationship between domestic and foreign policies, especially in a modernizing country.

Dr. Liao has brought together incidents from the Qing, the Republican period and the PRC and has attempted to integrate them. In contrast, most studies concentrate on only one of these periods.

—Ching Feng

In this stimulating study, Kuang-sheng Liao, a Hongkong-based sinologist, presents convincing evidence to refute the hypothesis that "anti-foreignism is an important part of Chinese political culture." The putative xenophobia, the scholar contents, is a nationalistic reaction against the Western powers' well-documented infringement of Chinese sovereignty.

—*Asiaweek*

The book makes a convincing case for the importance both of foreign and domestic factors in the development of antiforeignism during the pre-1949 period.

Despite difficulties inherent in examining a single concept over such a long and revolutionary period of China's history, Liao's work——as Allen Whiting points out in his foreword——has filled a major gap in scholarly understanding of antiforeignism in China from 1860 to 1980. The author documents the relation of antiforeignism and foreign intervention in the pre-1949 period, and raises important questions that should stimulate further research about the relation of domestic politics and antiforeignism in the People's Republic of China.

—*Pacific Affairs*

This book as a scholastic attempt devoted to clarify China's mixed reaction to the West should be welcomed. To assist us in understanding the dynamic relations between China's foreign policy intertwined with domestic politics, Dr. Liao's study is an unrivalled production.

In any event, this book should attract a wide readership, and it is recommended to any foreigner, whether a Western business executive or an academic historian. Reading this book would indeed heighten awareness of China's feelings towards individual foreigners as prototypes.

—*Journal of Contemporary Asia*

book would indeed heighten awareness of China's feelings towards individual foreigners as prototypes.

—*Journal of Contemporary Asia*

滄海叢刊已刊行書目 (八)

書　　　　　名	作　　者	類　　　別
文 學 欣 賞 的 靈 魂	劉 述 先	西 洋 文 學
西 洋 兒 童 文 學 史	葉 詠 琍	西 洋 文 學
現 代 藝 術 哲 學	孫 旗 譯	藝 術
音 樂 人 生	黃 友 棣	音 樂
音 樂 與 我	趙 琴	音 樂
音 樂 伴 我 遊	趙 琴	音 樂
爐 邊 閒 話	李 抱 忱	音 樂
琴 臺 碎 語	黃 友 棣	音 樂
音 樂 隨 筆	趙 琴	音 樂
樂 林 蓽 露	黃 友 棣	音 樂
樂 谷 鳴 泉	黃 友 棣	音 樂
樂 韻 飄 香	黃 友 棣	音 樂
樂 圃 長 春	黃 友 棣	音 樂
色 彩 基 礎	何 耀 宗	美 術
水 彩 技 巧 與 創 作	劉 其 偉	美 術
繪 畫 隨 筆	陳 景 容	美 術
素 描 的 技 法	陳 景 容	美 術
人 體 工 學 與 安 全	劉 其 偉	美 術
立 體 造 形 基 本 設 計	張 長 傑	美 術
工 藝 材 料	李 鈞 棫	美 術
石 膏 工 藝	李 鈞 棫	美 術
裝 飾 工 藝	張 長 傑	美 術
都 市 計 劃 概 論	王 紀 鯤	建 築
建 築 設 計 方 法	陳 政 雄	建 築
建 築 基 本 畫	陳 榮 美 楊 麗 黛	建 築
建 築 鋼 屋 架 結 構 設 計	王 萬 雄	建 築
中 國 的 建 築 藝 術	張 紹 載	建 築
室 內 環 境 設 計	李 琬 琬	建 築
現 代 工 藝 概 論	張 長 傑	雕 刻
藤 竹 工	張 長 傑	雕 刻
戲 劇 藝 術 之 發 展 及 其 原 理	趙 如 琳 譯	戲 劇
戲 劇 編 寫 法	方 寸	戲 劇
時 代 的 經 驗	汪 琪 彭 家 發	新 聞
大 眾 傳 播 的 挑 戰	石 永 貴	新 聞
書 法 與 心 理	高 尚 仁	心 理

書　　　名	作　　者	類　　　別
印度文學歷代名著選 (上)(下)	糜文開編譯	文　　　　學
寒　山　子　研　究	陳　慧　劍	文　　　　學
魯　迅　這　個　人	劉　心　皇	文　　　　學
孟　學　的　現　代　意　義	王　支　洪	文　　　　學
比　　較　　詩　　學	葉　維　廉	比　較　文　學
結構主義與中國文學	周　英　雄	比　較　文　學
主題學研究論文集	陳鵬翔主編	比　較　文　學
中　國　小　説　比　較　研　究	侯　　　健	比　較　文　學
現　象　學　與　文　學　批　評	鄭　樹　森編	比　較　文　學
記　　號　　詩　　學	古　添　洪	比　較　文　學
中　美　文　學　因　緣	鄭　樹　森編	比　較　文　學
文　　學　　因　　緣	鄭　樹　森	比　較　文　學
比　較　文　學　理　論　與　實　踐	張　漢　良	比　較　文　學
韓　非　子　析　論	謝　雲　飛	中　國　文　學
陶　淵　明　評　論	李　辰　冬	中　國　文　學
中　國　文　學　論　叢	錢　　　穆	中　國　文　學
文　　學　　新　　論	李　辰　冬	中　國　文　學
離騷九歌九章淺釋	繆　天　華	中　國　文　學
苕華詞與人間詞話述評	王　宗　樂	中　國　文　學
杜　甫　作　品　繫　年	李　辰　冬	中　國　文　學
元　曲　六　大　家	應　裕　康 王　忠　林	中　國　文　學
詩　經　研　讀　指　導	裴　普　賢	中　國　文　學
迦　陵　談　詩　二　集	葉　嘉　瑩	中　國　文　學
莊　子　及　其　文　學	黃　錦　鋐	中　國　文　學
歐　陽　修　詩　本　義　研　究	裴　普　賢	中　國　文　學
清　真　詞　研　究	王　支　洪	中　國　文　學
宋　儒　風　範	董　金　裕	中　國　文　學
紅　樓　夢　的　文　學　價　值	羅　　　盤	中　國　文　學
四　説　論　叢	羅　　　盤	中　國　文　學
中　國　文　學　鑑　賞　舉　隅	黃　慶　萱 許　家　鸞	中　國　文　學
牛李黨爭與唐代文學	傅　錫　壬	中　國　文　學
增　訂　江　皋　集	吳　俊　升	中　國　文　學
浮　士　德　研　究	李　辰　冬譯	西　洋　文　學
蘇　忍　尼　辛　選　集	劉　安　雲譯	西　洋　文　學

書　　　　名	作　　者	類	別
中西文學關係研究	王　潤　華	文	學
文　開　隨　筆	王　糜　開	文	學
知　識　之　劍	陳　鼎　環	文	學
野　　草　　詞	韋　瀚　章	文	學
李　韶　歌　詞　集	李　　韶	文	學
石　頭　的　研　究	戴　　天	文	學
留　不　住　的　航　渡	葉　維　廉	文	學
三　十　年　詩	葉　維　廉	文	學
現　代　散　文　欣　賞	鄭　明　娳	文	學
現　代　文　學　評　論	亞　　菁	文	學
三　十　年　代　作　家　論	姜　　穆	文	學
當　代　臺　灣　作　家　論	何　　欣	文	學
藍　天　白　雲　集	梁　容　若	文	學
見　　賢　　集	鄭　彥　棻	文	學
思　　齊　　集	鄭　彥　棻	文	學
寫　作　是　藝　術	張　秀　亞	文	學
孟　武　自　選　文　集	薩　孟　武	文	學
小　說　創　作　論	羅　　盤	文	學
細　讀　現　代　小　說	張　素　貞	文	學
往　　日　　旋　　律	幼　　柏	文	學
城　　市　　筆　　記	巴　　斯	文	學
歐　羅　巴　的　蘆　笛	葉　維　廉	文	學
一　個　中　國　的　海	葉　維　廉	文	學
山　　外　　有　　山	李　英　豪	文	學
現　實　的　探　索	陳　銘　磻　編	文	學
金　　　排　　　附	鍾　延　豪	文	學
放　　　　　鷹	吳　錦　發	文	學
黃　巢　殺　人　八　百　萬	宋　澤　萊	文	學
燈　　　下　　　燈	蕭　　蕭	文	學
陽　關　千　唱	陳　　煌	文	學
種　　　　　籽	向　　陽	文	學
泥　土　的　香　味	彭　瑞　金	文	學
無　　　　　緣　廟	陳　艷　秋	文	學
鄉　　　　　事	林　清　玄	文	學
余　忠　雄　的　春　天	鍾　鐵　民	文	學
吳　煦　斌　小　說　集	吳　煦　斌	文	學

滄海叢刊已刊行書目 (四)

書　　　名	作　者	類　別
歷　史　圈　外	朱　桂	歷史
中　國　人　的　故　事	夏　雨　人	歷史
老　　臺　　灣	陳　冠　學	歷史
古　史　地　理　論　叢	錢　穆	歷史
秦　　漢　　史	錢　穆	歷史
秦　漢　史　論　稿	刑　義　田	歷史
我　這　半　生	毛　振　翔	歷史
三　生　有　幸	吳　相　湘	傳記
弘　一　大　師　傳	陳　慧　劍	傳記
蘇　曼　殊　大　師　新　傳	劉　心　皇	傳記
當　代　佛　門　人　物	陳　慧　劍	傳記
孤　兒　心　影　錄	張　國　柱	傳記
精　忠　岳　飛　傳	李　安	傳記
八十憶雙親 師友雜憶　合刊	錢　穆	傳記
困　勉　強　狷　八　十　年	陶　百　川	傳記
中　國　歷　史　精　神	錢　穆	史學
國　史　新　論	錢　穆	史學
與　西　方　史　家　論　中　國　史　學	杜　維　運	史學
清　代　史　學　與　史　家	杜　維　運	史學
中　國　文　字　學	潘　重　規	語言
中　國　聲　韻　學	潘　重　規 陳　紹　棠	語言
文　學　與　音　律	謝　雲　飛	語言
還　鄉　夢　的　幻　滅	賴　景　瑚	文學
葫　蘆　‧　再　見	鄭　明　娳	文學
大　地　之　歌	大地詩社	文學
青　　　　春	葉　蟬　貞	文學
比　較　文　學　的　墾　拓　在　臺　灣	古　添　洪 陳　慧　樺　主編	文學
從　比　較　神　話　到　文　學	古　添　洪 陳　慧　樺	文學
解　構　批　評　論　集	廖　炳　惠	文學
牧　場　的　情　思	張　媛　媛	文學
萍　踪　憶　語	賴　景　瑚	文學
讀　書　與　生　活	琦　君	文學

滄海叢刊已刊行書目 (三)

書　名	作　者	類	別
不　疑　不　懼	王　洪　鈞	敎	育
文　化　與　敎　育	錢　　穆	敎	育
敎　育　叢　談	上　官　業　佑	敎	育
印　度　文　化　十　八　篇	糜　文　開	社	會
中　華　文　化　十　二　講	錢　　穆	社	會
清　代　科　舉	劉　兆　璸	社	會
世　界　局　勢　與　中　國　文　化	錢　　穆	社	會
國　　家　　論	薩　孟　武　譯	社	會
紅　樓　夢　與　中　國　舊　家　庭	薩　孟　武	社	會
社　會　學　與　中　國　研　究	蔡　文　輝	社	會
我　國　社　會　的　變　遷　與　發　展	朱　岑　樓　主編	社	會
開　放　的　多　元　社　會	楊　國　樞	社	會
社會、文化和知識份子	葉　啓　政	社	會
臺　灣　與　美　國　社　會　問　題	蔡　文　輝　主編 蕭　新　煌	社	會
日　本　社　會　的　結　構	福　武　直　著 王　世　雄　譯	社	會
三　十　年　來　我　國　人　文　及　社　會 科　學　之　回　顧　與　展　望		社	會
財　經　文　存	王　作　榮	經	濟
財　經　時　論	楊　道　淮	經	濟
中　國　歷　代　政　治　得　失	錢　　穆	政	治
周　禮　的　政　治　思　想	周　世　輔 周　文　湘	政	治
儒　家　政　論　衍　義	薩　孟　武	政	治
先　秦　政　治　思　想　史	梁　啓　超　原著 賈　馥　茗　標點	政	治
當　代　中　國　與　民　主	周　陽　山	政	治
中　國　現　代　軍　事　史	劉　馥　著 梅　寅　生　譯	軍	事
憲　法　論　集	林　紀　東	法	律
憲　法　論　叢	鄭　彥　棻	法	律
師　友　風　義	鄭　彥　棻	歷	史
黃　　帝	錢　　穆	歷	史
歷　史　與　人　物	吳　相　湘	歷	史
歷　史　與　文　化　論　叢	錢　　穆	歷	史

滄海叢刊已刊行書目 (二)

書　　　名	作　　者	類			別
語　言　哲　學	劉　福　增	哲			學
邏　輯　與　設　基　法	劉　福　增	哲			學
知識·邏輯·科學哲學	林　正　弘	哲			學
中　國　管　理　哲　學	曾　仕　強	哲			學
老　子　的　哲　學	王　邦　雄	中	國	哲	學
孔　學　漫　談	余　家　菊	中	國	哲	學
中　庸　誠　的　哲　學	吳　　怡	中	國	哲	學
哲　學　演　講　錄	吳　　怡	中	國	哲	學
墨　家　的　哲　學　方　法	鐘　友　聯	中	國	哲	學
韓　非　子　的　哲　學	王　邦　雄	中	國	哲	學
墨　　家　　哲　　學	蔡　仁　厚	中	國	哲	學
知識、理性與生命	孫　寶　琛	中	國	哲	學
逍　遙　的　莊　子	吳　　怡	中	國	哲	學
中國哲學的生命和方法	吳　　怡	中	國	哲	學
儒　家　與　現　代　中　國	韋　政　通	中	國	哲	學
希　臘　哲　學　趣　談	鄔　昆　如	西	洋	哲	學
中　世　哲　學　趣　談	鄔　昆　如	西	洋	哲	學
近　代　哲　學　趣　談	鄔　昆　如	西	洋	哲	學
現　代　哲　學　趣　談	鄔　昆　如	西	洋	哲	學
現　代　哲　學　述　評(一)	傅　佩　榮譯	西	洋	哲	學
懷　海　德　哲　學	楊　士　毅	西	洋	哲	學
思　想　的　貧　困	韋　政　通	思			想
不以規矩不能成方圓	劉　君　燦	思			想
佛　　學　　研　　究	周　中　一	佛			學
佛　　學　　論　　著	周　中　一	佛			學
現　代　佛　學　原　理	鄭　金　德	佛			學
禪　　　　　話	周　中　一	佛			學
天　人　之　際	李　杏　邨	佛			學
公　案　禪　語	吳　　怡	佛			學
佛　教　思　想　新　論	楊　惠　南	佛			學
禪　　學　　講　　話	芝峯法師譯	佛			學
圓滿生命的實現 （布施波羅蜜）	陳　柏　達	佛			學
絕　對　與　圓　融	霍　韜　晦	佛			學
佛　學　研　究　指　南	關　世　謙譯	佛			學
當　代　學　人　談　佛　教	楊　惠　南編	佛			學

滄海叢刊已刊行書目 (一)

書　　名	作　者	類　　別
國 父 道 德 言 論 類 輯	陳 立 夫	國 父 遺 教
中國學術思想史論叢 (一)(二)(三)(四)(五)(六)(七)(八)	錢 穆	國 學
現 代 中 國 學 術 論 衡	錢 穆	國 學
兩 漢 經 學 今 古 文 平 議	錢 穆	國 學
朱 子 學 提 綱	錢 穆	國 學
先 秦 諸 子 繫 年	錢 穆	國 學
先 秦 諸 子 論 叢	唐 端 正	國 學
先 秦 諸 子 論 叢（續篇）	唐 端 正	國 學
儒 學 傳 統 與 文 化 創 新	黃 俊 傑	國 學
宋 代 理 學 三 書 隨 劄	錢 穆	國 學
莊 子 纂 箋	錢 穆	國 學
湖 上 閒 思 錄	錢 穆	哲 學
人 生 十 論	錢 穆	哲 學
晚 學 盲 言	錢 穆	哲 學
中 國 百 位 哲 學 家	黎 建 球	哲 學
西 洋 百 位 哲 學 家	鄔 昆 如	哲 學
現 代 存 在 思 想 家	項 退 結	哲 學
比 較 哲 學 與 文 化 (一)(二)	吳 森	哲 學
文 化 哲 學 講 錄 (一)(二)(三)(四)	鄔 昆 如	哲 學
哲 學 淺 論	張 康 譯	哲 學
哲 學 十 大 問 題	鄔 昆 如	哲 學
哲 學 智 慧 的 尋 求	何 秀 煌	哲 學
哲 學 的 智 慧 與 歷 史 的 聰 明	何 秀 煌	哲 學
內 心 悅 樂 之 源 泉	吳 經 熊	哲 學
從 西 方 哲 學 到 禪 佛 教 ——「哲學與宗教」一集——	傅 偉 勳	哲 學
批 判 的 繼 承 與 創 造 的 發 展 ——「哲學與宗教」二集——	傅 偉 勳	哲 學
愛 的 哲 學	蘇 昌 美	哲 學
是 與 非	張 身 華 譯	哲 學